Max Fuchs

Bildung und Lebensführung

Max Fuchs

Bildung und Lebensführung

Überlegungen zu einem zeitgemäßen Bildungsbegriff

kopaed (muenchen)
www.kopaed.de

Bibliografische Information Der Deutschen Nationalbibliothek Die Deutsche Nationalbibliothek verzeichnet diese Publikation in der Deutschen Nationalbibliografie; detaillierte bibliografische Daten sind im Internet über http://dnb.ddb.de abrufbar

ISBN 978-3-96848-098-5
eISBN 978-3-96848-698-7

Druck: docupoint, Barleben

Arnulfstraße 205, 80634 München
Fon: 089. 688 900 98 Fax: 089. 689 19 12
e-mail: info@kopaed.de Internet: www.kopaed.de

FÜR ANETTE

Inhaltsverzeichnis

Vorbemerkung

An Büchern, die sich mit Bildung befassen und die vielleicht sogar diesen Begriff in ihrem Titel führen, ist kein Mangel. Selbst bei einer oberflächlichen Sichtung entsprechender Publikationen kann man in jeglicher Hinsicht eine kaum zu überschauende Heterogenität feststellen. So unterscheiden sich diese Bücher im Hinblick auf die Profession ihrer Autor*innen sowie der politischen, historischen, publizistischen, theoretischen und gelegentlich sogar pädagogischen Anliegen und Schwerpunkte, die sie thematisieren. Es kann sich um umfangreiche Erörterungen ebenso handeln wie um kürzere Schriften oder Manifeste. Solche Bücher können unterschiedliche Bereiche der Gesellschaft betreffen. Was dabei jeweils unter „Bildung“ verstanden wird, wird jedoch nicht immer deutlich. Deutlich wird allerdings, dass die jeweiligen Verständnisweisen keineswegs identisch sind. Oft haben solche Publikationen einen kritischen Tenor. Sie beklagen Defizite und schlagen Handlungsstrategien vor, die die beschriebenen Defizite beseitigen sollen. Der Adressat ist in vielen Fällen die öffentliche Hand, wobei Argumentationsstrategien oft darauf hinauslaufen, dass bei Nichtrealisierung der Vorschläge gravierende Verschlechterungen für den einzelnen Menschen oder die Gesellschaft als Ganzes eintreten: Bildungsdiskurse sind oft Krisendiskurse.

Vor dem Hintergrund einer solchen Heterogenität und einer geradezu inflationär zu nennenden Anzahl an einschlägigen Publikationen ist zu fragen, ob eine weitere Publikation zu diesem Thema überhaupt erforderlich ist. Doch ist es gerade diese heterogene Vielfalt an Auseinandersetzungen mit dem Bildungsbegriff, die dazu auffordert, einen Weg durch diesen Dschungel an Begriffsverwendungen, Interessenslagen und Zugriffsweisen zu suchen. Zwar gibt es durchaus solche Orientierungshilfen, doch ist nicht jede dieser Überblicksdarstellungen für jeden Zweck geeignet. Zudem scheint es mir gerade für solche Menschen, die sich professionell mit Fragen von Bildung und Erziehung befassen, notwendig zu sein, sich (und anderen) Rechenschaft über den eigenen theoretischen Hintergrund zu geben.

Der spezifische Zugang zu den Bildungsproblemen besteht im vorliegenden Text darin, die Frage nach einer (zeitgemäßen) Bildung und Bildungstheorie in einem engen Zusammenhang mit der Frage danach zu sehen, wie der Mensch in einer modernen Gesellschaft sein „Projekt des guten Lebens“ realisieren kann. Diese Fragestellung ist keineswegs neu. Man kann vielmehr feststellen, dass sie zu allen Zeiten, in allen Kulturen und im Rahmen aller kultureller Ausdrucksformen (Philosophie, Wissenschaften, Künste, Religion, Mythen) eine zentrale Rolle spielt. Man interessiert sich zudem in den unterschiedlichen gesellschaftlichen Bereichen wie etwa Politik oder Wirtschaft für diese Frage, wie Menschen ihr Leben führen, an welchen Werten sie sich orientieren und welche Ressourcen sie benötigen und zur Verfügung haben. Es entwickelten sich dabei recht unterschiedliche Vorstellungen über angemessene Formen der Lebensführung in Abhängigkeit von dem Platz, den die betreffenden Menschen in der Gesellschaft einnahmen.

Seit dem späten 18. Jahrhundert diskutiert man diese Problematik verstärkt unter dem damals neu eingeführten Begriff der Bildung. Es entwickelte sich zudem in der modernen Gesellschaft ein immer weiter ausdifferenziertes System von Bildungseinrichtungen, in denen man entsprechende Kenntnisse, Fähigkeiten, Fertigkeiten und Haltungen zu vermitteln versuchte. „Bildung" verstanden als Lebensführungskompetenz hat daher zum einen mit der Entwicklung der Persönlichkeit in ihren verschiedenen Dimensionen zu tun, sie muss aber auch in einer komplexen Vielfalt gesellschaftlicher Einflussfaktoren gesehen werden.

Die gesellschaftlichen und die personenbezogenen Dimensionen von Bildung als Lebensführungskompetenz sollen in der vorliegenden Publikation in drei Teilen untersucht werden. Im ersten Teil soll am Beispiel unterschiedlicher disziplinärer Zugriffsweisen auf „Bildung" gezeigt werden, dass die Komplexität der Verwendungsweisen des Bildungsbegriffs unvermeidlich ist.

Hinter diesem Ansatz steht die Überzeugung, dass zumindest die meisten der Auseinandersetzungen mit dem Bildungsbegriff ihre Legitimität darin finden, dass sie eine im Bildungsbegriff vorhandene Facette und Dimension in der je spezifischen Weise aufgreifen. Man kann sich also aus einer soziologischen, politikwissenschaftlichen, psychologischen, historischen, pädagogischen etc. Perspektive mit Bildung befassen, weil „Bildung" gesellschaftliche, politische, psychologische und natürlich auch pädagogische Dimensionen hat, weil Bildung zudem ein Thema ist, das jeden angeht und in der Entwicklung der Gesellschaft die Entwicklung des Einzelnen eine entscheidende Rolle spielt. Dies gilt insbesondere dann, wenn man Bildung in einer engen Beziehung zu Lebensführung sieht. Allerdings ist es nicht möglich, jede Zugangsweise ausführlich zu erörtern: ich gebe nur einige Hinweise auf Themen und Methoden, weise aber zumindest auf weitere Fachliteratur hin, in der man vertiefende Auseinandersetzungen findet.

Ein zweiter Teil befasst sich mit dem Verständnis von „Welt" und „Selbst". Denn wenn Bildung als Entwicklung und Transformation von Selbst- und Weltverhältnissen verstanden wird (vgl. Fuchs 2017), dann muss man auch erläutern, was jeweils unter „Welt" und „Selbst" verstanden werden soll.

In einem dritten Teil wird gezeigt, wie ein möglicher Weg zu der Theorie einer solchen Bildung als Lebensführungskompetenz aussehen könnte, die beides – die individuelle und die gesellschaftliche Entwicklung – berücksichtigt. Dabei geht es mir keineswegs um einen innovativen Anspruch. Ich bin vielmehr davon überzeugt, dass in der schon vorhandenen Vielfalt an theoretischen und praktischen Auseinandersetzungen mit dem Bildungsthema viele zutreffende und zu akzeptierende Positionierungen und Erörterungen zu finden sind.

1. Einleitung: Über das vielfältige Interesse am Bildungsbegriff

Der Altphilologe Manfred Fuhrmann beginnt sein zweites Buch über Bildung (2002) mit den Worten:

> „‚Bildung' und ‚Kultur' sind zerredete, missbrauchte, geschundene Wörter. Vielleicht täte es ihnen gut, wenn sie eine Zeit lang geschont würden." (5)

Diese Kritik an der zweifellos vorhandenen Inflationierung im Gebrauch des Bildungsbegriffs hindert ihn jedoch nicht daran, selbst innerhalb kurzer Zeit zwei Bücher zu diesem Thema vorzulegen. Einen Grund gibt er direkt im Anschluss an den oben zitierten Satz an:

> „Andererseits ist das, was sie bezeichnen oder einmal bezeichnet haben, wichtig. Sie sind es wert, dass man sich über sie verständigt. Es fehlt auch nicht an Anzeichen, dass wieder ein Bedürfnis nach Verständigung besteht." (ebd.)

Der Zeitpunkt, zu dem Fuhrmann seine beiden Bücher vorlegte, war ein Grund für die Veröffentlichung: Es war die Jahrtausendwende, also die Zeit, als sich zum einen der Bologna-Prozess entwickelte bzw. von Bildungspolitiker*innen unterschiedlicher Länder vorangetrieben wurde und zum anderen die erste PISA-Studie veröffentlicht wurde. Beides war insofern ein Grund für die von Manfred Fuhrmann vorgelegten Schriften, weil mit den beiden genannten Entwicklungen Überzeugungen und Orientierungen von Fuhrmann in Bedrängnis geraten waren. Zum einen entwickelte sich in dieser Zeit ein Trend, an Universitäten sogenannte „Orchideenfächer" nicht mehr zu lehren, weil man in der ökonomischen Ausrichtung der neoliberalen Wissenschafts- und Bildungspolitik glaubte, dass diese wenig oder gar nichts zur Beförderung des „Wirtschaftsstandortes Deutschland" beitragen können. Fuhrmann war als Latinist davon betroffen, weil damit auch das Schulfach Latein in Frage stand.

Zum zweiten sah Fuhrmann durch die gesellschaftliche Entwicklung mit ihrer Orientierung an ökonomischen Kennziffern und Erfolgen das Ende des bürgerlichen Zeitalters verbunden mit dem Ende des „europäischen Bildungskanons" eingeläutet. Beide Schriften sind insofern von einer gewissen nostalgischen Wehmut geprägt. Fuhrmann sah „Bildung", die er inhaltlich mit Bildungsgütern wie Philosophie, Geschichte, Theater, Konzertwesen, Museum, Bildungsreise, aber auch Mathematik und Naturwissenschaften (vgl. Fuhrmann 1999, Teil III) – und damit mit den entsprechenden universitären Lehrgebieten – identifizierte, geradezu als Rettungsanker für die Aufrechterhaltung dieser Disziplinen an.

Als eine erste Annäherung an den Bildungsbegriff kann man daher festhalten, dass dieser hier weniger als pädagogische Kategorie, sondern als Legitimation für die Existenzberechtigung bestimmter wissenschaftlicher Disziplinen verwendet wird. Zugleich steckt hinter dieser Verwendungsweise eine Kritik an gesellschaftlichen Entwicklungen und den dahintersteckenden Werten, bei denen Fuhrmann eine Abkehr von traditionellen humanistischen Werten vermutet. Der Bildungsdiskurs ist daher auch ein (normativ geprägter) kritischer Gesellschaftsdiskurs.

Eine so verstandene Bildung ist zudem aufs engste mit der gesellschaftlichen Gruppe des (Bildungs-)Bürgertums verbunden. Im 19. Jahrhundert konstituierte sich in Deutschland die Gesellschaft als bürgerliche Gesellschaft, was bedeutet, dass es eine Verschiebung der politischen und ökonomischen Macht auf das Bürgertum gab (vgl. etwa Nipperdey 1998). Die humanistische Bildung in enger Verbindung mit der Entwicklung und Etablierung der Künste und ihrer Infrastrukturen spielte hierbei eine entscheidende Rolle. So nannte schon Goethe Bildung den „Adelsschlag des Bürgertums". Eine so verstandene Bildung des Bürgers, so beschreibt es Manfred Fuhrmann (1999, 85 ff.), zeigt sich in einer spezifischen Lebensweise, die durch ein „kultiviertes" Elternhaus und das humanistische Gymnasium eingeübt wurde. Der von Fuhrmann kritisierte Verfall der Gesellschaft besteht in dem Niedergang einer so verstandenen „kultivierten Bürgerlichkeit" als Lebensform. Der Literaturwissenschaftler und Germanist Georg Bollenbeck (1994) hat in seiner oft zitierten Studie Bildung und Kultur in ihrer Funktion als Deutungsmuster im 19. Jahrhundert detailliert untersucht.

Damit wird deutlich, dass Bildung zwar ein pädagogischer Grundbegriff ist, doch kann man bezweifeln, dass er im Sinne von Herbart ein „einheimischer Begriff" der Erziehungswissenschaft ist, also ein Begriff, für dessen Nutzung die Erziehungswissenschaft ein Deutungs-Monopol in Anspruch nehmen könnte. Vielmehr ist bereits durch die obigen Hinweise auf den Kontext der Intervention von Fuhrmann deutlich geworden, dass Bildung mit Wissenschaftspolitik, mit Professionalisierungsfragen in der Lehrerbildung, mit dem Lehrplan, mit Gesellschaftsanalyse und -kritik und insbesondere mit Veränderungsprozessen und Verschiebungen im Machtgefüge innerhalb der Gesellschaft zusammenhängt. „Bildung" muss also nicht nur im Hinblick auf die Thematisierung von Entwicklungsprozessen der Persönlichkeit gesehen werden, der Begriff hat auch entschieden eine soziale und politische Dimension.

Insofern zur Bildung ein bestimmtes Bildungswissen gehört und dieses Bildungswissen über Möglichkeiten entscheidet, an gesellschaftlichen Errungenschaften zu partizipieren, zeigt sich auch hierbei die Berechtigung der Aussage von Francis Bacon zu Beginn der Neuzeit: „Wissen ist Macht". Der Umgang mit dem

Bildungsbegriff hat nämlich nicht bloß die Funktion der individuellen Selbstverständigung, also der Reflexion des eigenen Platzes in der Welt, er dient nicht nur der Vergewisserung über den historischen Standort der eigenen Kultur (so wie Manfred Fuhrmann 2002 seinem Buch den Untertitel gibt: Europas kulturelle Identität): Die Thematisierung von Bildung enthält immer auch eine Orientierung auf zukünftige Entwicklungen, enthält die Hoffnung auf eine Verbesserung der Zustände, und dies sowohl in Bezug auf das Individuum als auf die Gesellschaft („Perfektibilität"). Dies wiederum wird dem Begriff (und seinen Anhängern) zum Vorwurf gemacht: der mit der Moderne verbundene Gedanke des Fortschritts, der ständigen Verbesserung, der Steigerung, des Wachstums, was heute als eine Ursache der Umweltzerstörung gesehen wird.

Im Zuge der Moderne-Kritik, gerade bei deutschen Adepten der französischen Poststrukturalisten, führt dies gelegentlich zu der Aufforderung zum Verzicht auf diesen Begriff (vgl. Fuchs 2022). Denn dieser steht – auch historisch – in enger Verbindung mit dem Konzept des Subjektes, das insbesondere gegen Ende des 18. Jahrhunderts in den Mittelpunkt – nicht nur der Philosophie – gerückt ist.

Dieses Subjekt, das man in dem genannten Kreis von Wissenschaftler*innen häufig als ein allmächtiges, isoliertes Individuum versteht, ist angesichts der Katastrophen der Moderne und der Tendenz zu Gewalt und Zerstörung und der Kontingenz von Entwicklungsprozessen in Verruf geraten. Der Begriff der „Bildung" ist also vieles gleichzeitig: Hoffnungsträger für individuelle und gesellschaftliche Entwicklungen, aber auch eine ideologische Vorstellung, die reale Fehlleistungen verdecken soll, er liefert eine Zielformulierung für individuelle und gesellschaftliche Entwicklungen und ist zugleich ein Mittel im Kampf um Macht und Herrschaft.

Bereits diese knappen Hinweise und Überlegungen zum Begriff der Bildung zeigen, dass und wie er für unterschiedlichste Zwecke von unterschiedlichen Gruppen und Disziplinen verwendet werden kann, dass er zudem in kulturelle, soziale und politische Kontexte eingebettet ist und – mit unterschiedlicher inhaltlicher Füllung und Stoßrichtung – im Kampf um Macht und Einfluss gesellschaftlicher Gruppierungen verwendet werden kann. Es bietet sich also an, zu überprüfen, inwieweit die sogenannten W-Fragen sinnvoll sind: *Was* bedeutet jeweils Bildung? *Wozu* wurde dieser Begriff verwendet? *Wie, wo und durch wen* sollen Bildungsprozesse stattfinden? *Für wen* sind welche Bildungsangebote gedacht? *Wann* (bezogen auf das Lebensalter) sollen sie stattfinden und *welche Inhalte* spielen dabei eine Rolle? Es geht also um die Frage der Organisation des Bildungswesens, um die Rolle und Funktion von Bildungseinrichtungen, Bildungsangeboten und Bildungsinhalten, um Fragen der professionellen Vermittlung, der Bildungsziele und der jeweiligen Zielgruppen.

Hilfreich ist in diesem Zusammenhang die Artikelsammlung des österreichischen Philosophen Konrad Paul Liessmann (2017), der sein Buch – ähnlich wie Manfred Fuhrmann – mit einem Hinweis auf den inflationären Gebrauch des Bildungsbegriffs beginnt:

> „Wer den aktuellen Bildungsdiskurs verfolgt, kann eine interessante Beobachtung machen. Die Karriere des Begriffs ‚Bildung' ist atemberaubend. ‚Bildung' ersetzt mittlerweile nicht nur Konzepte wie Pädagogik, Erziehung oder Unterricht, ‚Bildung' beschreibt nicht nur den Umgang mit Menschen von der Beschallung des Ungeborenen im Mutterleib über die Integration von Migranten bis zur Einweisung von Senioren in den Gebrauch des Internets, sondern ‚Bildung' kann mittlerweile als wohlfeiler Joker überall dort eingesetzt werden, wo andere Institutionen oder Praktiken versagen. Wer Bildung sagt, hat immer recht." (7)

Ebenso wie Fuhrmann kapituliert Liessmann nicht vor dieser Situation, sondern er fragt danach, was man (heute) unter einem „Gebildeten" verstehen könnte:

> „Gesetzt den Fall, dass uns der in einem klassischen Sinne Gebildete tatsächlich noch einmal begegnete, wären wir wahrscheinlich ziemlich irritiert. Der Gebildete verkörperte all das, was der aktuelle Bildungsdiskurs gerade nicht mehr unter Bildung verstehen will. Dazu gehören ein fundiertes Wissen, das es erlaubt, auch ohne Zensurbehörde die Fakten von den Fiktionen zu trennen, ästhetische und literarische Kenntnisse und Erfahrungen, ein differenziertes historisches und sprachliches Bewusstsein, ein kritisches Verhältnis zu sich selbst, eine auf alldem gründende abwägende Urteilskraft und eine gesteigerte Sensibilität gegenüber den Lügen, Übertreibungen, Hypes, Phrasen, Moralisierungen und Plattitüden der Gegenwart. Allerdings ließe sich nichts von dem vorschnell der Forderung nach Nützlichkeit, Anwendbarkeit und schneller Verwertbarkeit unterordnen." (8)

Ein solches Verständnis von Bildung, so Liessmann, wäre heute angesichts der „grassierenden Kompetenzorientierungskompetenz" und einer auf Verwertung setzende Bildungspolitik eine *Provokation* (9).

Wie kann man sich also einem derart schillernden Begriff nähern?

Man kann (und muss) die zahlreichen unterschiedlichen wissenschaftlichen Disziplinen in den Blick nehmen, so wie sie etwa in dem Handbuch Bildungsforschung (Tippelt 2002) beschrieben werden, nämlich als soziologische, erziehungswissenschaftliche, pädagogisch-psychologische, bildungsökonomische, historische, philosophische und politik- und rechtswissenschaftliche Bildungsforschung. In den letzten Jahren wurden noch geographische und neurowissenschaftliche Bildungsforschung ergänzt.

All diese Ansätze können sich dabei jeweils in den einzelnen Disziplinen weiter ausdifferenzieren. So unterscheidet Norbert Ricken (2006) in seiner „Genealogie der Bildung“ alleine unter den historischen Zugängen bereits nach alltagsweltlich, ideengeschichtlich, sozialgeschichtlich, begriffsgeschichtlich, diskursgeschichtlich und genealogisch. Auch in der Erziehungswissenschaft gibt es, entsprechend den unterschiedlichen Konzeptionen dieser Disziplin, unterschiedliche methodische Zugänge zur Frage der Bildung. Tenorth (in Tenorth/Tippelt 2012, 213f.) unterscheidet kritische, skeptische, existenzphilosophische, hermeneutische, phänomenologische, soziologische und politische Erziehungswissenschaft mit jeweils spezifischen Zugängen zu den Forschungsthemen. Ergänzt werden könnte diese Liste noch durch evolutionäre, psychoanalytische, systemtheoretische, historische, empirische, ökonomische oder rechtswissenschaftliche Pädagogik.

Zu erinnern ist auch an die Überlegungen von Max Scheler (1980) in seiner Wissenssoziologie, der im Hinblick auf Wissen Herrschaftswissen, Bildungswissen und Heilswissen unterschieden hat. Gerade im Hinblick auf das Heilswissen, also die Orientierungsfunktion, die Religionen im Leben der Menschen haben, kann zudem an einen theologischen Ursprung des Bildungsbegriffs erinnert werden, dass nämlich der Wortbestandteil „Bild“ im Bildungsbegriff auf die biblische Schöpfungsgeschichte des Menschen hinweist, dass nämlich Gott den Menschen ihm zum Bilde schuf („imago dei“).

Bildung ist – wie angedeutet – mit allen Bereichen der Gesellschaft verbunden, also mit Politik, Wirtschaft, Gemeinschaft und Kultur in ihren verschiedenen Ausprägungen. Die Auseinandersetzung mit der Gesellschaft bedeutet allerdings zumindest in der Neuzeit die Thematisierung des gesellschaftlichen Wandels in allen Facetten. *Wenn „Bildung“ etwas damit zu tun hat, wie der Einzelne beschaffen sein muss, um sein Leben in der jeweiligen Gesellschaft gestalten zu können, dann bedeutet dies, dass auch dieser Prozess des Wandels berücksichtigt werden muss.* In den letzten Jahren hat sich zur Beschreibung dieses Wandels der Begriff der „Transformation“ eingebürgert, sodass man auch von einer „transformatorischen Bildung“ spricht (siehe etwa Koller 2018). Prozesse des gesellschaftlichen Wandels laufen jedoch nicht immer in einer kontinuierlichen und harmonischen Weise ab, sondern man wird mit Brüchen, Widersprüchen und abrupten Veränderungen konfrontiert. Dies bedeutet im Hinblick auf den Bildungsbegriff, dass dieser auch Krisen, Gefahrensituationen und Widerfahrnisse berücksichtigen muss: Pathologien der Gesellschaft sind daher erhebliche Herausforderungen für Bildungsprozesse.

In diesem Zusammenhang ist etwa an das Konzept der epochal-typischen Schlüsselprobleme von Wolfgang Klafki (1991) zu erinnern, der mit der Benennung zentraler politischer und gesellschaftlicher Probleme (wie etwa Umweltzerstörung,

Krieg und Frieden, gesellschaftsbedingte Ungleichheit etc.) die Öffnung des Bildungsdiskurses für gesellschaftliche Problemlagen forciert hat (siehe Teil 3). Der Bildungsbegriff ist zudem kaum zu trennen von den beiden Begriffen „Kultur“ und „Subjekt“. Das bedeutet, dass alle Disziplinen, die sich mit Kultur und Subjekt befassen, bei der Reflexion des Bildungsbegriffs relevant sind.

In philosophischer Hinsicht bedeutet das etwa, dass Anthropologie und Kulturphilosophie zu berücksichtigen sind. Insbesondere dann, wenn man „Bildung“ in Verbindung mit der Entwicklung und Transformation von Selbst- und Weltverhältnissen bringt (vgl. Fuchs 2017), spielen anthropologische und kulturphilosophische Erwägungen eine wichtige Rolle. Dem oben erwähnten Ansatz einer empirischen Bildungsforschung steht – oft kontrovers – die Bildungsphilosophie gegenüber. Es gibt in der Philosophie eine lange Traditionslinie bildungstheoretischer Erwägungen (vgl. etwa Rieger-Ladich 2020, der neben Soziolog*innen eine ganze Reihe einflussreicher Philosoph*innen mit ihren Beiträgen zur Bildungsphilosophie nennt).

Ich möchte als ein Beispiel die Philosophin Kirsten Meyer (2011) erwähnen, die ihre bildungstheoretischen Erwägungen ebenso wie im vorliegenden Text aufs engste mit dem Konzept eines „guten Lebens“ in Verbindung bringt. In eine ähnliche Richtung gehen Überlegungen, die den oft abstrakten Bildungsbegriff näher an die alltägliche Lebensrealität der Menschen insofern heranbringen, als sie „Bildung“ mit Lebenskunst, Lebenskompetenz, Daseinskompetenzen oder Lebensführung verbinden. Auf solche Konzeptionen gehe ich insbesondere im dritten Teil ausführlicher ein.

Teil 1:
Zugänge zum Bildungsbegriff aus der Sicht unterschiedlicher wissenschaftlicher Disziplinen

Auch ohne dass bislang präziser bestimmt worden ist, was „Bildung“ bedeutet, kann man davon ausgehen, dass jeder von uns in irgendeiner Weise mit Bildung zu tun hat. Wir besuchen Bildungseinrichtungen, wir erwerben allgemeines und Fachwissen, wir versuchen, unser Projekt des guten Lebens zu gestalten. Dabei bringen wir bestimmte Begabungen und Anlagen mit, wir stellen fest, dass wir für bestimmte Aktivitäten keine besondere Eignung haben, wir entwickeln Vorlieben und Haltungen zur Welt und zu den Problemen, die uns diese Welt beschert und die oft genug von Menschen – und vielleicht sogar von uns selbst – gemacht wurden. Mit all dem hat „Bildung“ zu tun, da sie die Art und Weise unserer Lebensführung prägt.

Im Hinblick auf die in diesem Teil beabsichtigte Darstellung unterschiedlicher Zugriffsweisen auf das und Umgangsweisen mit dem Bildungsthema wäre es nun komfortabel, wenn sich einzelne Aufgaben und Herausforderungen bei der Lebensbewältigung und Lebensgestaltung so definieren ließen, dass sie in den Zuständigkeitsbereich nur einer einzigen Fachdisziplin fielen. Dies ist offensichtlich nicht der Fall: Denn *Fragen des Aufwachsens und die Herausforderungen bei der Bewältigung von Widerfahrnissen und von geplanten und ungeplanten Aufgaben sind stets interessant und relevant für unterschiedliche Disziplinen.* Man kann sich mit ihnen im Hinblick auf ihre soziale Genese und auf ihre Bedeutung für Fragen der Macht ebenso befassen, wie man den Einzelnen mit seinem Wissen, seiner Werteorientierung, seiner körperlichen Beschaffenheit bei der Bewältigung dieser Aufgaben in den Blick nehmen kann. Alle Probleme und Herausforderungen, denen der Mensch begegnet, haben soziologische, politische, psychologische, pädagogische etc. Dimensionen.

Wenn im Folgenden ein Vorgehen gewählt wird, das eine Annäherung an den Bildungsbegriff aus der Perspektive unterschiedlicher Disziplinen beschreibt, so ist dies lediglich als analytische Aufteilung zu verstehen. Auch die Reihenfolge der je disziplinären Bearbeitung und der unterschiedlichen Zugangsweisen bedeutet keine Hierarchie, vielleicht mit Ausnahme des ersten Kapitels, bei dem es um eine philosophische Annäherung an den Bildungsbegriff geht, da sich Philosoph*innen schon in Zeiten mit Bildungsfragen befasst haben, als es die sich erst noch entwickelnde Erziehungswissenschaft und die anderen Disziplinen noch gar nicht gab. Man darf zudem die folgenden Kapitel, die sich mit je fachspezifischen Zugangsweisen zum Bildungsbegriff befassen, nicht so verstehen, dass eine umfassende Darstellung der jeweiligen Forschungsaktivitäten geplant sei. Dies ist offensichtlich nicht möglich, da sich die entsprechenden Diskurse dynamisch entwickelt und sich in dieser Entwicklung sehr stark ausdifferenziert haben. Immerhin hat diese Entwicklungsdynamik reiche Früchte getragen, sodass es in jedem der angesprochenen Bereiche inzwischen anerkannte Überblicksdarstellungen und Handbücher gibt, die man zu Rate ziehen kann.

Allerdings muss man berücksichtigen, dass es nicht nur die Vielfalt unterschiedlicher disziplinärer Zugriffsweisen auf den Bildungsbegriff gibt, sondern dass es auch innerhalb der jeweiligen Zugriffsweise eine Vielfalt unterschiedlicher Theorien und Methoden und dementsprechend zahlreiche Kontroversen darüber gibt, welche Theorien, Begrifflichkeiten und Methoden überhaupt geeignet sind, das infrage stehende Problem zu erfassen. *Eine erste Bildungsaufgabe besteht also darin, diese Vielfalt an Dimensionen, Zugriffsweisen und Theorie- und Methodenangeboten anzuerkennen.* Hinzuweisen ist zudem darauf, dass sich die folgenden Ausführungen im Wesentlichen auf europäische bzw. westliche Denkanstrengungen beziehen. Dies bedeutet nicht, dass es in anderen Teilen der Welt nicht ähnliche Erörterungen gegeben hat. Denn Fragen der Bildung und Erziehung sind aufs engste verbunden mit dem universellen Problem des Aufwachsens von Menschen und der kulturellen Entwicklung menschlicher Gemeinschaften.

2. Zum philosophischen Umgang mit dem Bildungsbegriff

Überblick

Philosophische Erörterungen über die unterschiedlichsten Themen gab es schon, als es noch keine Einzelwissenschaften – vielleicht mit Ausnahme der Mathematik – gab. Dies gilt für alle Teile der Welt, wobei zu berücksichtigen ist, dass grundsätzliche Erwägungen über die jeweiligen existenziellen Grundlagen menschlichen Lebens eine enge Verbindung mit der jeweiligen religiösen Orientierung haben. Dies gilt bekanntlich auch für das europäische Mittelalter und es war ein langwieriger und konfliktreicher Prozess, in dem sich die Philosophie von ihrem Status als „Magd der Theologie" befreien konnte (vgl. Habermas 2019).

Es gibt die gut begründete These, dass viele wissenschaftlichen Begriffe – auch in der Erziehungswissenschaft – ihre Wurzeln in theologischen Begrifflichkeiten haben. Dies gilt auch, wie bereits in der Einleitung erwähnt, für den Bildungsbegriff. Denn der Wortbestandteil „Bild" geht auf die Schöpfungsgeschichte in der Genesis zurück: Die Gottesebenbildlichkeit des Menschen in den Religionen, die sich auf das Alte Testament beziehen, ist ein wichtiger Topos. Auch in der aktuellen bildungstheoretischen Diskussion spielen – etwa im Hinblick auf ethisch-moralische Orientierungen – religiöse Konzepte immer noch eine Rolle.

Bei einem historischen Zugang zum Bildungsbegriff muss man das explizite Auftauchen des Wortes „Bildung" unterscheiden von den Inhalten, die mit diesem Wort erfasst werden sollen, welche man bereits thematisierte, bevor man sie unter dem Bildungsbegriff subsumierte. Zur Genese des Begriffs schreibt das Historische Wörterbuch der Philosophie (Ritter 1971, der Autor des Artikels ist Ernst Lichtenstein):

> „Der Begriff setzt sich in der zweiten Hälfte des 18. Jh. als in seiner pädagogischen und idealistischen Bedeutung neues Grundwort durch (...) und wird zwischen 1770 und 1830 mit der Entstehung des modernen Erziehungswesens in Deutschland zum Leitbegriff eines in der geschichtlichen Situation des Übergangs zu einer offenen Gesellschaft sozial ermöglichten Ideals geistiger Individualität, freier Geselligkeit und ideennormativer Selbstbestimmung einer bürgerlichen Oberschicht der ‚Gebildeten'" (921).

Diese erste Annäherung an den Bildungsbegriff ist insofern relevant und aussagekräftig, weil sie zeigt, dass es Aspekte wie Selbstbestimmung, die unterstellte Fähigkeit zur Geselligkeit und geistige Individualität gibt, die philosophisch zu begründen sind. All diese Begriffe haben eine lange Tradition in der Geschichte der Philosophie, doch werden sie in der Neuzeit zu Kernthemen philosophischer Reflexion. Sie stehen zudem in enger Verbindung mit der Institutionalisierung und zunehmenden Verstaatlichung des Erziehungswesens, also einer politischen Entscheidung und Maßnahme. Sie sind der Entwicklung der bürgerlichen Gesellschaft und der Entstehung eines Bildungsbürgertums verbunden. Man kann daher zwar Philosophie als reine Denkaktivität betrachten, die sich jenseits gesellschaftlicher Kontexte abspielt: Im Hinblick auf eine philosophische Auseinandersetzung mit dem Bildungsbegriff ist dies anscheinend nicht möglich, weil Kontexte und reale Strukturen und Entwicklungen sowie Interessengruppen und Fragen von Macht und Herrschaft eine wesentliche Rolle spielen.

Ernst Lichtenstein fährt in seinem Artikel über Bildung fort wie folgt:

> „Der Ursprung des B.-Begriffs im philosophischen Gebrauch liegt jedoch nicht im humanistischen und pädagogischen, sondern im mystisch-theologischen und naturphilosophisch-spekulativen Bedeutungsfeld (...). Das althochdeutsche Grundwort hat mit der körperlichen Bedeutung ‚abbilden, Bildnis‘ und ‚Gebilde, Gestalt‘ (…) bereits einen Bezug ebenso zu ‚imago‘ und ‚forma‘ wie zu ‚imitatio‘ und ‚formatio‘, etymologisch aber schon zu ‚Sinnbild, Zeichen‘ (...). Als Chiffre eines geistigen Vorgangs gehört es zu den abstraktiven philosophischen Neuprägungen der spätmittelalterlichen Mystik und ist wahrscheinlich eine Begriffsneuschöpfung MEISTER ECKARTS aus der Verbindung der Imago-Dei-Theologie mit der neuplatonischen Emanations- und Reintegrationslehre wie aus der Verknüpfung des mystischen Bildgedankens mit dem lateinischen forma-Begriff nach den Kernaussagen des Schöpfungsberichtes“ (ebd.).

Lichtenstein erwähnt noch knapp einige Nennungen des Bildungsbegriffs (Paracelsus, theologische Kontexte), seine eigentliche detaillierte Bearbeitung beginnt unter dem Stichwort „Säkularisierung, Humanisierung und Pädagogisierung des Bildungsbegriffs“ im 18. Jahrhundert, wobei er auf den „eminenten Einfluss Shaftesburys auf das deutsche Geistesleben“ (923) hinweist.

Auch Dietrich Benner und Friedhelm Brüggen beginnen ihren Handbuchartikel (in Benner/Oelkers 2010, 174) mit einem Hinweis auf das 18. Jahrhundert:

> „Der Begriff der Bildung bezeichnet seit dieser Zeit – im alltäglichen wie im wissenschaftlichen Sprachgebrauch – sowohl den Prozess der Formung des Menschen als auch die Bestimmung, das Ziel und den Zweck des menschlichen Daseins.“

Allerdings starten sie ihre historische Darstellung des Bildungsbegriffs mit Demokrit und verfolgen die Reflexionen über die (notwendige) Gestaltung und Formung des Menschen bis hin zu Überlegungen über die Notwendigkeit einer Berücksichtigung der Leiblichkeit des Menschen durch Käthe Meyer-Drawe im Jahre 1999.

Neu erschienen ist das Handbuch Bildungs- und Erziehungsphilosophie (Weiß/Zirfas 2020), in dem sich Artikel zu den folgenden philosophischen Teildisziplinen finden: Anthropologie, Ästhetik, Erkenntnistheorie, Ethik, Kulturphilosophie, Metaphysik, politische Philosophie, Sozialphilosophie, Technikphilosophie und Wissenschaftstheorie. In der Tat lässt sich bei allen philosophischen Teildisziplinen das Attribut „pädagogisch" hinzufügen, sodass man fragen kann, womit sich eine pädagogische Ethik, Ästhetik, Erkenntnistheorie etc. jeweils befasst. Interessant ist die Feststellung, dass sich viele Stichworte und eine größere Zahl von Autor*innen bereits in den beiden Handbüchern Wulf 1997 bzw. Wulf/Zirfas 2014 zur historischen bzw. pädagogischen Anthropologie finden. Plausibel wird dies durch die enge Verbindung von Bildung/Bildsamkeit mit der anthropologischen Frage nach der Konstitution des Menschen und dem jeweiligen Menschenbild.

Man kann die Frage nach dem Zusammenhang zwischen Bildung und Philosophie zudem verschieden verstehen und beantworten. So kann man – wie in dem genannten Handbuch – nach philosophischen, etwa anthroplogischen Aspekten von Bildung und Erziehung fragen. Man kann allerdings auch danach fragen, inwieweit es eine philosophische Bildung geben kann. Ein weiterer Ansatz ist das Konzept einer philosophischen Bildungsforschung (siehe etwa Ehrenspeck in Tippelt 2002, 141 ff.). Ehrenspeck weist nicht nur auf die „stabile Tradition" (141) in der Philosophie im Umgang mit dem Bildungsbegriff hin, sie erwähnt auch Positionen, „dass bildungstheoretische Reflexion grundsätzlich philosophische Reflexion zu sein hat." Philosophische Bildungsforschung in diesem Sinne ist also wesentlich bildungstheoretische Reflexion, wobei ein ständiges Spannungsverhältnis zwischen einer so verstandenen Bildungstheorie und einer empirischen Bildungsforschung besteht. Allerdings bemühen sich immer wieder Erziehungswissenschaftler*innen darum, dieses Spannungsverhältnis zu überbrücken, wenn etwa Ergebnisse der empirischen Bildungsforschung der Bildungstheorie anempfohlen werden, um deren Bodenhaftigkeit zu steigern, und andererseits die Bildungstheorie als Reflexionsinstanz der Erziehungs- und Bildungsforschung als notwendig angesehen wird.

Als Reflexionsinstanz haben philosophische Erwägungen insbesondere die Aufgabe, sich kritisch mit der verwendeten Begrifflichkeit in der Pädagogik auseinanderzusetzen. Insbesondere spielen Überlegungen zu Zusammenhängen bzw. Differenzen zwischen Leitbegriffen der Pädagogik wie Bildung, Erziehung, Lernen, Sozialisation eine wichtige Rolle. Solche Überlegungen finden sich in allen einschlägigen Lehrbüchern (siehe etwa Borst 2011, Klika/Schubert 2013, Thompson 2020, Casale 2022).

Philosophie spielt in der Erziehungswissenschaft auch dort eine Rolle, wo es um die wissenschaftstheoretische Fundierung des pädagogischen Wissens und Forschens geht. Sie spielt eine Rolle bei der Diskussion traditioneller erziehungswissenschaftlicher Großtheorien (kritische, phänomenologische, kritisch-rationalistische etc. Erziehungswissenschaft), etwa im Hinblick auf die Überprüfung der Tragfähigkeit und Eignung der dahinterstehenden philosophischen Theorien. Philosophie spielt auch dort eine Rolle, wo man Bildungs- und Erziehungsziele und deren vorgetragene Begründungen untersucht. Es geht um Fragen der Normbegründung. Auch Grundkategorien der Bildungsdiskussion, so wie sie in der zweiten Hälfte des 18. Jahrhunderts entstanden sind (Mündigkeit, Autonomie, Selbstbestimmung, Freiheit), sind Themen philosophischer Erörterungen.

Im Folgenden will ich auf einige Fragestellungen und Probleme eingehen, mit denen sich Bildungstheorien befassen. Dabei gilt das, worauf Markus Rieger-Ladich (2020) in seiner Einführung hinweist, auch für den vorliegenden Text:

„Gerade weil meine Darstellung weitgehend chronologisch ausfällt, sei hier ausdrücklich erwähnt, dass der Bildungsdiskurs nicht nur eine Richtung kennt, dass er sich vielmehr in eine Vielzahl von Binnendiskursen verzweigt, dass manche theoretischen Optionen nie ernsthaft geprüft wurden, dass sich andere wiederum als Sackgassen erwiesen. Um es nüchtern zu formulieren: Es gibt kein Telos in der Rede von Bildung. Weder ist Einigkeit in der Bestimmung des Begriffs zu erzielen, noch eine solche bei der Identifikation der entscheidenden theoretischen Referenzmodelle herzustellen.“ (23)

Ein weiterer kritischer Hinweis ist zu berücksichtigen:

> „Die allgemeine Pädagogik (und damit insbesondere die Theorien der Bildung und Erziehung; M. F.), sofern es sie universitär überhaupt noch gibt, sucht ihr Heil und ihre Überlebenschancen in immer subtiler werdenden Anschlüssen an die avanciertesten Formen diverser Subjekt- und Sozialphilosophien und merkt nicht, dass sie vielleicht gerade deswegen abgelöst wird von einer empirisch sich nennenden Bildungsforschung, welche sich in immer kleinteiliger werdenden Einzeluntersuchungen verliert.“ (Schirlbauer u. a. 2018, 7)

Einige Fragen und Probleme

Subjekt, Selbstbestimmung, Freiheit: Im Kontext von Bildung und von Pädagogik insgesamt lässt sich – wie erwähnt – die schwierige normative Frage nach Bildungs- und Erziehungszielen und ihrer Begründung nicht vermeiden. Damit stellt sich sofort das Problem, wer mit welcher Berechtigung für wen und mit welcher Begründung Ziele für eine Entwicklung formuliert, die nicht die eigene ist. Wie lässt sich dann über Selbstbestimmung und Autonomie sprechen, also über wesentliche Bestimmungsmerkmale des neuzeitlichen europäischen Subjektbegriffs, wenn es nicht das Individuum selbst ist, das über die Ziele seiner Entwicklung entscheidet? Und selbst wenn man Selbstbestimmung als Ziel, das in den meisten – wenn nicht sogar allen – pädagogischen Zielformulierungen auftaucht, akzeptiert, muss man die Frage stellen, welche individuellen Voraussetzungen gegeben sein müssen, damit der Einzelne ein selbstbestimmtes Leben führen kann. Immerhin muss man registrieren, dass der Mensch hilflos geboren wird und viele lange Jahre auf die Hilfe von anderen angewiesen ist. Es sind geistige, soziale und materielle Ressourcen notwendig, damit der Mensch Selbstbestimmung realisieren kann.

Die Rede von Selbstbestimmung kann zudem so verstanden werden, dass jeder Eingriff, jede Vorgabe und Grenzziehung für das individuelle Verhalten als Fremdbestimmung angesehen werden könnte. Es ist offensichtlich, dass ein so weitgehendes Konzept von Selbstbestimmung sich selbst ad absurdum führt. Bereits Kant hat daher auf „Freiheit bei dem Zwange" in der Erziehung hingewiesen, nämlich auf den (scheinbaren oder realen?) Widerspruch, dass bei der Gestaltung des Aufwachsens immer wieder andere Menschen mit ihren Zielen und Werten in die individuelle Lebensgestaltung eingreifen und trotzdem von Selbstbestimmung, Freiheit und Autonomie gesprochen wird.

In einer etwas dramatischen Bezeichnung kann man in dieser Hinsicht Pädagogik als „Gewaltverhältnis" begreifen. Dietrich Benner (2012) spricht in diesem Zusammenhang von einem „sich selbst negierenden Gewaltverhältnis" und meint damit, dass die Eingriffe von außen umso kleiner werden müssen, je mehr der Heranwachsende in der Lage ist, selbst seine Entscheidungen zu treffen.

Allerdings gibt es seit vielen Jahren kontroverse Debatten darüber, ob es dem Einzelnen überhaupt möglich ist, aufgrund einer von den Neurowissenschaften bezweifelten Willensfreiheit eigene Entscheidungen zu treffen. Eine solche Position stellt offensichtlich ein zentrales Grundprinzip des individuellen und sozialen Lebens infrage. Denn es geht um Verantwortungsübernahme für das eigene Handeln, von der man nur dann angemessen sprechen kann, wenn es sich nicht um erzwungene Entscheidungen handelt.

Im Hinblick auf eine noch nicht vorhandene Fähigkeit, Entscheidungen für das eigene Leben zu treffen, spricht man von einer *advokatorischen Ethik* (etwa Micha Brumlik), bei der aber immer wieder zu überlegen ist, in welchen Situationen welche Entscheidungen für andere getroffen werden dürfen. Dieses Problem stellt sich nicht nur bei Kleinkindern und Heranwachsenden, es stellt sich auch dann, wenn die Fähigkeit, Entscheidungen für sich selbst zu treffen, alters- oder krankheitsbedingt nicht (mehr) vorhanden ist. Man denke etwa an Patientenverfügungen.

Diese Überlegungen zeigen, dass man mit einer rigiden Gegenüberstellung von Fremd- und Selbstbestimmung und mit einer starren Definition von „Autonomie" in der Lebenspraxis und auch in der Pädagogik nicht weiterkommt. Der Philosoph Ludger Heidbrink (in Kersting/Langbehn 1999) hat hierfür einen definitorischen Vorschlag unterbreitet, auf den ich im dritten Teil zurückkommen werde.

Mit dem Problem der Handlungsfähigkeit und der Gestaltungsmacht nicht nur hinsichtlich der eigenen Entwicklung, sondern auch im Hinblick auf die gegenständlichen, sozialen und kulturellen Kontexte ist auch die Frage nach dem Subjekt verbunden. Die Frage danach, was der Mensch ist, also die anthropologische Grundfrage, ist natürlich nicht neu und sie wird in der Philosophie und in den Religionen immer schon diskutiert. Man kann davon ausgehen, dass in jeder der 4000 bis 5000 Kulturen, die es in der Welt gibt, jeweils Vorstellungen darüber existieren, was der Mensch „eigentlich" ist. An dieser Stelle soll lediglich die Entwicklung in den letzten 250 Jahren interessieren.

Im Laufe des 18. Jahrhunderts rückt diese Frage nach dem Menschen zunehmend in den Mittelpunkt der Diskurse. Es ist die Zeit, in der nicht nur die Subjektphilosophie mit einem Höhepunkt bei Kant aufblüht, es ist auch die Zeit, in der Alexander Baumgarten Ästhetik als neue philosophische Disziplin begründet und ästhetische Diskurse europaweit eine Konjunktur bekommen. Terry Eagleton (1994) sprach davon, dass die Thematisierung ästhetischer Fragen sehr viel mit der Konstituierung des (bürgerlichen) Subjekts zu tun hatte. Es war das als umfassend gestaltungsmächtig betrachtete Subjekt, das allerdings relativ bald in die Kritik geriet. Es ist eine rezipierende oder aktive ästhetische Praxis, die von vielen AutorInnen dieser Zeit als wesentlich für die Gestaltung der „schönen Individualität" (Ewers 1978) angesehen wird.

Die Schriften von Anthony Ashley Cooper, dem dritten Earl of Shaftesbury (1671-1713), werden rezipiert. Cooper gilt mit seiner Lebensweise und -auffassung als ein bewundertes Modell einer gelungenen Lebensführung. Aufgewachsen in der sorgenfreien Umgebung des Hochadels, unterrichtet unter anderem von dem renommierten Philosophen John Locke, engagiert er sich zunächst für kürzere Zeit in der Politik, beendet aber bald diese Tätigkeit, um sich in dem angenehmen Klima Italiens den Künsten und der Kultivierung seines Selbst zu widmen.

Der Philosoph und Theologe Johann Gottfried Herder (1744-1803) ist von diesem Lebensmodell angetan und will es ebenfalls praktizieren. Doch merkt er auf seiner Bildungsreise durch Europa recht schnell, das ihm für die Realisierung dieses Modells die materiellen Ressourcen fehlen, sodass er frustriert den ungeliebten Beruf eines Predigers ausüben muss (siehe hierzu die Analysen und Studien von Hans Weil, 1967, Kapitel 1-3).

In dieser Hinsicht hat Wilhelm von Humboldt (1767-1835) als Mitglied des preußischen Adels bessere Ausgangsbedingungen. Auch er hat einen renommierten Hauslehrer, nämlich Joachim Heinrich Campe (1746-1818), mit dem er nach Abschluss seines Jurastudiums seine Bildungsreise durch Europa und speziell in das revolutionäre Paris antritt. Auch für ihn steht die Kultivierung des Selbst im Mittelpunkt. Wichtig im Hinblick auf die Bestimmung von Individualität ist ihm, dass ebenso wie bei Herder ein Ausgangspunkt seiner Selbstreflexion und Innenschau das Gefühl der Einsamkeit und Isolation ist (siehe Weil a. a. O., Kapitel 4).

Man kann in dieser Hinsicht eine Parallele zu der Beschreibung der Auswirkungen der Sklaverei in afrikanischen Gesellschaften durch David van Reybrouck (2013) sehen:

> „In einer Gesellschaft, die in so hohem Maße durch Gemeinschaftssinn gekennzeichnet war, bedeutete die ‚Autonomie des Individuums' nicht Freiheit, wie sie in Europa seit der Renaissance proklamiert wird, sondern Einsamkeit und Zerrüttung. Du bist der, den andere kennen, und wenn dich keiner kennt, bist du nichts. Sklaverei, das war nicht geknechtet sein, sondern entwurzelt sein, heimatlos." (63)

In der Tradition der Kritik des Subjektbegriffs stehen auch die Arbeiten französischer Poststrukturalisten (siehe Münker/Rösler 2012). Insbesondere ist es eine Formulierung auf der letzten Seite eines Buches von Michel Foucault (2019), dass nämlich der Mensch verschwinde wie Spuren im Sand am Meer, die seither unter dem Topos des „Todes des Subjekts" zu vielen kontroversen Debatten geführt hat. Käthe Meyer-Drawe (1990) spricht von einem „Kampfplatz" (7), bei dem sich Befürworter und Gegner des sogenannten „Projektes der Moderne" gegenüberstehen. Sie konstatiert eine allmähliche Umdeutung von Begriffen:

> „Die Diskrepanz zwischen Heteronomie und Autonomie war sichtbar und konkret zu erleben. Stand vorher der Begriff Autonomie vor allem für das Recht auf institutionelle Selbstbestimmung, so verschiebt sich seine Bedeutung nun auf die Möglichkeit und Bestimmung des Menschen, sich als Vernunftwesen gegen jede Bevormundung zu wehren und so das Wagnis der Mündigkeit einzugehen." (8)

Damit wird deutlich, dass es nicht um eine abgrenzbare Disposition des Menschen geht, selbst Entscheidungen treffen zu können, die Frage der Autonomie ist zugleich mit Konzepten wie Subjekt, Moderne/Postmoderne, Kunst und Vernunft verbunden. Nach einer Kritik an der Verabsolutierung der beiden Positionen pro und contra Vernunft und Autonomie kommt Meyer-Drawe zu einer ähnlich vermittelnden Position wie Heidbrink:

> „Es gibt keine theoretische Veranlassung zu einer zeitenthobenen Wesensbestimmung des Subjekts als souveräner Machthaber über Dinge, Mitmenschen und sich selbst, sondern eine praktisch motivierte Illusion von Autonomie angesichts der realen Ohnmacht der Akteure. Das Subjekt formiert sich als eine spezifische, endliche, historisch begrenzte Konfiguration, die es mit seiner Reflexion durchschneidet und so der Kritik zugänglich macht. Es konstituiert sich jeweils über seine Praktiken der Unterwerfung, aber auch über seine Praktiken der Befreiung." (156)

Dieser Aspekt der Offenheit und Kontingenz sowie der grundsätzlich widersprüchlichen Struktur menschlicher Existenz wird aktuell zunehmend unter dem Begriff der „Subjektivierung" diskutiert, was bedeutet, dass man stets beides berücksichtigen muss: Aspekte der Unterwerfung (und damit der Macht), aber auch den Aspekt der Ermöglichung von Handlungsfähigkeit (siehe Ricken u. a. 2019).

Aufklärung und Humanismus

Die oben skizzierte Vorstellung von Subjektivität und Autonomie wurde insbesondere auf das 18. Jahrhundert als „Jahrhundert der Aufklärung" bezogen. Es wurde auch auf die Rolle der Vernunft hingewiesen, die im Rahmen der Subjekt- und Vernunftphilosophien in dieser Zeit in den Mittelpunkt philosophischer Arbeiten rückte. So gerechtfertigt dies ist, so darf man nicht vergessen, dass diese Zeit eine weitere Etappe in einer längeren Entwicklung ist. So ist an die längere Auseinandersetzung zwischen Wissen und Glauben zu erinnern, die mit der Entwicklung der neuen Naturwissenschaften zu Beginn der Neuzeit eine größere Dynamik bekam und in deren Rahmen nichtreligiöses, v. a. naturwissenschaftliches Wissen einen Siegeszug antrat (siehe Habermas 2019).

Man wird diese geistigen Entwicklungen zudem nicht verstehen, wenn man nicht gleichzeitig die dynamischen gesellschaftlichen Entwicklungsprozesse berücksichtigt, also die Entstehung und Durchsetzung einer kapitalistischen Wirtschaftsordnung verbunden mit einer bürgerlichen Gesellschaft, die sich eine für sie passende rechtliche und politische Ordnung geben will (Fuchs 2020).

Im Hinblick auf die Konstitution des Begriffs eines (weitgehend autonomen) Subjekts ist zudem die Renaissance und insbesondere der Renaissance-Humanismus zu berücksichtigen (vgl. Fuchs 2022). Dies hat zur Folge, dass Subjekt- und Vernunftkritik aufs engste verbunden sind mit einer Kritik am Humanismus und an der Aufklärung. Die Aufklärung wird – insbesondere von ihren Kritikern – als Zeit und Bewegung interpretiert, in der sich ein Nützlichkeitsdenken verbunden mit einem Verständnis von Vernunft als (bloß) instrumenteller Vernunft durchsetzt. Solche Bestrebungen gab es durchaus in der Aufklärung, wenn man etwa an die Pädagogenschule der Philanthropisten denkt, die der Pädagogik die Aufgabe zuwies, Industriosität (verstanden als Gewerbefleiß) der Menschen zu befördern. Einen Grund findet eine harte Aufklärungskritik auch in der Betrachtung der Folgen, die eine solche instrumentell verstandene Vernunft hatte: eine menschenfeindliche Technik, barbarische Politiksysteme, Kriege und Gewalt.

Dieses eindimensionale Verständnis von Aufklärung, für das sich – wie erwähnt – zwar durchaus Begründungen in der realen Entwicklung finden lassen, wird inzwischen auf unterschiedliche Weise kritisiert. So spricht man selbst in aufklärungskritischen postkolonialen Diskursen inzwischen auch davon, „das Beste der Aufklärung bewahren zu wollen" (vgl. Fuchs 2021a). Damit ist gemeint, dass der universelle Anspruch auf Selbstbestimmung und umfassende Entwicklung des Menschen nicht aufgegeben werden darf, sondern auch zur Begründung der Emanzipationsziele und -wünsche der durch die Kolonialisierung unterdrückten und eroberten Menschen und Regionen dienen kann. Zugleich wird ein alternatives und erweitertes Bild der Aufklärung gezeichnet, bei dem deutlich wird, dass die Aufklärung keineswegs bloß eine Zeit der Unterdrückung von Sinnlichkeit zugunsten einer instrumentellen Vernunft war (vgl. Martus 2018).

Positionen der radikalen Ablehnung gibt es auch im Hinblick auf den Humanismus. So wurden im Renaissance-Humanismus die Grundlagen eines Verständnisses des Menschen gelegt, bei dem der Begriff der Menschenwürde im Mittelpunkt steht. Dieses Verständnis wurde am Ende der des 18. Jahrhunderts in der Zeit des (später sogenannten) Neuhumanismus vertieft, wobei in beiden Phasen das Thema Bildung des Menschen eine zentrale Rolle spielt. Es liegt auf der Hand, dass im Zuge der oben genannten Subjekt- und Vernunftkritik auch ein so verstandener Humanismus in den Fokus der Kritik gerät. Man spricht heute unter anderem von einem Transhumanismus, einem Posthumanismus und einem kritischen Posthumanismus (vgl. Loh 2018), wobei der Transhumanismus auf eine Verbesserung des Menschen mithilfe technischer Mittel zielt (was man oft in Verbindung mit dem Konzept der Perfektibilität der Aufklärungszeit bringt), wohingegen der Posthumanismus – meist auf der Basis der Moderne-Kritik der Poststrukturalisten – die geistigen Grundlagen und die Verständnisweise des Menschen im Humanismus kritisiert. Dies geschieht oft in Verbindung mit postkolonialen Ansätzen oder Theorien, die sich gegen den unterstellten Anthropozentrismus wenden, weil man in einer solchen Denkweise die Ursache für die Unterdrückung vieler Menschen und für die Zerstörung der Natur sieht (Fuchs 2022). All diese zerstörerischen Eingriffe in das Leben von Menschen und in die Natur sind Realität. Das Problem besteht allerdings in der Frage, ob die Analyse der Ursachen in dieser Form aufrechtzuerhalten ist, ob insbesondere polarisierende Darstellungen weiterhelfen oder ob nicht vielmehr der Weg von Käthe Meyer-Drawe bei ihrer Analyse der Autonomie einzuschlagen ist, sich nämlich auf die jeweils vorgetragenen Argumente und Gegenargumente einzulassen.

Weltverhältnisse und Selbstverhältnisse: zur Bedeutung von Anthropologie und Kulturphilosophie in der Bildungstheorie

Es ist kein Zufall, dass in der Ausgabe der gesammelten Werke von Kant seine Schriften zur Anthropologie und Pädagogik (zusammen mit Schriften zur Geschichtsphilosophie und Politik) gemeinsam herausgegeben werden. Kant war als Professor für Philosophie auch dazu verpflichtet, Vorlesungen zur Pädagogik zu halten. Die Notwendigkeit von Pädagogik ergibt sich für ihn aus der anthropologischen Lage des Menschen:

> „Der Mensch ist das einzige Geschöpf, das erzogen werden muss. Unter der Erziehung nämlich verstehen wir die Wartung (Verpflegung, Unterhaltung), Disziplin (Zucht) und Unterweisung nebst der Bildung. Ihm zufolge ist der Mensch Säugling, – Zögling, – und Lehrling." (Kant 1982, Bd. XII, 697)

Kant schreibt davon, dass der Mensch seine Anlagen zum Guten erst noch entwickeln müsse, dass aber die Entwicklung der Naturanlagen bei dem Menschen nicht von selbst geschehe (702f.). Er entwickelt eine Stufenfolge, nach der der Mensch zunächst diszipliniert werden müsse, dann werde er kultiviert, es folgt die Zivilisierung, nämlich die Aneignung von Manieren, Artigkeit und einer gewissen Klugheit, und zuletzt folgt die Moralisierung, dass er nämlich nur lauter gute Zwecke wähle (706 f.).

Kants Vorlesungen waren keineswegs die einzigen und die ersten, vielmehr kann man den Renaissance-Humanismus bereits als Bildungsinitiative betrachten, so wie es Dilthey (1957) beschreibt (ich zitiere eine längere Passage ausführlich):

> „Die Änderung der Lebensverhältnisse während des 15. Jahrhunderts rief im Gegensatz zur Weltverneinung des Mittelalters ein neues Gefühl des Lebens hervor, und das unter diesen Bedingungen entstehende Wiederver-

ständnis des Altertums gab Material und Formeln, es auch auszudrücken. Die Bejahung des Lebens war der Grundzug der neuen Zeit; der Mensch und seine natürlichen Verhältnisse zu seiner Umgebung wurden Mittelpunkt des Interesses; sich ausleben, einen Machtwillen geltend machen, in der Schönheit des Lebens und in deren Reflex, der Literatur und Kunst, sich selber genießen – dazu ein verschärfter Sinn für die Auffassung der Charaktere, für die Kennzeichen der Leidenschaften und für das Triebwerk der Affekte, wie er an den Höfen und in den Stadtrepubliken sich ausbildete –: dies war der neue Lebenszusammenhang, der sich über den Horizont des Bewusstseins damals erhob. Und der philosophische Reflex hiervon war eine umfangreiche Literatur: ihr Gegenstand war der Mensch, die physiologische Bedingtheit des Seelenlebens, die Macht der Affekte, die Temperamente, die Verschiedenheit der Charaktere von Individuen und von Völkern, die Physiognomik und der sonstige Inbegriff von Mitteln, Charaktere zu erkennen, und endlich die Folgerungen aus dieser Menschenkunde für die Lebensführung: sie bezogen sich auf das Betragen, Verständnis und Behandlung anderer Menschen und Bestimmung des sittlichen Lebenszieles." (416; vgl. auch Fuchs 2022)

Das 18. Jahrhundert als Jahrhundert der Aufklärung wird zugleich als pädagogisches Jahrhundert betrachtet. Allerdings registriert die historische Bildungsforschung bereits eine deutliche Trennung, so wie sie in den beiden Büchern von Ulrich Herrmann (1981, 1982) bereits in den Überschriften verdeutlicht wird: Zum einen ist das „pädagogische Jahrhundert" zwar ein Jahrhundert der Volksaufklärung und Erziehung, es wird allerdings getrennt zwischen einer Erziehung zur Armut (für die „kleinen Leute") und einer „Bildung des Bürgers" (in der doppelten Bedeutung, dass sich das Bürgertum und der Bürger als Sozialfigur im 18. Jahrhundert bilden und bei dieser Entwicklung Bildung zugleich in pädagogischem Sinne eine entscheidende Rolle spielt).

Diesen pädagogischen Bemühungen liegen anthropologische Konzeptionen zugrunde, Vorstellungen über den Menschen und Möglichkeiten einer Unterscheidung (bis hin zu den berühmten-berüchtigten rassistischen Äußerungen etwa bei Kant). Es verbreiten sich Bücher und Zeitschriften über Bildungs- und Erziehungsfragen und die geeignete Organisation eines entstehenden Bildungswesens. Einflussreiche Texte stammen etwa von Lessing und Herder, in beiden Fällen zugleich auf der Basis umfassender Ausführungen zur Anthropologie.

Die Nennung dieser beiden Autoren gibt eine Veranlassung dazu, an die sich verändernden sozialen, ökonomischen und politischen Umstände in dieser Zeit als Rahmenbedingungen der geistigen Entwicklung zu erinnern, wobei wiederum geistige Entwicklungen in der Philosophie, in der Publizistik, in den Künsten und Wissenschaften dazu beigetragen haben, dass sich die Bereitschaft zu realen Veränderungen in der Gesellschaft verstärkte. Die Situation in Frankreich spielte eine zentrale Rolle, denn es war nicht nur die Französische Revolution, die weltweit zur Kenntnis genommen wurde und die gerade bei deutschen Intellektuellen selbst dann noch bewundert wurde, als sie in den *terreur* von Robespierre abglitt. Für das geistige Klima lange vor der Französischen Revolution waren Denker wie Rousseau, Diderot und d'Alembert mit ihrer Enzyklopädie und andere bestimmend.

Dies gilt auch für die deutsche geistige Landschaft, wobei Generationsverhältnisse und Zeitgenossenschaft eine Rolle spielten. So begeisterte sich bekanntlich Kant an den Schriften von Rousseau und David Hume, Herder studierte bei Kant und entwickelte später eine kritische Distanz zu ihm, Wilhelm von Humboldt studierte bei Schiller, war mit ihm befreundet und war – auch über den Kantanhänger Schiller – von Kant beeinflusst.

Man spricht vom 18. Jahrhundert als von einem „geselligen Jahrhundert" (im Hof 1982). Dies gilt insbesondere für die Zusammenschlüsse und Salons. Es gab zahlreiche Gründungen immer neuer intellektueller Zeitschriften im Bereich der Vermittlung von Philosophie, Wissenschaft und Kunst, an denen sich auch Goethe und Schiller beteiligten. In dieser Atmosphäre spielten kosmopolitische Gedanken eine Rolle. Goethe sprach von einer „Weltliteratur" und bewunderte den persischen Dichter Hafis. Herder beschrieb die Vielfalt von Kulturen und formulierte als erster Ideen der Gleichwertigkeit all dieser Kulturen – auch wenn er heute vor allem in postkolonialen Diskurskontexten aufgrund seiner Kulturkreistheorie kritisiert wird. Alexander von Humboldt bereiste die Welt und beschrieb diese in vielgelesenen Schriften. Auf der Basis dieses Materials erarbeitete Wilhelm von Humboldt (als Empiriker) seine Sprachtheorie. Auch wenn – wie oben beschrieben – als Beginn der philosophischen Anthropologie die 1920er Jahren genannt worden (Max Scheler, Helmuth Plessner), basierten die Schriften der genannten Autoren alle auf zum Teil ausführlichen Auseinandersetzungen darüber, was der Mensch ist und wie er entstanden ist (s. o. das Zitat von Dilthey).

Man kann all diese Überlegungen unter dem Stichwort „Entwicklung und Transformation der Welt- und Selbstverhältnisse" subsumieren (vgl. Fuchs 2017). Ernst Cassirer (1990) entwickelte in den 1920er Jahren seine Philosophie der symbolischen Formen, die man als systematische Untersuchung der Modi der Weltbegegnung begreifen kann. Es ist dabei kein Zufall, dass sich der erste Band seiner diesbezüglichen Publikationen mit Sprache befasst und er sich dabei ausführlich mit der Sprachtheorie und -philosophie von Wilhelm von Humboldt auseinandersetzt. Cassirer entwickelt über die Sprache hinaus in der Folgezeit ein (sich erweiterndes)

Tableau symbolischer Formen als Modi der Weltbegegnung (nämlich Wissenschaft, Kunst, Technik, Politik, Wirtschaft, Religion und Mythos).

Der Gedanke, dass die unterschiedlichen Möglichkeiten der Begegnung mit und Gestaltung von Welt zugleich auch Möglichkeiten der Gestaltung des Selbst sind, ist zentral in der Bildungstheorie von Wilhelm von Humboldt enthalten. Es geht um die wechselseitige Verschränkung von Mensch und Welt, wobei auch der Gedanke wichtig ist, dass „Bildung" darin besteht, so viel Welt wie möglich in sich aufzunehmen.

> „Der grösseste Mensch ist daher der, welcher den Begriff der Menschheit in der höchsten Stärke, und in der grössesten Ausdehnung darstellt; und einen Menschen beurtheilen heißt nichts andres, als fragen: welchen Inhalt er der Form der Menschheit zu geben gewusst hat? welchen Begriff man sich von der Menschheit überhaupt zu bilden hätte, wenn er das einzige Muster wäre, aus welchem man denselben abnehmen könnte?" (Humboldt 1999, Bd. 1, 95)

Bildung als individuelle Disposition zur Gestaltung des Lebens bedeutet also in dieser Konzeption, einen größtmöglichen Anteil an den Fähigkeiten zur Weltgestaltung der Menschheit schlechthin zu erwerben. Die Notwendigkeit hierzu ist unstrittig, wie bereits in den Schriften zur Pädagogik von Kant nachzulesen ist. Auch der Grundgedanke von Kant findet sich wieder, wenn etwa Bildung nicht bloß den Begriff der Erziehung als zentralem Begriff der Aufklärungspädagogik allmählich ablöst, sondern auch die Traditionslinie des Vorgängerbegriffs, der eruditio, fortsetzt: Es geht um die Entrohung des Menschen, die Überwindung des noch Tierhaften, der Disziplinierung der Wildheit, um den Menschen fähig zu machen, friedlich in der Gesellschaft anderer Menschen zu leben: Es geht um die Humanisierung der Sinnlichkeit (siehe Casale 2022, 88 f.). Auch dies ist ein wichtiger Hinweis. So schreibt Humboldt:

> „Der wahre Zweck des Menschen – nicht der, welchen die wechselnde Neigung, sondern welchen die ewig unveränderliche Vernunft ihm vorschreibt – ist die höchste und proportionirlichste Bildung seiner Kräfte zu einem Ganzen." (a. a. O., 195)

Dies ist die vermutlich verbreitetste Begriffsbestimmung von „Bildung" von Humboldt aus seiner Jugendschrift über die Grenzen der Wirksamkeit des Staates. Dieser Bezug zum Staat und seiner Organisationsform bringt der folgende Satz zum Ausdruck:

> „Zu dieser Bildung ist Freiheit die erste, und unerlassliche Bedingung. Allein außer der Freiheit erfordert die Entwicklung der menschlichen Kräfte noch etwas andres, obgleich mit der Freiheit eng verbundenes, Mannigfaltigkeit der Situationen." (195)

Mit diesen Hinweisen des eigentlichen Begründers einer philosophischen Bildungstheorie wird deutlich, dass man Bildung nicht bloß als Prozess zu verstehen hat, sondern dass auch die sich verändernden sozialen, politischen, ökonomischen und kulturellen Kontexte zu berücksichtigen sind. Es geht um Historizität und Kontextualität. Zugleich wird deutlich, dass bei der Thematisierung von Bildung immer auch die Hoffnung auf eine Verbesserung dieser Umstände mitschwingt. Es gibt die These, dass Bildungsfragen immer in Zeiten von gesellschaftlichen Krisen verstärkt diskutiert werden. Dies gilt etwa für die bildungstheoretischen und -politischen Überlegungen von Comenius am Ende des 30-jährigen Krieges, es gilt für Wilhelm von Humboldt, der als junger Mann mit seinem Lehrer Campe das revolutionäre Paris besucht hat und der später Zeuge der kriegerischen Expansionsbestrebungen von Napoleon wird. Ebenso gilt es für die Zeit nach dem Ersten Weltkrieg und nicht zuletzt sind es Krisendiskurse in der Bundesrepublik, die zu einem Nachdenken über Bildung und Bildungspolitik veranlassten.

Humboldt als Schüler und Freund von Schiller kennt natürlich dessen Kulturkritik, nämlich die Kritik daran, dass die sich durchsetzende bürgerliche und industrialisierende Gesellschaft zur Entfremdung und Zerstückelung führt (siehe etwa Buck 1984).

Wie bereits erwähnt, entwickelt sich in der zweiten Hälfte des 18. Jahrhunderts zudem ein intensiver werdender Diskurs über die Künste und die Ästhetik. Zum einen geht es – wie etwa bei Alexander Baumgarten bei der Begründung der neuen philosophischen Disziplin Ästhetik – um die Rehabilitierung von Sinnlichkeit angesichts des kontinentalen Rationalismus. Auf der anderen Seite ist es aber genau diese (wilde) Sinnlichkeit, die mithilfe der Pädagogik überwunden bzw. domestiziert und kultiviert werden soll. In jedem Fall entsteht der Gedanke, dass die Künste und eine ästhetische Praxis dabei helfen können, die von Humboldt in dem obigen Zitat angesprochene Visionen von Freiheit und einer anregungsreichen Umgebung zu realisieren. Dieser Gedanke einer Verbesserung des Menschen durch eine verstärkte Berücksichtigung der Künstler*innen und eine ästhetische Praxis ist bis in aktuelle Diskussionen – etwa über die Notwendigkeit ästhetischer Bildung – relevant. Es geht um das Projekt des guten Lebens und hierbei um die Entwicklung notwendiger Fähigkeiten. Die Philosophin Kirsten Meyer (2011) stellt daher ihre Überlegungen zur Bildung unter das Motto: *„Wer über Bildung nachdenkt, muss Fragen zum guten Leben beantworten."*

3. Soziologische Zugänge

Die Ausführungen über philosophische Zugänge zum Bildungsproblem haben gezeigt, dass es bei diesen Überlegungen zwar auch um die Entwicklung der Persönlichkeit geht, doch spielen auch hierbei gesellschaftliche Kontexte eine wichtige Rolle. Dies beginnt schon bei der Frage danach, an welchem Persönlichkeitsideal sich Bildungsprozesse orientieren sollen, welches die Ziele der Persönlichkeitsentwicklung sind und wer diese Ziele vorgibt.

Diese Verbindung der philosophischen Reflexion von Bildungsprozessen mit (sich wandelnden) gesellschaftlichen Kontexten sollte nicht überraschen, wenn man Hegels Diktum berücksichtigt, dass ‚Philosophie ihre Zeit in Gedanken gefasst' sei. Denn dann gilt dies auch für die Bildungsphilosophie, die Fragen der Persönlichkeitsentwicklung im Hinblick auf die jeweils vorliegenden gesellschaftlichen Kontexte reflektieren sollte. Bei diesen Reflexionen geht es zwar auch um eine Beschreibung und Bestandsaufnahme der gesellschaftlichen Kontexte, doch kommen bildungsphilosophische Erwägungen oft zu einer kritischen Einschätzung dieser Verhältnisse und formulieren unter dem Aspekt der Entwicklung Ideen für erstrebenswerte zukünftige Ziele: Bildungsphilosophie hat eine normative und visionäre Ausrichtung, die sich nicht bloß auf die Entwicklung des Einzelnen, sondern auch auf die Entwicklung der Gesellschaft bezieht.

Es gibt allerdings auch Ansätze, die vor der vermeintlichen Unveränderbarkeit der kritisierten gesellschaftlichen Verhältnisse resignieren und die daher anempfehlen, Pathologien zu akzeptieren und Formen zu finden, mit ihnen umzugehen. Hierbei hält man Bildung als „Rückkehr aus der Entfremdung" (Buck 1984) nicht für möglich.

Die Thematisierung des Verhältnisses von Individuum und Gesellschaft beginnt nicht erst mit der Neuzeit und der sich ausdifferenzierenden Gesellschaft. So ist bereits in der griechischen Philosophie die Rede von dem Menschen als sozialem Wesen und als *zoon politikon*, was impliziert, dass der Mensch nicht bloß Gesellschaftlichkeit für sein Aufwachsen und seine Lebensgestaltung benötigt, sondern dass er in einer bereits gestalteten Gesellschaft lebt und auf diese Gestaltung auch Einfluss nehmen kann. Letztlich kann man bereits hier die Erkenntnis antreffen, dass sich der Mensch zwar (zunächst) an die Regeln dieser Gemeinschaft anpassen und sie befolgen muss, dass er aber andererseits auch die Möglichkeit hat, Regeln zu verändern oder neu zu gestalten. In aktueller Formulierung: Es geht um die Dialektik zwischen Unterwerfung und Emanzipation.

Probleme des Zusammenhangs von Bildung und Lebensführung aus soziologischer Perspektive

Bildung und Lebensführung als Themen der Soziologie

Bereits in den 1960er Jahren hat der Psychologe und Erziehungswissenschaftler Heinrich Roth im Rahmen der von ihm propagierten „realistischen Wende" in der Erziehungswissenschaft gefordert, verstärkt sozialwissenschaftliche Ansätze, so wie sie in den Vereinigten Staaten seit längerem angewandt wurden, auch in der deutschen Erziehungswissenschaft zu nutzen. Diese Forderung richtete sich gegen die Dominanz der Geisteswissenschaftlichen Pädagogik und ihrer hermeneutischen Methode. In der Folgezeit meldeten sich immer wieder Soziolog*innen zu Wort, die eine Veränderung in der Bildungspolitik forderten. Ralf Dahrendorf wollte in seiner Zeit als Staatssekretär im Bundesbildungsministerium während der sozialliberalen Koalition seit 1969 unter dem Bundeskanzler Willy Brandt sogar ein entsprechendes Gesetz verabschieden, was aber an der im Grundgesetz festgelegten Zuständigkeit der Länder scheiterte. Er hat sich auch in späteren Schriften immer wieder – etwa unter dem Leitbegriff der „Lebenschancen" – mit der Notwendigkeit einer qualifizierten Bildung für alle befasst. Bildungssoziologie (s.u.) ist inzwischen ein anerkannter Bereich in der Soziologie.

Auch der Begriff der „alltäglichen Lebensführung" wurde prominent in einem soziologischen Forschungsprojekt in den Mittelpunkt gestellt (Projektgruppe 1995). Die Forscher*innen konnten sich dabei auf eine längere Tradition der Thematisierung der Lebensführung in der Soziologie stützen, die bis zu den Gründungsvätern dieser Wissenschaft wie etwa Max Weber („methodische Lebensführung") zurückreicht. In der zweiten Hälfte des 20. Jahrhunderts entwickelte sich auf der Basis von Vorarbeiten früherer Jahre (z. B. Georg Simmel) der Ansatz einer Lebensstilsoziologie, bei der neben ökonomischen Ressourcen der Lebensgestaltung auch kulturell-ästhetische Praktiken in den Mittelpunkt rückten. Nicht zuletzt hat Andreas Reckwitz (2006) Subjektformen in der bürgerlichen Gesellschaft in den letzten 200 Jahren untersucht, indem er die Praktiken der Lebensgestaltung und Lebensbewältigung analysiert.

Die soziologische Dimension spielt seit der Forderung nach einer realistischen Wende in der Erziehungswissenschaft auch insofern eine zentrale Rolle, als man sich in der pädagogischen Theorieentwicklung auf Gesellschaftsanalysen aus der Soziologie stützte. Insbesondere die soziologischen Theorien etwa von Niklas Luhmann, Jürgen Habermas und der Kritischen Theorie, von Ulrich Beck bis hin zu Hartmut Rosa verdrängten in der erziehungswissenschaftlichen Argumentationsstruktur geradezu die bis dahin üblichen philosophischen Argumentationen. Auch in der Soziologie gehört Bildung zu den Standardthemen (siehe etwa Joas 2007, Kap. 13; als weiterer Gründungsvater der Soziologie ist Emile Durkheim als erster Professor für Pädagogik und Soziologie zu nennen). Das Problem hierbei besteht darin, dass sich auch die Soziologie als Einzelwissenschaft erheblich ausdifferenziert hat, sodass man es heute mit einer Vielzahl theoretischer Modelle im höheren zweistelligen Bereich zu tun hat, die alle auch in der erziehungswissenschaftlichen Theorienbildung genutzt werden (siehe etwa Kneer/Schroer 2009).

Bildungs(un)gerechtigkeit

Die Frage nach der Möglichkeit, Bildung zu erwerben, wird sowohl in den entsprechenden Fachwissenschaften (Pädagogik, Soziologie etc.), in der Politik und im öffentlichen Diskurs unter dem Aspekt der Gerechtigkeit (meist kritisch) diskutiert. So haben die PISA-Studien gezeigt, wie stark der von PISA gemessene Schulerfolg von der Herkunftsfamilie abhängt. Soziologische Studien zeigen ein starkes Ungleichgewicht im Hinblick auf Karrieremöglichkeiten von Frauen. In den letzten Jahren wurden Studien im Bereich der soziologischen Eliteforschung (etwa von Michael Hartmann) vorgelegt, in denen gezeigt wird, dass ökonomische Eliten ihren Nachwuchs unabhängig von Schul- und Universitätsleistungen in den eigenen familiären Kontexten finden. Dies ist insofern bei einer kritischen Gesellschaftsanalyse relevant, weil das meritokratische Prinzip, also die Zuteilung gesellschaftlicher Positionen nach intellektueller Leistungsfähigkeit und nicht nach Herkunft, zu den wesentlichen Versprechungen im Projekt der Moderne gehört.

Eine weitere wichtige Ursache für die festgestellte Unausgewogenheit bei der Verteilung von Lebenschancen sieht man in der Mehrgliedrigkeit des deutschen Schulsystems. So hat sich die Hauptschule inzwischen zu einer Art „Restschule" entwickelt, was dazu geführt hat, dass in einzelnen Schulen vorsorglich für einen Umgang mit Hartz IV-Regularien vorbereitet wird. Kritiker sprechen hierbei von einem grundsätzlichen Versagen des deutschen Bildungssystems. Zu der soziologischen Kritik des Bildungswesens gehört auch der Vorwurf einer zunehmend neoliberalen Ausrichtung des Bildungswesens an einer ökonomischen Verwertungslogik (Stichwort: „Bankrott der Bildungsgesellschaft", vgl. Pasuchin 2012; siehe auch die Arbeiten aus dem Umkreis der an Hans-Joachim Heydorn orientierten Erziehu ngswissenschaftler*innen, etwa Bernhard/Rothermel 2001). Auch im Bereich der

Kultursoziologie wird die Frage der Teilhabe (unter der Perspektive der Ermöglichung kultureller Bildung) kritisch diskutiert (vgl. Maedler 2008).

Sozialisationsforschung und Bildungssoziologie

Hermann Veith (in Hurrelmann 2008, 32) erläutert die Genese der Sozialisationsforschung und -theorie, die sich genauer mit dem Verhältnis von Individuum und Gesellschaft befassen, wie folgt:

> „Im Zentrum der modernen Sozialisationstheorie steht die Frage, wie gesellschaftliche Lebensverhältnisse, die in den Praktiken des sozialen Handelns auf vielfältige Weise produziert und reproduziert werden, als Bedingungen der Persönlichkeitsentwicklung wirksam werden. Ihr zu Grunde liegt die epochale Erfahrung, dass in funktional differenzierten, zunehmend traditionsentkernten Gesellschaften der biografische Erwerb alltagstauglicher Handlungsfähigkeit nicht mehr selbstverständlich im partikularen Milieu lebensweltlicher Kleingruppen gesichert wird. Unter Individualisierungszwang gestellt, sehen sich die einzelnen mit mehrdeutigen Erwartungen und Sinnofferten konfrontiert, auf die sie sich in immer wieder neuen, strukturell auf Kompetenz- und Autonomiezuwachs angelegten Lernprozessen einstellen müssen."

In dieser komprimierten Darstellung der Aufgabe der Sozialisationstheorie findet man zum einen eine Gesellschaftsanalyse, nämlich die Entwicklung von einer eher starren, kollektivistisch organisierten (mittelalterlichen) Gesellschaft, in der Menschen in einen bestimmten Stand hineingeboren werden und in der Regel auch dort verbleiben, hin zu einer modernen Gesellschaft, in der es zunächst einmal kein von allen akzeptiertes Wertesystem gibt, das individuelle Lebensentscheidungen orientieren könnte. Es wird zudem konstatiert, dass es (organisierte) Lernprozesse geben müsse, die auf einen Kompetenz- und Autonomiezuwachs hinzielen. Auch dies ist eine neuzeitliche Idee, die mit der „Entdeckung" oder „Erfindung" der Individualität in der Renaissance virulent geworden ist.

Veith unterscheidet dann eine sozialisationstheoretische von einer pädagogischen Sicht, wobei er der Sozialisationstheorie eher die wertneutrale Analyse der Verschränkung von gesellschaftlicher Ordnung, sozialer Integration und individueller Autonomie zuschreibt, wohingegen sich pädagogisch die (normative) Frage stellt, wie Kontextbedingungen zu gestalten sind, die es ermöglichen, das Ziel individueller Autonomie zu erreichen.

Allerdings stellen im selben Band Beer/Bittlingmayer die normative Neutralität der Sozialisationsforschung infrage und sprechen von einer „normativen Verwobenheit". Sie gehen von dem Spannungsverhältnis zwischen Persönlichkeitsentwicklung (im Sinne einer Individualisierung) und der Enkulturation (im Sinne einer Vergemeinschaftung) aus und sehen sowohl bei dem Begriff der Persönlichkeit als auch bei der Bewertung der gesellschaftlichen Verhältnisse prinzipiell normative Entscheidungen eingewoben. Sozialisation wird dabei verstanden wie folgt:

> „Sozialisation bezeichnet (...) den Prozess, in dessen Verlauf sich der mit einer biologischen Ausstattung versehene menschliche Organismus zu einer sozial handlungsfähigen Persönlichkeit bildet, die sich über den Lebenslauf hinweg in Auseinandersetzung mit den Lebensbedingungen weiterentwickelt. Sozialisation ist die lebenslange Aneignung von und Auseinandersetzung mit den natürlichen Anlagen, insbesondere den körperlichen und psychischen Grundlagen, die für den Menschen die ‚innere Realität' bilden, und der sozialen und physikalischen Umwelt, die für den Menschen die ‚äußere Realität' bilden." (Hurrelmann in Hurrelmann u. a. 2008, 24).

Letztlich beschreibt diese Definition nichts anderes als das, was man in anderen Kontexten als „Entwicklung und Transformation von Welt- und Selbstverhältnissen" bezeichnet. Die Normativität der Sozialisationstheorie kommt auch in den „Anforderungen an Sozialisationstheorien" zum Ausdruck, so wie sie Faulstich-Wieland (2000, 12) formuliert:

- „Klärung des Verhältnisses von Individuum und Gesellschaft,
- Berücksichtigung der Tatsache von Freiheit menschlichen Handelns,
- Unterschiede in der Entwicklung der Individuen zu erklären,
- den historischen Aspekt von Individualität zu berücksichtigen,
- die biografischen Prozesse hinter den Persönlichkeiten zu verstehen,
- Entfaltungsmöglichkeiten von Persönlichkeit in Gesellschaft zu klären,
- Möglichkeiten von Bildung auszuloten."

Eine so verstandene Sozialisationsforschung kann als Teil der Bildungssoziologie (Becker 2009) verstanden werden.

„Die Bildungssoziologie", so Becker (a. a. O., 10), „analysiert die ökonomischen, kulturellen, politischen und sozialstrukturellen Rahmenbedingungen von Bildungsprozessen (Erziehung, Sozialisation und Bildung) und ihre individuellen und gesellschaftlichen Folgen. Sie legt ihren Schwerpunkt auf die theoretische und empirische Untersuchung von Bildungsprozessen auf unterschiedlichen Ebenen der

Gesellschaft. Verteilung von Bildung als Zustand und Prozess, Bildungsvorgänge und Bildungssysteme können hierbei als beabsichtigte und unbeabsichtigte Folgen des sozialen, auf Bildung bezogenen Handelns unter bestimmten gesellschaftlichen Rahmenbedingungen angesehen werden."

Hilfreich ist Beckers Unterscheidung von Makro-, Meso- und Mikro-Ebene. Bei der Makroebene geht es nicht nur um grundsätzliche Fragen der Gesellschaftsentwicklung und -diagnose, sondern auch um die Rolle von Bildung im Prozess der menschlichen Zivilisation. Es geht um Wechselwirkungen zwischen Bildung und Modernisierung, Rationalisierung, Demokratisierung und Industrialisierung (15).

Die Mesoebene befasst sich mit dem Bildungssystem, seinen Funktionen und Leistungen. Becker zitiert in diesem Zusammenhang den Vorschlag von Fend (2006), der das berühmte AGIL-Schema von Talcott Parsons übernimmt, das vier gesellschaftliche Subsysteme unterscheidet (Wirtschaft, Politik, Gemeinschaft und Kultur). Das Bildungssystem insgesamt und vor allem die Schule übernimmt dabei gesellschaftliche Funktionen gegenüber jedem der vier Subsysteme: Qualifikation (Wirtschaft), Legitimation (Politik), Selektion und Allokation (Gemeinschaft) und Enkulturation (Kultur).

Im Hinblick auf die Mikroebene formuliert Becker die folgenden Fragen:

> „Wie, warum und wann entscheiden sich Individuen für bestimmte Bildungswege? Welchen Nutzen ziehen sie aus der Bildungsteilhabe? Welche Bildungsvorstellungen entwickeln sie? Welche Rolle spielt die Bildung für die persönliche Entwicklung von Individuen und ihre Lebenschancen? Wie gestaltet sich die soziale Bedingtheit von individueller Leistungsfähigkeit und der Möglichkeit, zu lernen? Welche Rolle spielt Bildung im Lebensverlauf und welche Folgen hat sie für die Lebensereignisse wie Zeitpunkt der Heirat und Familienbildung, Anzahl von Kindern, Neigung für Scheidung, politische Partizipation, Lebenserwartung etc.?" (18)

All diese Themen werden in Beiträgen des Handbuchs beschrieben, wobei sich deutlich eine Tendenz abzeichnet, Probleme bei der Struktur unseres Bildungswesens und der Bildungspolitik aufzuzeigen. Es ist vor allem das Problem sozialer Ungleichheit in Bezug auf Bildung. Dies ist auch zentrales Thema in anderen Darstellungen soziologischer Bildungsforschung (siehe Allmendinger/Aisenbrey in Tippelt 2002, 41 ff. oder Krais in Fickermann/Fuchs 2016, 113 ff.). Es geht also – wie bereits oben erwähnt – um Krisen, um Pathologien und insgesamt um Verstöße gegen die Versprechungen der Moderne (Freiheit, Gleichheit, Solidarität). Man arbeitet mit Gesellschaftsanalysen, wobei ein kritischer Tenor, nämlich Gesellschafts- und Kulturkritik, dominiert. In der Tat sind aktuelle Gesellschaftsanalysen oft Krisenanzeigen. Man spricht von Entfremdung, von Entzweiung und Heimatlosigkeit, man spricht davon, dass die Organisation der modernen Gesellschaft zu Nervosität, Hysterie, Depression oder Angst führt. Die moderne Gesellschaft ist also offensichtlich eine krisenhafte Gesellschaft.

Dies zeigt sich schon bei der Entstehung der wissenschaftlichen Disziplin der Soziologie im 19. Jahrhundert, denn diese entstand aufgrund der sich entwickelnden sozialen Frage, nämlich einer problematischen Entwicklung der sozialen Lage der Arbeiterschaft. Offensichtlich kollidieren diese Anzeigen von Krisen und Pathologien mit dem Versprechen auf ein gutes Leben. Ralf Dahrendorf (1979) diskutierte diese Problematik unter der Frage „Wie können mehr Menschen in den Genuss von mehr Lebenschancen kommen? Und was bedeutet das, wenn man das Ziel sozialer Prozesse, historischen Wandels und politischer Tätigkeit so formuliert?“ (9)

Vor diesem Hintergrund verwundert es nicht, dass Dahrendorf am Ende seines Buches auf die elfte These über Feuerbach von Karl Marx kommt: „Die Philosophen haben die Welt nur verschieden interpretiert; es kommt darauf an, sie zu verändern.“ (216)

Umweltzerstörung und Lebensweise

Wir erleben zurzeit eine gravierende Veränderung unserer Welt bzw. wir kommen nicht umhin uns einzugestehen, dass diese Welt durch das Eingreifen des Menschen schon erheblich verändert wurde, sodass sogar das schlichte Überleben gefährdet wird (siehe Fuchs 2023). Viele Menschen sind sich einig in der Analyse, dass es der ungebremste Wachstumszwang ist, ohne den ein kapitalistisches Wirtschaftssystem nicht funktioniert, der wesentlich die Verantwortung für die Zerstörung der Umwelt hat. Wer die Welt verändern will, wird sich also auf eine kritische Diskussion über unser Wirtschaftssystem einlassen müssen und dies ist eine politische Gestaltungsaufgabe (so auch Schneidewind 2018).

Es kommt allerdings auch darauf an, in welcher Weise die Menschen ihr Leben gestalten. Ulrich Brand und Markus Wissen (2017) haben das Konzept einer „imperialen Lebensweise“ entwickelt, das bedeutet, dass die Menschen des Globalen Nordens auf Kosten der Menschen des Globalen Südens leben. Sie schlagen daher eine rasche Veränderung der Lebensführung der Menschen zu einer „solidarischen Lebensweise“ vor. Damit wird die Frage nach der Lebensführung zu einer entscheidenden Frage (Alleweldt u. a. 2016).

Neu ist diese Fragestellung nicht, denn schon Max Weber hatte das Konzept einer „methodischen Lebensführung“ im Kontext der Entwicklung der kapitalistischen

Moderne – und dies in Verbindung mit einer protestantischen religiösen Orientierung – in die Diskussion gebracht. Fragen der Lebensführung sind Bildungsfragen, und Bildungsfragen sind entscheidend Fragen sozialer Zugehörigkeit. Denn alle soziologischen Analysen kommen zu dem Ergebnis, dass nicht individuelle Leistung primär für den späteren beruflichen Erfolg und die Stellung in der Gesellschaft verantwortlich ist, sondern dass die soziale Herkunft hierbei eine entscheidende Rolle spielt. Damit ist die Zuständigkeit der Politik für die Gestaltung von Rahmenbedingungen angesprochen. (Weitere sozialwissenschaftliche Befunde werden in Kapitel 7 vorgestellt.)

4. Politische und rechtliche Zugänge zum Bildungsproblem

Das Thema Bildung ist häufig Gegenstand der Alltagskommunikation, unter anderem auch deshalb, weil Eltern schulpflichtiger Kinder selbst reichhaltige Erfahrungen im Umgang mit dem Bildungswesen haben. Sie haben selbst viele Jahre die Schule besucht, eine Berufsausbildung oder ein Studium absolviert und erlebt, dass bei ihrer Suche nach einer Anstellung Bildungsabschlüsse eine wichtige Rolle spielten.

Nun müssen sie sich für die Bildungskarrieren ihrer Kinder interessieren, sind erfreut oder besorgt darüber, wie ihre Kinder mit der Schule zurechtkommen und wie die Schule mit ihren Kindern umgeht. Wie prägend Schulerlebnisse sind, kann man etwa daran sehen, dass selbst ältere und betagte Menschen über Schul-Erlebnisse erzählen, als wären sie erst vor kurzer Zeit geschehen. Bildungsfragen spielen – oft im Zusammenhang mit Schule – in der Alltagskommunikation eine Rolle, weswegen es auch nicht verwunderlich ist, dass sich auch die Medien mit ihnen befassen und Vorschläge für eine Verbesserung kritisierter Situationen von vielen tatsächlichen oder selbst ernannten Expert*innen unterbreitet werden. Die Schule wird in politischen Diskussionen auch oft dann genannt, wenn es um gesellschaftliche Problemlagen und deren Behebung geht. Oft genug sind Bildungsdiskurse in dieser Hinsicht von einer kritischen Haltung geprägt, dass nämlich die Schule nicht genug dafür tue, dass sich Heranwachsende richtig ernähren, dass sie sich politisch engagieren und vernünftig mit Medien umgehen. Themen der Alltagskommunikation werden oft zu Themen, die Medien aufgreifen und deshalb auch zu Themen in politischen Debatten.

Es ist also kein Wunder, dass Personen, die auf kommunaler, Landes- oder Bundesebene für Bildungsfragen zuständig sind, oft im Mittelpunkt einer kritischen Diskussion stehen. Es waren oft krisenhafte Alarmanzeigen, die Bewegung in die Bildungspolitik brachten. Georg Picht sprach 1964 von einer Bildungskatastrophe und es gab 1973 ein Länderexamen der OECD unter dem aussagekräftigen Titel „Bildung: mangelhaft“. Die Reform des Bildungswesens war ein zentraler Punkt im Programm der ersten sozialliberalen Koalition, die in den 1960er Jahren zum ersten Mal die politische Dominanz konservativer Parteien beendete und 1969 erstmal den Kanzler stellte. Jahrzehnte später löste eine erste internationale Evaluation nationaler Bildungssysteme, nämlich PISA, den sogenannten PISA-Schock aus, weil die erfassten Ergebnisse deutscher Schüler*innen deutlich unter den Erwartungen blieben. Die Forderung des ehemaligen Bundespräsidenten Roman Herzog in mehreren Reden seit 1995, Bildung müsse zum „Megathema des neuen Jahrtausends“ werden, hat sich also in einer Weise erfüllt, die er sich vermutlich nicht so vorgestellt hat: nämlich als kritische Debatte über das offenbar nun empirisch belegte Versagen des deutschen Bildungswesens. Zivilgesellschaftliche Organisationen, Fachorganisationen aus den unterschiedlichsten Feldern, Gewerkschaften und Unternehmerverbände, politische Parteien, Journalisten und andere unterbreiteten nunmehr eine Vielzahl unterschiedlichster, allerdings kaum miteinander zu vereinbarender Vorschläge für eine Verbesserung des Bildungswesens.

Auch die staatliche Bildungspolitik reagierte. So plante man die Einführung einer Ganztagsschule, später reduzierte man die Anzahl der Jahre, die SchülerInnen im Gymnasium verbringen sollten (und revidierte wenige Jahre später diese Initiative), man erarbeitete Konzepte kommunaler oder regionaler Bildungslandschaften und entdeckte neue Steuerungsmethoden in der Bildungspolitik (educational governance, evidenzbasierte Politik). Einige dieser Vorschläge waren konzeptionell gestützt und wurden von wissenschaftlichen Untersuchungen begleitet, vieles an Aktivitäten war jedoch lediglich pragmatisch und zum Teil auch nur Symbolpolitik.

All die beschriebenen Prozesse beziehen sich auf eine wichtige Dimension der Beziehung zwischen Politik und Bildung, nämlich auf pragmatisches Alltagshandeln und auf Diskurse, in denen dieses Handeln thematisiert wird.

Man bezieht sich auf das Bildungssystem, wie es in regelmäßigen Abständen in Publikationen des Max-Planck-Instituts für Bildungsforschung dargestellt wird („Das Bildungswesen in der Bundesrepublik Deutschland“, zuletzt Cortina u. a. 2008, siehe auch Köller u. a. 2019). In diesen werden nicht nur ausführlich Orte, Strukturen, Fragen der Finanzierung und der Ausbildung des Lehrpersonals sowie Entwicklungstendenzen des Bildungswesens vorgelegt, sondern auch gehaltvolle Ausführungen zu Rahmenbedingungen oder basalen Konzepten. Diese umfassende Darstellung hat zwar von der Methode her ihren Schwerpunkt in empirischer Bildungsforschung, integriert aber immer auch Ergebnisse der soziologischen, psychologischen, ökonomischen, historischen und politischen Bildungsforschung.

Damit wird deutlich, dass es neben dem eingangs beschriebenen pragmatischen Umgang mit dem Bildungsthema im Alltag, in den Medien und in der Politik auch einen theoretischen, wissenschaftlich orientierten Zugang gibt, nämlich zum einen eine sorgfältige empirische Erfassung von Strukturen und Prozessen, zum andern zugrunde liegende Konzepte und Theorien. Dies beginnt schon dort, wo sich bildungspolitische Initiativen auf weltanschauliche Grundlagen der jeweiligen Parteien beziehen. So kann man etwa fragen, wie eine Bildungspolitik gestaltet sein muss, die sich auf sozialdemokratische Grundwerte, einen christlichen Wertekanon oder auf liberale Werte bezieht.

Da Bildungspolitik ein spezifischer Teil von Politik schlechthin ist, kann man auch die allgemeinen politischen Theorien und wissenschaftlichen Methoden der Politikwissenschaft auf sie anwenden. Man kann etwa danach fragen, auf welchen Ebenen sich Bildungspolitik abspielt (Mehrebenmodell), wer die zentralen Akteure sind (Akteurspluralität) und welche Theoriekonzepte (Theorienvielfalt) eine Rolle spielen. Man kann die Abhängigkeit der Bildungspolitik von sozialen, ökonomischen und kulturellen Kontexten – und dies in historischer Perspektive – untersuchen.

Gerade in einer historischen Perspektive zeigt es sich, wie eng Fragen der Bildung mit Fragen der Macht und der Entwicklung des Staates verbunden sind:

> „Bildung und Wissenschaft waren ursprünglich nicht Aufgabenfelder der werdenden Staatsgewalt, sondern weit eher ihrer Rivalen, der Kirche einerseits, der Gemeinden und anderer autonomer Korporationen andererseits. Erst seit dem 18. Jahrhundert begann auch ihre völlige Unterwerfung, die allerdings ihr Ziel häufig nicht vor dem 19./20. Jahrhundert erreichte. So wurde neben der allgemeinen Steuerpflicht und der allgemeinen Wehrpflicht schließlich die allgemeine Schulpflicht die dritte tragende Säule der Staatsmacht über die Untertanen. Vorher hatten Gemeinden oder kirchliche Einrichtungen wie Pfarreien oder Orte die Schulen und Hochschulen getragen, manchmal auch beide gemeinsam; die Universitäten waren darüber hinaus meistens autonome Korporationen, häufig mit eigenem Stiftungsvermögen. Akademien schließlich kamen zunächst als private Zusammenschlüsse von Gelehrten oder Künstlern zustande." (Reinhard 1999, 398 f.)

Bildungs- und Kulturpolitik wurden lange als Einheit gesehen und waren vor der Gründung eigenständiger Ministerien Teil des Innenministeriums. Dies war noch zu Zeiten von Humboldt der Fall. Reinhard schreibt:

> „Kulturpolitik als Machtpolitik gehört zwar zur politischen Kultur eines Gemeinwesens, stellt aber nur einen engen Ausschnitt daraus dar, nämlich die bewusste Kontrolle und Instrumentalisierung bestimmter kultureller Felder durch und für die Staatsmacht. 1919 hatte sie der preußische Kultusminister Carl Heinrich Becker zeitbedingt definiert als ‚bewusste Einsetzung geistiger Werte im Dienste des Volkes und des Staates zur Festigung im Innern und zur Auseinandersetzung mit anderen Völkern nach außen'. Heute betrifft Kulturpolitik die fünf Felder Religion, Kunst, Medien, Bildung und Wissenschaft, Freizeit und Sport." (ebd., 398)

Der hier angesprochene Aspekt der Machtpolitik bedeutet, dass es immer auch um eine Konkurrenz und einen Streit um Fragen der Organisation, der vermittelten Bildungsinhalte und ihrer Verteilung auf unterschiedliche Gruppen der Bevölkerung ging, ganz so, wie es Francis Bacon schon sagte: „Wissen ist Macht". Eine wichtige Rolle spielt in diesem Streit die Frage des Lehrplans als Steuerungsinstrument nicht bloß der gewünschten individuellen, sondern auch der gesellschaftlichen Entwicklung (vgl. Dolch 1971 sowie aktuell Künzli 2013). Neben Inhalten spielt die Organisationsfrage eine entscheidende Rolle. Man kann dies an dem lange währenden Streit um die Mehrgliedrigkeit unseres Schulsystems sehen, was Siegfried Bernfeld (2006) dazu veranlasste, einem (fiktiven) Kultusminister die Worte in den Mund zu legen, dass die Sozialdemokraten durchaus die Bildungsinhalte festlegen dürften, solange die Organisationsfrage in den eigenen konservativen Händen bliebe.

Die Frage der Macht und Gewalt in Erziehungs- und Bildungsprozessen hat in den letzten Jahren eine besondere Aktualität erfahren. Zum einen geht es dabei um die grundsätzliche Gewaltförmigkeit von Erziehungsprozessen, die Kant in seinem berühmten Zitat über die „Freiheit bei dem Zwange" bereits angesprochen hat. Gewalt spielt auch dort eine Rolle, wo es unmittelbar und konkret um pädagogische Prozesse geht:

> „Obwohl das pädagogische Feld von Beginn an in Macht- und Gewaltverhältnisse verstrickt ist, gerät dies doch immer wieder in Vergessenheit – und wird häufig erst dann thematisch, wenn dessen Akteure in besonders anstößiger Weise gegen ihr Berufsethos verstoßen." (Rieger-Ladich in Wulf/Zirfas 2014, 285)

Als zwei Fallbeispiele praktizierter exzessiver Gewalt in pädagogischen Kontexten beschreibt Rieger-Ladich den Fall des Andreas Diepold, eines Hauslehrers, dessen Züchtigungspraktiken zum Tod eines seiner Schützlinge führten. Der zweite, aktuellere Fall betrifft den Skandal des Missbrauchs von Internatsschülern in der Odenwaldschule, wo der charismatische Schulleiter eine Struktur geschaffen hatte, in der sexueller Missbrauch als normal galt.

Klar ist aber auch, dass die Ausübung von Macht und Gewalt nicht bloß bezogen auf Individuen gesehen werden darf, die beides entweder ausüben oder erleiden müssen: Es geht auch um Fragen einer strukturellen oder symbolischen Gewalt, es geht um die Allgegenwärtigkeit von Macht, so wie dies in den letzten Jahrzehnten von Pierre Bourdieu, Michel Foucault oder Johan Galtung thematisiert wurde.

Politik spielt im Bildungskontext auch dort eine Rolle, wo es um die Frage der inhaltlichen Bestimmung und um die Ziele von Bildung geht. Insbesondere hat sich hier der Bereich der „Politischen Bildung" entwickelt:

> „Politische Bildung wurzelt in der Aufklärung des 18. Jahrhunderts, im ‚Ausgang des Menschen aus seiner selbst verschuldeten Unmündigkeit' (Immanuel Kant), in der Forderung nach der Erziehung zum ‚mündigen Bürger'.

Allerdings hinterließ die Ambivalenz der Aufklärung auch in der politischen Bildung ihre Spuren: Politische Bildung übernahm seit dem 19. Jahrhundert nicht selten die Aufgabe der Indoktrination, der Schaffung von Untertanen. Auch wenn sich Pädagogen und später auch Pädagoginnen immer wieder mit der Frage der Mündigkeit beschäftigten und fortschrittliche Konzepte von politischer Bildung bzw. Erziehung im Allgemeinen entwarfen, trat im deutschsprachigen Raum erst um 1960 eine ‚didaktische Wende' (Kurt Gerhard Fischer) ein. Zudem wurden Konzepte und Modelle entworfen und zum Teil auch in der Praxis realisiert, die zur Herausbildung eines selbstbestimmten, zur eigenen Urteilsbildung fähigen ‚Citoyen' beitragen sollten. Zunehmend wurde aber auch erkannt, dass das Individuum nicht völlig autonom ist, sondern von Sozialisationsprozessen bestimmt wird, womit die von den Aufklärern geforderte ‚Mündigkeit' durch das ‚selbstreflexive Ich' ergänzt bzw. modifiziert wurde." (Hellmuth/Klepp 2010, 9)

Macht und Gewalt

Das Thema Gewalt ist bereits oben angesprochen worden, als von dem Kantschen Diktum der Erziehung als „Freiheit bei dem Zwange" die Rede war. Auch Dietrich Benners Ausführungen zur Pädagogik als sich aufhebendem Gewaltverhältnis wurde bereits erwähnt. Gewalt scheint im Vergleich zu dem noch zu entfaltenden Macht-Begriff ein einfacherer Begriff zu sein. Es geht um einen Eingriff in die körperliche Integrität, ganz so wie ich es noch selbst in den ersten Schuljahren der Volksschule erlebt habe: Der Rohrstock war ein sichtbares – und auch häufiger benutztes – Symbol für die Autorität des Lehrers und die herrschenden Gewaltverhältnisse. Man muss dies im Kontext der damaligen Zeit der 1950er Jahre sehen, als es noch kein gesetzlich geregeltes Recht auf gewaltfreie Erziehung gab. Die Lehrer – Lehrerinnen gab es kaum – waren ehemalige Soldaten, hatten also einige Jahre in dramatischen Gewaltverhältnissen verbracht. Diese Sozialisationserfahrung der (meist) jungen Männer sprach in den 1920er Jahren für die Idee, nach dem Ersten Weltkrieg Kulturpädagogik als Universitätsdisziplin einzuführen: Es ging um eine kulturelle Sinngebung für die jungen Männer (im Sinn der Vermittlung einer „Leitkultur"), die an Leib und Seele geschädigt aus dem Krieg zurückgekommen waren.

Gewalt als Angriff auf die körperliche Integrität dürfte die im Alltag verbreitetste Gewaltassoziation sein. Man hat einen eindeutigen Täter, der Gewalt ausübt, und es gibt Opfer, die Gewalt erleiden müssen. Auch wurde oben Krieg als umfassende Entfaltung von Gewalt genannt. Es wurde erwähnt, dass das Leben und Aufwachsen in solchen Gewaltverhältnissen Auswirkungen auf die Psyche der Menschen haben. Damit wird deutlich, dass Gewalt nicht bloß ein politisches Problem darstellt, sondern auch ein Thema für die Psychologie ist. Ist Gewalt eine „normale" Erfahrung im Alltag der Menschen, dann ist ein friedliches und zivilisiertes Zusammenleben nicht möglich.

Thomas Hobbes ging in seiner politischen Anthropologie davon aus, dass der Mensch dem Menschen ein Wolf ist. Ein solcher Wolf muss gezähmt und diszipliniert werden, weswegen Hobbes einen starken Staat (den Leviathan) für notwendig hielt, der dies erreichen kann. Es entwickelte sich die Vorstellung eines Gewaltmonopols des Staates, was bedeutete, dass nicht mehr jeder Bürger das Recht in die eigenen Hände nehmen konnte. Das Verbot von Duellen spielte in diesem Zusammenhang eine wichtige Rolle, doch war es bis ins späte 19. Jahrhundert nur begrenzt durchsetzbar. Gewalt erscheint hier als direkter Gegensatz zum Frieden.

Ein weiteres lässt sich aus den oben angeführten Beispielen von Gewaltförmigkeit erkennen: Selbst wenn man davon ausginge, dass die Neigung zur Gewalttätigkeit eine psychische Disposition ist, so muss man sehen, dass sich eine solche Gewalt gegen Menschen oder Sachen in einer gewaltförmigen Aktion zeigt: Gewalt wird sichtbar in der Tat und sie beschreibt ein bestimmtes Verhältnis, das durch diese Tat hergestellt wird. Nun weiß man spätestens seit Schleiermacher, dass Verhältnisse erziehen. Die oben erwähnte Disposition zur Gewaltförmigkeit bei Lehrern früherer Zeiten war durch informelles Lernen in gewaltgesättigten Verhältnissen entstanden. Es geht dabei nicht bloß um Angriffe auf die körperliche Integrität, es geht auch um Angriffe auf die psychische und geistige Integrität. Das entwickelte System der Menschenrechte berücksichtigt dies, indem für all diese Dimensionen Schutzrechte als Menschenrechte formuliert werden.

Die Erkenntnis, dass Gewalt nicht allein Angriffe auf die körperliche Integrität betrifft, hat dazu geführt, den Gewaltbegriff über den oben beschriebenen Bezug auf Gewaltausübungen eines Individuums auf soziale Verhältnisse auszudehnen. Johan Galtung sprach von struktureller Gewalt, was heute etwa dort relevant ist, wo man von einem strukturellen Rassismus spricht, denn auch Rassismus ist als harte Form einer Diskriminierung ein Gewaltverhältnis.

Doch wie verhält es sich mit dem Machtbegriff? Bertrand Russel hat seinerzeit die Analogie hergestellt, dass in der Politik „Macht" dieselbe Rolle spielen müsse wie in der Physik Energie, also als Grundbegriff zu fungieren habe (Berger 2009, 9). Michael Mann (1990) hat in diesem Sinn eine mehrbändige „Geschichte der Macht" geschrieben, wobei diese Geschichte der Macht identisch ist mit der Geschichte schlechthin. Er identifiziert militärische, ökonomische, ideologische (das ist kulturelle) und politische Macht, zeigt ihre Zusammenhänge und untersucht, zu welchen Zeiten und in welchen Regionen welche dieser Machtformen Priorität erlangten.

Kann man die militärische Macht noch mit der Ausübung körperlicher Gewalt in Verbindung bringen, so handelt es sich bei ökonomischer, ideologischer oder politischer Macht um andere Formen, Einfluss auf andere Menschen oder auch die Natur (vgl. Radkau 2012) auszuüben. Wilhelm Berger (2009) behandelt in verschiedenen Kapiteln seines Buches die Macht der Religionen, die Macht der Fürsten und des Staates, der Ökonomie und des Geldes, des Wissens und der Technik. Es zeigen sich hier weitgehende Überschneidungen mit dem System der symbolischen Formen (als Medien der Weltaneignung und Weltgestaltung), so wie es Ernst Cassirer (1990) entwickelt hat. Man kann diese Liste von Berger sogar noch um weitere von Cassirer erwähnte symbolische Formen, nämlich Sprache, Mythos und Kunst ergänzen. Offenbar lassen sich alle Möglichkeiten, Welt- und Selbstverhältnisse zu gestalten, unter dem Aspekt der Macht betrachten.

Auch im Hinblick auf den Begriff der Macht hat es eine deutliche begriffliche Veränderung und Ausdehnung gegeben (siehe etwa den Artikel „Macht, Gewalt" in Brunner u. a. 1982, Bd. 3). Eine klassische Definition geht auf Max Weber zurück, der Macht begreift als „jede Chance, innerhalb einer sozialen Beziehung den eigenen Willen auch gegen Widerstreben durchzusetzen". Zum einen zeigt sich an dieser Definition, dass Macht wiederum als Verhältnisbegriff verstanden wird. Macht wird hier allerdings als personale Beziehung gesehen, in der einer die Macht hat und andere dieser Macht unterworfen sind. Macht ist also nicht bloß ein Verhältnisbegriff, sondern bezeichnet ein Unterwerfungsverhältnis. In dieser Hinsicht wird der Machtbegriff sowohl im Alltag als auch in politischen Diskursen verwendet.

Carl Schmitt sprach einmal davon, dass derjenige die Macht habe, der den Ausnahmezustand erklären könne. Die erste Phase der Coronapolitik war in dieser Hinsicht aufschlussreich, denn es war die Exekutive (und nicht etwa das Parlament), die lange Zeit das Heft des Handelns in der Hand hatte. Interessant hieran ist ein weiterer Aspekt, denn eigentlich wäre das Parlament das im Rahmen der verfassungsmäßig vorgegebenen Gewaltenteilung zuständige Entscheidungsorgan für gravierende Eingriffe in die Grund- und Freiheitsrechte der Menschen gewesen. Doch es war über Monate die Exekutive, die die Schließung von Einrichtungen bis hin zum Lockdown beschlossen und durchgesetzt hat. Das Parlament hat diese Form der Machtverschiebung jedoch akzeptiert. Es geht also nicht bloß um Zwangsmaßnahmen, sondern es geht auch darum, dass Machtausübung akzeptiert wird. Es war eine freiwillige Entscheidung des Parlaments, der Exekutive die Entscheidungsvollmachten zu überlassen.

Macht hat also nicht bloß mit Zwangsmaßnahmen zu tun, sie hat auch nicht bloß mit dem Gedanken zu tun, der in der Weberschen Definition zum Ausdruck kommt: dass sie Widerständigkeit überwinden muss, sondern sie muss auch in Verbindung mit Freiheit gesehen werden.

Interessant ist ein weiterer Aspekt, der spätestens seit Hegels Überlegungen zum Verhältnis von Herr und Knecht bekannt ist (in seiner Phänomenologie des Geistes, Kap. IV, dort in Verbindung mit dem Konzept der Anerkennung). Üblicherweise würde man dem Herrn eine universelle Machtbefugnis über das Handeln des Knechtes zusprechen. So beauftragt dieser den Knecht mit immer weiteren Aufgaben, die mit dem Lebensvollzug des Herrn zu tun haben. Hierbei entwickelt der Knecht die Kompetenzen der Lebensgestaltung, die der Herr zunehmend verliert. Es gibt praktisch eine Verlagerung der Lebensführungskompetenzen vom Herrn auf den Knecht und damit eine Verschiebung der Macht. Man kann dies etwa dann erleben, wenn Menschen, die bislang wichtige Funktionen ausgeübt haben, nach der Beendigung dieser Tätigkeiten alltagspraktische Kompetenzen neu erwerben müssen, weil sie nun selbst ihren Alltag organisieren müssen.

Eine weitere Variante von Macht im Alltag ist das Machtwort. Es gibt eine Autorität, die eine kontroverse Diskussion mit einer Entscheidung beendet. Ein Beispiel hierfür ist die sogenannte Richtlinienkompetenz des deutschen Bundeskanzlers. Diese bedeutet, dass er die Zuständigkeiten von Fachministern in ihrem Ressort durch ein Machtwort auch gegen den Willen des Amtsinhabers übergehen kann. Das Problem hierbei besteht darin, dass die Ausübung einer solchen Machtbefugnis bereits ein erster Schritt in den Machtverlust bedeutet. Denn die Nutzung dieser Richtlinienkompetenz bedeutet letztlich, dass es nicht gelungen ist, mithilfe überzeugender Argumente oder kraft der eigenen Autorität eine kontroverse Debatte zu beenden. Dies zeigt, dass Macht immer dann am stärksten ist, wenn man sie nicht nutzen muss. Macht ist zudem verbunden mit Autorität und Akzeptanz. Zudem sieht man, dass die Ausübung von Macht keine Einbahnstraße ist. Macht ist außerdem nichts Negatives, sondern sie hat neben dem Moment der Unterwerfung ebenso den Aspekt der Ermöglichung.

All diese Überlegungen gehen über die ursprünglichen und alltäglichen Verwendungsweisen der beiden Begriffe „Macht" und „Gewalt" hinaus und weisen auf Aspekte der Prozesshaftigkeit, der Allgegenwart, der Relationalität und der Ablehnung eines einfachen Täter-Opfer-Modells hin. Sie sind inzwischen auch in der erziehungswissenschaftlichen Diskussion aufgenommen worden. Eine besondere Rolle spielen hierbei die machttheoretischen Überlegungen von Foucault, die wesentlich zu der Überwindung des genannten Alltagsverständnisses beigetragen haben. So schreibt Rieger-Ladich (in Wulf/Zirfas 2014, 287):

> „Wenn daher pädagogische Praktiken auf ihre Machtförmigkeit hin untersucht werden, wenn Schulgebäude als Orte sozialer Zurichtung, ihre architektonische Gestalt auf stummer Adressierung und die Möblierung von Klassenzimmern auf ihre Disziplinierungseffekte hin befragt werden (…),

> wenn pädagogische Klassiker neu gelesen werden, um Subjektivierungspraktiken, Pastoraltechniken und Regierungsformen aufzudecken (...), ist mit unterschiedlichen Spielarten der Macht zu rechnen."

Hinsichtlich der „Spielarten der Macht" bezieht sich Rieger-Ladich (ebenso wie Christiane Thompson in ihrem Artikel zur Macht in Feldmann u. a. 2022, 286 ff.) auf eine Typologie, die Heinrich Popitz vorgeschlagen hat:

> „Die *Aktionsmacht* (1) macht sich die Verletzungsanfälligkeit des menschlichen Körpers zunutze: Insofern der Mensch einen anderen zu verletzen vermag, kann er Macht über ihn erlangen. Die *instrumentelle Macht* (2) operiert mit der Differenz von Zuteilung bzw. Entzug und beruht darauf, dass sich Menschen meist an der Zukunft orientieren. *Autoritative Macht* (3) wiederum verdankt sich der menschlichen ‚Orientierungsbedürftigkeit': als ‚Mängelwesen' (Gehlen) bleibt der Mensch auf die Stiftung von Ordnungen angewiesen – und damit den Manipulationsversuchen anderer ausgeliefert. Die *Macht des Datensetzens* (4) bezeichnet den Einfluss auf die Handlungen anderer, der aus dem Eingriff in die materielle Welt resultiert." (in Wulf/Zirfas 2014, 286 f.)

Die hier vorgestellten Überlegungen zur Erweiterung des Machtbegriffs sind hilfreich, weil sie nicht nur auf die Dimension der Ermöglichung hinweisen, sie lenken auch die Aufmerksamkeit auf alltägliche Machtprozesse, die in pädagogischen Kontexten wirksam sind. Zu einem Problem wird allerdings ein so erweiterter Machtbegriff, wenn aufgrund der Allgegenwart von Macht traditionelle Machtinstanzen in Politik und Wirtschaft in ihrer Bedeutung für das Leben der Menschen vernachlässigt oder erst gar nicht mehr thematisiert werden. Solche Tendenzen sind gerade in poststrukturalistisch orientierten erziehungswissenschaftlichen Ansätzen zu finden.

Zur internationalen Dimension

Bildungsfragen waren nie nur nationale Fragen. So gab es – um ein Beispiel zu nennen – bereits in der Renaissance und im Renaissancehumanismus eine Gemeinschaft europäischer Intellektueller, bei denen auf der Basis der gemeinsamen Sprache Latein und einer regen Reisetätigkeit nationale Grenzen keine große Rolle spielten (vgl. Fuchs 2022). Dies hat sich bis heute nicht verändert, auch wenn nicht mehr Latein, sondern inzwischen Englisch die Sprache ist, in der internationale Gemeinschaften von Wissenschaftler*innen und Philosoph*innen kommunizieren und sehr genau zur Kenntnis nehmen, welche Entwicklungen in den verschiedenen Fachbereichen und Disziplinen stattfinden. Insbesondere sind hier die Vergleichende Erziehungswissenschaft und die Ethnopädagogik zu nennen.

Diese Internationalität findet sich auch bei Fragen des Bildungswesens. So haben sich die Vereinten Nationen immer wieder anspruchsvolle Bildungsprogramme gegeben, etwa unter dem Motto *Education for All* (EFA), das auf Comenius' („Bildung für alle") zurückgeht. Es gibt ein Menschenrecht auf Bildung und kulturelle Teilhabe, wobei in den letzten Jahren „Teilhabe" geradezu zu einem Kernbegriff in der Kultur- und Bildungspolitik geworden ist. Mit dieser Zielformulierung sind zugleich weitere Politikfelder wie etwa die Sozialpolitik oder die Wirtschaftspolitik verbunden. Aktuell sind es die 17 Ziele für nachhaltige Entwicklung der Agenda 2030 (17 *Sustainable Development Goals* SDG), bei der es um die Beendigung von Armut und Hunger, um die Bekämpfung von Ungleichheiten und Umweltzerstörung und um die Stärkung der Selbstbestimmung der Menschen geht. Ziel 4 dieses Zielkatalogs befasst sich mit der Forderung nach einer inklusiven, gleichberechtigten und hochwertigen (und zumindest im Grundbildungsbereich kostenfreien) Bildung für alle. Die UNESCO als Unterorganisation der Vereinten Nationen nennt in ihrem Zuständigkeitsbereich insbesondere Fragen der Bildung und Erziehung, der Wissenschaft und der Kultur. In politischer Hinsicht geht es um eine Orientierung an der demokratischen Werten.

Neben den Vereinten Nationen und neben der UNESCO gibt es weitere internationale Zusammenschlüsse, bei denen allerdings nicht primär ein humanistisches Verständnis der Persönlichkeitsentwicklung im Mittelpunkt steht. So wird das einflussreiche PISA-Programm von der OECD betrieben, einem wirtschaftspolitischen Zusammenschluss der ökonomisch erfolgreichsten Länder. Mit PISA hat eine quantitative Erfassung von „Bildungs"-Wirkungen bei der Diskussion und Bearbeitung von Bildungsfragen eine gewisse Dominanz erreicht. Dies kann man etwa daran erkennen, dass es auch im Bereich der Forschungsförderung eine starke Konzentration auf solche Projekte gibt, bei denen empirisch-quantitative Methoden angewandt werden. Dies ist ein entscheidender politischer Einfluss auf das Verständnis von Bildung und Erziehung und auf die Konstitution von Erziehungswissenschaft.

In Verbindung mit solchen ökonomisch inspirierten Initiativen im Bereich von Bildung und Erziehung steht ein Verständnis von Bildung als „Humankapital" (für eine kritische Sichtung dieses neoliberalen Wortschatzes im Bereich der Erziehungswissenschaften siehe Dzierzbicka/Schirlbauer 2006).

Der Anspruch, den die Wirtschaft auf ein Deutungsrecht auch außerhalb des Ökonomischen im engeren Sinne erhebt, lässt sich auch an der Debatte über internationale Handelsabkommen erkennen. Ein Beispiel ist das sogenannte GATS-Abkommen der Welthandelsorganisation WTO, bei dem es darum ging, alle Bereiche des menschlichen Lebens einschließlich der Felder der sogenannten Daseinsvorsorge nach marktwirtschaftlichen Prinzipien zu organisieren. Dies bedeutet insbesondere, dass auch im Bereich der Medien, des Bildungswesens, der Gesundheit und der Kultur staatliche Zuwendungen (verstanden als nicht rechtmäßige Subventionen) und öffentliche Trägerschaften von Einrichtungen begrenzt oder sogar beendet werden müssten. Welche Probleme eine solche marktwirtschaftliche Organisation etwa im Bereich der Kanalisation, des Gesundheitswesens und anderer Felder mit sich bringt – dass nämlich mit dem Ziel der Gewinnmaximierung eine kostspielige Aufrechterhaltung der Infrastruktur vernachlässigt wird –, ist inzwischen für jedermann erkennbar.

In politischer Hinsicht entwickelte sich vor dem Hintergrund der neoliberalen Orientierung des GATS-Abkommens gerade im Feld der Kultur eine Initiative, deren Ziel es war, ein völkerrechtlich gleichwertiges Instrument zur Verfügung zu haben, das den Kulturbereich vor einer durchgreifenden Umsetzung einer bloßen Marktlogik schützt. Entstanden ist eine Konvention zur kulturellen Vielfalt im Bereich der UNESCO. Schwierig war diese Diskussion, weil die Mitglieder sowohl der Welthandelsorganisation als auch der UNESCO weitgehend identisch sind. Allerdings lag die Vertretung der Staaten in den Gremien der WTO und der UNESCO innerhalb der nationalen Regierungen im Zuständigkeitsbereich unterschiedlicher Ministerien, sodass verwirrende Interessens- und Konfliktlagen aufeinanderstießen.

Pädagogik und Politik: zwei Seiten derselben Medaille

Die Pädagogik ist deshalb interessant für die Politik, weil sie die Subjekte so formen soll, wie dies zur Aufrechterhaltung der jeweiligen politischen Ordnung notwendig ist. Der Staat, so formulierte es bereits Ernst Cassirer, belässt es deshalb nicht dem Zufall, wie Subjekte durch das Bildungswesen geformt werden. Andererseits sind die Einrichtungen des Bildungswesens keine totalitären Institutionen, sie sind Orte der Kompetenzvermittlung, in denen auch die Fähigkeit zur Widerständigkeit entwickelt wird. Kant sprach einmal davon, dass zwei Bereiche besonders schwierig seien, die Kunst des Politischen und die Kunst des Pädagogischen. Es haben sich dabei in der Geschichte unterschiedliche Positionen entwickelt, in welchem Verhältnis die beiden Bereiche zueinander stehen. Dietrich Benner (2008, 97 f.) identifiziert vier verschiedene klassische Positionen:

- „Die erste behauptet einen Primat der Politik vor der Pädagogik und fragt: Welche
- Erziehung braucht der Staat? Sie werde ich am Beispiel der aristotelischen Politik vorstellen.

- Die zweite geht mit John Dewey von einem Primat der Demokratie in der Erziehung aus. Ihre Frage lautet: Welche Erziehung braucht die Demokratie?
- Die dritte erkennt mit Condorcet, Wilhelm von Humboldt und Schleiermacher der Bildung einen Primat vor der Politik zu und fragt: Welche Gesellschaft braucht der an seiner Bildung arbeitende Mensch?
- Die vierte bewegt sich jenseits der Duale von Pädagogik und Politik bzw. Bildung und Politik und diskutiert das Problem: Worin besteht der öffentliche Charakter von Bildung und Demokratie?“ (Benner 2008, 97ff.)

5. Erziehungswissenschaftliche Bildungsforschung – zugleich eine Zwischenbilanz

Pädagogik und/oder Erziehungswissenschaft?

Auf den ersten Blick scheint die Rede von einer „erziehungswissenschaftlichen Bildungsforschung“ paradox und zugleich einleuchtend zu sein. Dies zeigt sich etwa an einer begrifflichen Annäherung von Peter Zedler, der über Jahre hinweg immer wieder die Beziehung von Pädagogik/Erziehungswissenschaft und Bildungsforschung thematisiert hat:

> „Unter Bildungsforschung werden seit Mitte der 1970er Jahre sozialwissenschaftlich ausgerichtete Studien und Arbeiten verstanden, die – mit H. Roth zu sprechen – geeignet sind, deutlich zu machen und besser zu verstehen, wie ‚Bildungsprozesse (Lehr-, Lern-, Sozialisations- und Erziehungsprozesse)‘ angelegt sind und gestaltet werden können, um – wie Roth/Friedrich es als Kern einer erziehungswissenschaftlichen Bildungsforschung formulierten – zu klären, ‚wie Menschen sich besser entwickeln und entfalten können‘ (…). Mit der sozialwissenschaftlichen Öffnung der Hinwendung zur Bildungsforschung wurden die Fachgebiete füreinander offen, nahmen die Überlappungen zur Bildungsforschung zu. Wie offen die Fachgebiete dadurch füreinander werden, lässt sich an den akademischen Karrieren und den Forschungsschwerpunkten der Fachvertreter Allgemeiner Erziehungswissenschaft deutlich ablesen.“ (Zedler in Fickermann/Fuchs 2016, 80)

Paradox erscheint die Rede von einer „erziehungswissenschaftlichen Bildungsforschung“, wenn man sich fragt, womit sonst sich denn die Erziehungswissenschaft befassen solle als mit der Frage, wie Menschen sich besser entwickeln und entfalten können. Darin besteht ihre Aufgabe und auch ihre Legitimität, sodass diese Begriffsbildung tautologisch ist. Doch zeigen sich bei näherem Hinsehen einige Tücken. So kann man fragen, wieso plötzlich von Erziehungswissenschaft und nicht mehr von Pädagogik die Rede ist. Man kann fragen, was in diesem pädagogischen Zusammenhang die Rede von „*sozialwissenschaftlich* ausgerichteten Studien“ bedeuten soll. Und man kann sich fragen, ob diese wechselseitige Öffnung der Fachgebiete, von der im Zitat die Rede ist, wirklich so harmonisch abläuft, wie das Zitat suggeriert. In der Tat führt die zunächst neugierige Frage danach, womit sich eine erziehungswissenschaftliche Bildungsforschung – etwa in Abgrenzung zu den oben skizzierten Arbeitsansätzen einer soziologischen, philosophischen oder politischen Bildungsforschung – befasst, recht schnell zu der Grundsatzfrage nach dem Selbstverständnis der Pädagogik als Wissenschaft.

Neu ist diese Frage nicht, denn bereits der erste Professor für Pädagogik, Ernst Christian Trapp, bemühte sich um eine Verwissenschaftlichung der bislang als Lehrkunst verstandenen Pädagogik durch die Anwendung empirischer Methoden (siehe Fuchs 1984). Später bemühte sich Herbart um dasselbe Problem. Seither ist die Frage nach dem Wissenschaftsstatus von Pädagogik virulent geblieben (zu dem auch in der Erziehungswissenschaft ausgetragenen Positivismusstreit siehe Büttemeyer/Möller 1979, interessant ist auch das Generationengespräch in Kaufmann u. a. 1991).

Es gibt nach wie vor das strittige Problem des Verhältnisses von Theorie und Praxis, es gibt den wissenschaftstheoretischen Streit über Forschungsmethoden, Theoriebezüge und das Verhältnis von Theorie, Geschichte und Empirie (siehe Plöger 2003). Es gibt das Problem der grundsätzlichen Normativität pädagogischer Prozesse und damit das komplizierte Problem der Begründung von Normen und Zielen. Ebenso wie andere Wissenschaften einschließlich der Naturwissenschaften und der Mathematik erlebte die Erziehungswissenschaft verschiedene Paradigmenwechsel (siehe etwa König 2012). Ein solcher Paradigmenwechsel ist mit der – nicht von allen getragenen – Veränderungen der Bezeichnung verbunden. Denn der Wechsel von „Pädagogik“ zu „Erziehungswissenschaft“ wurde insbesondere von der Gruppe von Wissenschaftler*innen betrieben, die auf die prioritäre Rolle empirischer, zumeist quantitativer Forschungen setzten. Es geht dabei nicht bloß um Fragen der „Wahrheit“, sondern es ist auch ein Kampf um das Deutungsrecht (verbunden mit dem Anspruch auf Ressourcen und Stellen).

Der im Zitat erwähnte Heinrich Roth war derjenige, der in den 1960er Jahren eine „realistische Wende“ in der wissenschaftlichen Pädagogik ausrief, was unter anderem bedeutet, dass sich die Pädagogik, die bislang geisteswissenschaftlich dominiert war, den empirischen sozialwissenschaftlichen Methoden öffnen müsse. Aufgrund der Rolle, die internationale empirische Vergleichsuntersuchungen wie TIMMS oder PISA in der Bildungspolitik und in öffentlichen Debatten seit den späten 1990er Jahren spielen, spricht man inzwischen von einer zweiten realistischen Wende.

So ist es heute zweifellos Standard, dass im Rahmen einer zeitgemäßen Erziehungswissenschaft Erkenntnisse aus der Soziologie, der Psychologie und anderer Wissenschaften hinzugezogen werden müssen. Doch nach wie vor gehen die Meinungen darüber auseinander, welche Rolle die jeweiligen Fachdisziplinen spielen müssen. Es geht also zum einen um das Verhältnis der verschiedenen Disziplinen zueinander, wobei bei der Klärung dieser Frage das Verhältnis zwischen theoretischer, historischer und empirischer Forschung ebenfalls berücksichtigt werden muss.

Ein Blick in die Geschichte, also die Einbeziehung historischer Forschungsansätze, ist hierbei insofern hilfreich, als man die Frage untersuchen kann, wer zu welcher Zeit und unter welchen sozialen, politischen, kulturellen und ökonomischen Rahmenbedingungen welche Vorstellung von Bildung und Erziehung vertrat, wie es gelang oder misslang, solche Vorstellungen in die Praxis umzusetzen und was möglicherweise zu einer Veränderung der jeweiligen Überzeugungen geführt hat. Im Mittelpunkt solcher Überlegungen steht die Frage danach, was eigentlich „pädagogisches Wissen" jeweils bedeutete, wie es begründet wurde und was zu einer Auf- bzw. Abwertung von Wissen geführt hat. Immerhin zeigt dies, dass die Problemstellung von Heinrich Roth, nämlich die Erforschung der Frage, wie Menschen sich besser entfalten und entwickeln können, keineswegs politisch unschuldig ist.

In Debatten über das Selbstverständnis der Erziehungswissenschaft und die anzuwendenden Forschungsmethoden ist häufiger von einer Akzeptanz des Methodenpluralismus die Rede. Allerdings zeigt sich schnell, dass es keineswegs eine friedliche Koexistenz gibt. Dies gilt auch im Hinblick auf Forschungsthemen (Zedler in Fickermann/Fuchs 2016, 79):

> „Während zum Beispiel an der Humboldt-Universität zu Berlin ein klarer Akzent auf die Distanz gegenüber einer Orientierung an den Problemen der Praxis (auch in der Lehrerausbildung) gelegt wird (Tenorth), wurde in Paderborn und Erfurt die Ausrichtung an Problemen der Praxis forciert: Während dazu in Paderborn eine Einbeziehung von Ansätzen und Theorien der Beratung und des Coachings in die Ausbildung erfolgte, wurden in Erfurt stärker Elemente der Systemdiagnose und Schulentwicklungsplanung nebst einem Studiengang Bildungsmanagement verankert (Zedler, Weishaupt). Mischformen fanden sich in den neuen Bundesländern in Halle (Krüger) und Leipzig (Schulz)."

Interessant ist vor diesem Hintergrund die Veränderung in der Besetzungspolitik von Lehrstühlen. Als Fazit einer Sichtung dieser Entwicklung schreibt Zedler:

> „Wie immer man statistisch zählt, ist der o. g. Sachverhalt eines überproportional starken Rückgangs der Allgemeinen Pädagogik als Fach und als Fachgebiet ebenso unstrittig wie die starke Zunahme der empirischen Bildungsforschung, sei es als Fach oder Fachgebiet, mit und ohne Akzentuierung auf Schule und Unterricht." (70)

Zwar gibt es immer noch zahlreiche Vertreter*innen der Allgemeinen Pädagogik/Erziehungswissenschaft meist in Verbindung mit Erziehungs- und Bildungstheorie. Viele davon sind in der Kommission Erziehungs- und Bildungsphilosophie der Deutschen Gesellschaft für Erziehungswissenschaft organisiert. Dennoch kann der Eindruck entstehen, dass man sich mit der abnehmenden Relevanz abgefunden hat und nunmehr – statt Akzeptanz unter den Erziehungswissenschaftler*innen zu finden – immer hermetischere Debatten in einem geschlossenen Diskurskreis führen kann (siehe dazu die Schriftenreihe der Kommission).

Einen Beleg für die wachsende Dominanz quantitativ-empirischer Bildungsforschung kann man auch in der Zusammenstellung entsprechender Forschungseinrichtungen erkennen, die sich zudem seit der Zeit dieser Veröffentlichung noch erheblich erweitert hat (Achatz/Hoh in Tippelt 2002). So gibt es zahlreiche, von öffentlicher Hand getragene Forschungseinrichtungen auf Bundes- und Landesebene, es gibt internationale Einrichtungen der UNESCO, der OECD oder der Vereinten Nationen, zudem gibt es Einrichtungen bzw. Förderprogramme privater Stiftungen. Interessant ist auch die Liste von Themen und Bereichen entsprechender Forschungsaktivitäten von Peter Zedler (in Tippelt 2002,31), nämlich Schulforschung, Lehr-Lernforschung, Berufs- und Qualifikationsforschung, Sozialisationsforschung, Jugendhilfe/Sozialmanagement, pädagogische Diagnostik, Bildungsorganisation/Bildungsplanung.

Interessant ist das Fazit von Peter Zedler (2002):

> „Bilanziert man die Ergebnisse von Schulforschung, Sozialisationsforschung und Lehr-Lern-Forschung, so verwundert nicht, was manchen Vertretern empirischer Forschung gelegentlich Augenreiben verursacht: der Stellenwert, den Erziehungs- und Bildungsphilosophie ebenso wie geisteswissenschaftlich orientierte Formen schulpädagogischer Theorienbildung nach wie vor in der Erziehungswissenschaft besitzen. Denn bei aller Vielfalt der Befunde und Einsichten gibt es in der Erziehungswissenschaft weder eine empirisch fundierte Erziehungstheorie noch eine sozialwissenschaftlich fundierte Bildungstheorie, die auch nur im Ansatz als Ersatz und Alternative für die rationalen Spekulationen der Klassiker dienen könnte. Unter einem sozialwissenschaftlichen Vorzeichen erscheint selbstverständlich, dass Ausgangspunkt einer Erziehungstheorie nur die Ergebnisse einer differenziellen Sozialisationsforschung sein können, die Ausgangspunkte einer empirisch gehaltvollen Bildungstheorie nur über das Zusammenspiel von Längsschnittanalysen in einzelnen Forschungsgebieten denkbar ist. Ebenso wie es selbstverständlich erscheint, dass entsprechende holistische Fragestellungen im Rahmen einzelner Forschungsvorhaben nicht zureichend beantwortbar sind, ist jedoch festzuhalten, dass die empirische Bildungsforschung in diesem traditionellen Theoriefeld nicht über die Begriffskorrekturen und Ersatzprogrammatiken hinausgelangt ist.“ (Zedler in Tippelt 2002, 35 f.)

20 Jahre später kann man feststellen, dass offenbar die Aufforderung an die Bildungstheorie, sich auf empirische Tatbestände einzulassen, ebenso aktuell ist wie die Aufforderung an die Empiriker, sich verstärkt um die begrifflichen und methodischen Analysen der Bildungstheoretiker zu kümmern. Zudem gibt es einige viel diskutierte Vorschläge, Theorie und Empirie zusammenzubringen, etwa durch den biografischen Ansatz von Winfried Marotzki (siehe etwa Koller 2018).

Lebensführung, Sozialformen des Subjekts und die Pädagogik

In jeder Gesellschaft und in jeder Kultur gibt es Vorstellungen darüber, wie sich Menschen im Privatleben, im Beruf oder als politische Akteure verhalten sollen. Ebenso wie sich die Gesellschaft verändert, verändern sich auch Vorstellungen erwünschter Subjekttypen und Lebensführungen. Auch innerhalb derselben Gesellschaft gibt es aufgrund unterschiedlicher Interessenlagen etwa in der Politik oder in der Wirtschaft unterschiedliche Vorstellungen darüber, wie Menschen leben sollen und welchen Beitrag das Bildungssystem zu leisten habe, damit die gewünschten Sozialformen des Subjekts auch entstehen. Bildungspolitik und insbesondere das Schulwesen befinden sich daher ständig im Brennpunkt politischer Auseinandersetzungen.

Daneben gibt es erziehungswissenschaftliche Diskurse, die zwar nicht losgelöst von solchen politischen und kulturellen Rahmenbedingungen sind, in denen es aber auch eigene Diskurs-Traditionen gibt, welche Bildungs- und Erziehungsziele anzustreben sind. Man kann sogar von einer *relativen Autonomie des Bildungssystems* sprechen. Im Rahmen der Historischen Sozialisations- oder Bildungsforschung untersucht man, welche Menschenbilder und Persönlichkeitsideale in früheren Zeiten in Abhängigkeit von den jeweiligen sozialen, ökonomischen, politischen und kulturellen Rahmenbedingungen entstanden sind und welchen Anteil die Pädagogik in diesem Prozess der Formung der Subjekte hatte.

Man spricht seit einigen Jahrzehnten von einer „Pluralisierung der Lebensstile“ und weist damit darauf hin, dass sich die Wahlmöglichkeiten für einen bestimmten Lebensstil in der modernen Gesellschaft gegenüber früheren Gesellschaftsformen deutlich vergrößert haben. Doch einerseits – so wurde oben in dem Abschnitt über soziologische Bildungsforschung gezeigt – sind auch in modernen Gesellschaften, die von sozialer Ungleichheit geprägt sind, die Wahlmöglichkeiten begrenzt. Zum andern gab es auch in früheren Gesellschaftsformen verschiedene Möglichkeiten der Lebensgestaltung (vgl. die Reihe „Der Mensch im …“, z. B. Frevert/Haupt 1999 und 1999a). Der Erziehungswissenschaftler Hermann Veith (2003) hat in einer umfassenden historischen Studie diese Zusammenhänge zwischen Gesellschaftsordnung, entstehendem Bildungssystem, Weltbild und Subjektformen detailliert untersucht. Dabei geht es nicht bloß um ideale Vorstellungen von Menschenbildern, sondern es geht ganz praktisch darum, welche Erwartungen an die alltägliche Lebensführung von den Menschen erfüllt werden mussten (ich komme in Kapitel 12 darauf zurück).

In besonderer Weise hat man sich in der Geschichts- und Kulturwissenschaft dafür interessiert, wie die bürgerliche Gesellschaft und das sie tragende Bürgertum entstanden sind, was Bürgerlichkeit als Lebensform jeweils bedeutet, welche „Bildungsgüter" bei dieser bürgerlichen Lebensform im Mittelpunkt standen und welches die dazugehörigen „bürgerlichen Tugenden" (Münch 1984) sind. Die Historikerin Ursula Becher (1990) hat in diesem Zusammenhang untersucht, wie sich der „moderne Lebensstil" in den alltäglichen Praktiken des Essens, des Wohnens, der Freizeit und des Reisens (so der Untertitel) entwickelt hat.

Es ist hierbei die Beobachtung interessant, dass es quasi seit der Zeit schriftlich fixierter Überlegungen Dokumente gibt, in denen Ratschläge für eine gelingende Lebensführung formuliert werden. Einige Beispiele: So gibt es berühmte philosophische Schriften, in den Philosophen als Väter ihren Söhnen Hinweise für eine angemessene Lebensgestaltung geben. Ein berühmter Autor ist Aristoteles, der seinem Sohn Nikomachos eine bis heute relevante ethische Schrift (die „Nikomachische Ethik") widmet. Auch Cicero schickt seinem Sohn Markus, der offenbar seine Studienzeit in Athen zu sehr Freizeitaktivitäten widmet, eine „Pflichtenlehre" (de officiis), auf die sich in der Folgezeit von Augustinus über Erasmus von Rotterdam bis hin zu Volker Gerhardt immer wieder Philosophen beziehen. Viele dieser Schriften werden in der Teildisziplin der Tugendethik (vgl. Rippel/Schaber 1998) diskutiert. In diesen Kontext gehören auch die berühmten Bücher über richtiges Verhalten und Benehmen etwa von Machthabern (Machiavelli) oder Menschen am Hof (etwa das „Handorakel" von Balthasar Gracian in der Mitte des 17. Jahrhunderts oder „Das Buch vom Hofmann" von Baldesar Castiglione zu Beginn des 16. Jahrhunderts). Selbst der berüchtigte Misanthrop Arthur Schopenhauer hat nicht bloß das „Handorakel" übersetzt, sondern selbst auch in seinen „Aphorismen zur Lebensweisheit" oder in seiner kleinen Schrift „Über das Glück" praktische Hinweise zur Lebensgestaltung gegeben.

Teil 2:
Sozial-kulturelle Kontexte von Bildungsprozessen

Bereits Wilhelm von Humboldt wies in seiner Bestimmung des Bildungsbegriffs darauf hin, dass die „proportionirliche Bildung der Kräfte zu einem Ganzen“ nur dann gelingen könne, wenn bestimmte Voraussetzungen erfüllt seien. Es gehe zum einen um Freiheit und zum anderen um die Bereitstellung vielfältiger Möglichkeiten, die der zu bildende Mensch nutzen können müsse. Humboldt schrieb dies kurze Zeit nach der Französischen Revolution, also einer Zeit des dynamischen Wandels, den er befürwortete und zu dem er mit seinen Aktivitäten auch beitragen wollte.

Veränderung, Wandel und Entwicklung sowohl des Einzelnen als auch der Gesellschaft insgesamt – und dies durchaus im aufklärerischen Verständnis von Fortschritt – sind also wesentliche Elemente eines Bildungsdenkens im Sinne Humboldts. Insbesondere geht es nicht um ein ahistorisches Verständnis der Gesellschaft, sondern um gesellschaftliche und individuelle Entwicklungs*prozesse*.

Dies gilt auch für heutige Überlegungen über ein zeitgemäßes Konzept von Bildung und Bildungstheorie. Aus diesem Grunde sind im ersten Teil der vorliegenden Arbeit neben philosophischen Zugängen zum Bildungsthema, die überraschenderweise sozial-kulturelle Bedingungen dieser Prozesse weitgehend ausklammern, soziologische und politische Ansätze der Bildungsforschung vorgestellt worden. Im zweiten Teil soll dies nun im Hinblick darauf vertieft werden, zu welchen Ergebnissen eine Bestandsaufnahme sozial-kultureller Kontexte führt. Dies bedeutet unter anderem, der Empfehlung von Heinz-Elmar Tenorth zu folgen, dass nämlich Bildungstheorie mit dem Ziel der Gewinnung einer besseren Bodenhaftigkeit Ergebnisse der empirischen Forschung berücksichtigen solle, ebenso wie diese die sorgfältigen Begriffsanalysen aus der Bildungstheorie nutzbringend anwenden könne.

Dieser Hinweis ist im Kontext der vorliegenden Arbeit umso mehr zu berücksichtigen, als das vorgeschlagene Konzept von Bildung als Entwicklung und Transformation von Selbst- und Weltverhältnissen eng mit der Aufgabe der Lebensgestaltung und Lebensführung verbunden wird: Es geht um das je individuelle Projekt des guten Lebens in einer wohlgeordneten Gesellschaft, bei dessen Realisierung Bildung eine zentrale Rolle spielt (siehe Fuchs 2019).

6. Einige Hinweise zu Begrifflichkeit und Methode

Das Verständnis von Bildung als Entwicklung und Transformation von Welt- und Selbstverhältnissen und letztlich auch von Lebensführung findet sich bereits bei Wilhelm von Humboldt, wenn er von einem wechselseitigen Verhältnis von Welt und Selbst und von der Aufgabe spricht, so viel Welt wie möglich in sich aufzunehmen. Auch die anthropologische Ansicht, dass Erkenntnis und Gestaltung von Welt komplementär zu Erkenntnis und Gestaltung des Selbst zu sehen sind und dass beides in der individuellen Lebensführung realisiert werden muss, unterstützt diese Sicht auf Bildung (siehe Teil 3).

Man wird später die Frage aufgreifen müssen, ob jede so gewonnene Erkenntnis von sich und der Welt auch tatsächlich zutrifft. Dabei geht es um die (erkenntnistheoretische) Frage, wie „Wissen" zustande kommt und als zutreffend erwiesen werden kann. All dies gehört zu der Frage nach „Bildungsgütern", also den Themen und Wissensbereichen, die man dem jeweiligen Verständnis von Bildung und Lebensführung zuordnet.

Im Hinblick auf die Gestaltung von Welt und Selbst wird man feststellen müssen, dass Gestaltungsprozesse auch misslingen und gegebenenfalls zur Zerstörung dessen führen können, was man gestalten wollte. Dies wird später aufgegriffen. Im Hinblick auf die Erkenntnis und Gestaltung von Welt und Selbst wird man weiterhin fragen müssen, was jeweils unter „Welt" und „Selbst" verstanden werden muss und wie die Erkenntnis- und Gestaltungsprozesse ablaufen.

An dieser Stelle kann man sinnvoll das Tableau der symbolischen Formen von Ernst Cassirer (1990) einführen. Denn die von Cassirer thematisierten Formen, nämlich Wissenschaft, Politik, Kunst, Religion, Mythos, Sprache, Wirtschaft und Technik, sind unterschiedliche Möglichkeiten des Erkennens und Gestaltens und notwendig für die Aufrechterhaltung menschlichen Lebens. Da jede dieser symbolischen Formen, so Ernst Cassirer, das Ganze der Welt (und des Selbst) erfassen kann und will, dies aber unter einem jeweils spezifischen „Brechungswinkel", also unter einer speziellen Perspektive tut, wird man jede einzelne dieser symbolischen Formen im Hinblick auf ihre Leistungsfähigkeit überprüfen müssen. Dies geschieht inzwischen umfassend bei jeder dieser Zugangsweisen zur Welt und zum je eigenen Selbst, denn Reflexivität und insbesondere Selbstreflexivität ist ein zentrales Element menschlicher Existenzweise. Interessant ist in diesem Zusammenhang die erstmals 1922 vorgelegte Schrift „Lebensformen“ von Eduard Spranger, der – vor der Cassirerschen Publikation – als „ideale Grundtypen der Individualität“ den theoretischen, ökonomischen, ästhetischen, sozialen, religiösen und den Machtmenschen unterschieden hat.

Weitere Unterscheidungen sind im Hinblick auf die Gegenstände der Erkenntnis- und Gestaltungsprozesse zu treffen. So wird man zunächst mit dem Problem konfrontiert, dass bereits die Trennung von Welt und Selbst so verstanden werden könnte, als ob sich beides konfrontativ gegenübersteht. Dies ist auf die kategorische Trennung von res extensa und res cogitans zurückzuführen, für die Descartes in seiner Zeit philosophische und politische Gründe hatte, die aber heute nicht mehr aufrechterhalten werden kann. Denn das Selbst ist Teil der Welt, sodass Welterkenntnis immer auch Selbsterkenntnis ist. Dies bedeutet etwa, dass ebenso, wie die Welt als Erkenntnisgegenstand zunächst einmal dem erkennenden Subjekt fremd ist, dies auch für das Subjekt sich selbst gegenüber gilt. Die Welt kann zudem aufgeteilt werden in eine gegenständliche Welt, eine soziale Welt und eine geistige Welt, für deren jeweilige Erfassung (und Gestaltung) unterschiedliche symbolische Formen eine unterschiedliche Relevanz haben. Man muss allerdings davon ausgehen, dass es einen Kampf um das Deutungsrecht sowohl für die Welt als auch für das Selbst unter Expert*innen der verschiedenen symbolischen Formen gibt. So beanspruchen etwa Soziolog*innen ein Deutungsrecht im Hinblick auf die soziale Welt, Naturwissenschaftler*innen sehen sich als Expert*innen zur Erforschung der gegenständlichen Welt und spätestens seit Wilhelm Dilthey spricht man von den Geisteswissenschaften und ihrer Zuständigkeit im Bereich der Kultur.

Bei aller Berechtigung dieser Ansprüche muss man allerdings sehen, dass der konzentrierte Expert*innen-Blick auch dazu führen kann, dass relevante Aspekte des Gegenstandsbereichs übersehen oder ausgeklammert werden. Viele Katastrophen sind auf eine derartige Eindimensionalität in der Wahrnehmung und Gestaltung zurückzuführen.

Man kann nun fragen, wie man in der Erziehungswissenschaft mit der Berücksichtigung sozial-kultureller Kontexte umgeht. Ich wähle als Beispiel die Dissertation von Nina Grünberger: *Bildung reloaded* (2016). Ausgangspunkt sind drei ausgewählte Gesellschaftsdiagnosen (Zygmund Baumann, Jean François Lyotard und Manfred Faßler). Grünberger entwickelt auf der Grundlage dieser drei Ansätze eine Liste von acht Aspekten, die als Bewertungsmaßstab für Bildungstheorien gelten sollen. Sie wählt die Ansätze von Hans-Christoph Koller, Wolfgang Klafki und Benjamin Jörissen/Wilfried Marotzki aus. Sie kommt zu dem Ergebnis, dass (aus ihrer Sicht) die strukturelle Bildungstheorie von Jörissen und Marotzki am ertragreichsten sei, weil diese ihre ausgewählten Prüfpunkte am besten erfülle.

Dieser methodische Ansatz ist sehr gut nachvollziehbar, weist allerdings auch auf ein entscheidendes, jedoch unvermeidbares Problem hin: Die Auswahl der von einer Bildungstheorie zu berücksichtigenden Aspekte hängt entschieden von der Theorie ab, die analysiert werden soll. Die Entscheidung zugunsten der Bildungstheorie von Marotzki und Jörissen kommt dadurch zustande, dass es eine starke Überschneidung bei den jeweils zugezogenen Bezugsautoren gibt. Dies erklärt auch, warum aktuelle Problemlagen der heutigen deutschen Gesellschaft, so wie sie etwa in der Liste „epochaltypischer Schlüsselprobleme" von Wolfgang Klafki aufgeführt werden, nicht nur nicht auftauchen, sondern die Autorin sogar zu der überraschenden Feststellung kommt, „dass sich Klafki weniger auf konkrete Herausforderungen der Gegenwart und einer möglichen Zukunft bezieht" (265).

Auch wenn man diese Bewertung teilen würde, so bleibt doch das Problem einer jeden Untersuchung, die die sozial-kulturellen Kontexte beschreiben will, dass eine dezisionistische Auswahl unvermeidlich ist und diese dann entscheidend das Ergebnis der Analyse vorbestimmt.

Einige weitere Aspekte sind zu beachten. So verwendet man im Hinblick auf die Erfassung der sozio-kulturellen Kontexte unterschiedliche Begriffe: u. a. Zeitdiagnose, Gesellschaftsanalyse, Gesellschaftsdiagnose, Gesellschaftstheorie. Man spricht von Pathologien der Gesellschaft und von Therapien, die Abhilfe schaffen sollen. Es handelt sich also um ein medizinisches Vokabular, womit implizit unterstellt wird, dass man den Gegenstandsbereich für einen Organismus hält. Dies findet man recht häufig in der europäischen Kulturgeschichte, doch ist es zur Beschreibung von Gesellschaften unbrauchbar, weil sie eine falsche Orientierung gibt.

Zeitdiagnosen sind zudem häufig verbunden mit politischen Orientierungen, mit Zielen, die man erreichen will. Hierfür nutzt man oft Beschreibungen von Defiziten, die man zu beheben verspricht. Insbesondere bedeutet dies, dass der Zeitaspekt, nämlich die Frage nach den Ursachen von Missständen in der Vergangenheit, die Frage danach, was „Gegenwart" bedeutet und welche Möglichkeiten es zur Gestaltung von Zukunft gibt, ein wichtiges Element in Zeitdiagnosen ist. Zeitdiagnosen sind zudem sprachliche Narrative, die eine Wirklichkeit konstruieren, und dies in einer Weise, die handlungsrelevant für den Einzelnen, für Gruppen oder für die gesamte Gesellschaft sein kann. Offensichtlich macht dies die Zeitdiagnose interessant für viele:

> „Das Geschäft der Gegenwartsdiagnose hat Konjunktur. Ob in Schule, Sport oder Familie, in Wirtschaft, Gesundheitswesen, Politik oder Kultur: Mit zunehmender öffentlicher Resonanz versuchen sich Wissenschaftlerinnen, Politikerinnen, Journalistinnen und weitere gesellschaftliche Deutungsspezialisten darin, den Zustand vergangener und aktueller Gegenwart zu

> bestimmen. Sie verdichten diese Bestimmungsversuche in Schlagworten wie „Postdemokratie", „Netzwerkgesellschaft", „Migrationsgesellschaft", „Ungleichheitsgesellschaft" oder „Anthropozän". Während insbesondere nach dem Zweiten Weltkrieg zunächst zukunftsoptimistische Gegenwartsdiagnosen überwogen, florieren in jüngster Zeit wieder vermehrt Krisennarrative, Katastrophenmotive und „Desaster-Szenarien"." (Alkemeyer u. a. 2019, 9)

Vor diesem Hintergrund ist das Forschungsinteresse der Gruppe rund um Thomas Alkemeyer nachvollziehbar und interessant. Die Autor*innen formulieren keine neue Diagnose unserer Gesellschaft, sondern sie setzen sich grundsätzlich mit dem Problem solcher Diagnosen auseinander. Sie thematisieren etwa den auch im Kontext der vorliegenden Arbeit wichtigen Aspekt, dass Gegenwartsdiagnosen jeweils mit Subjektformen korrespondieren, die dann auch bei der Formulierung von Bildungszielen eine Rolle spielen. Sie weisen darauf hin, dass bei aller Problematik solcher Zeitdiagnosen diese ein wesentliches Element der Reflexion der Selbst- und Weltverhältnisse des Menschen sind. Es geht um ihre „wichtige Rolle im Prozess gesellschaftlicher Selbstverständigung" (Schlechtriemen in Alkemeyer 2019, 147). Interessant ist auch der Hinweis von Frieder Vogelmann auf die Vorgehensweise von Zeitdiagnosen. Er identifiziert drei Operationen, nämlich Isolieren, Generalisieren und Signifizieren:

> „1. *Isolieren.* Zeitdiagnosen müssen das Neue, an dem sie ihre Diagnose verankern, von allen vorangehenden Entwicklungen abschneiden, da ohne die Behauptung eines *Bruchs*, der ‚uns heute' von ‚uns gestern' trennt, das Phänomen, dessen Zentralität die Zeitdiagnose behaupten will, nicht neu wäre. (…)
>
> 2. *Generalisieren.* Die zweite zeitdiagnostische Operation, die besonders deutlich in der Abgrenzung durch die hegelianische Sozialphilosophie zutage tritt, ist die Generalisierung des isolierten Neuen. (…)
>
> 3. *Signifizieren*. Schließlich kann die Zeitdiagnose auch nicht dabei stehen bleiben, das isolierte und generalisierte Neue für sich stehen zu lassen. Es muss *bedeutsam* sein, muss etwas *bezeichnen.* Erst diese dritte zeitdiagnostische Operation macht aus der Feststellung eines neuen, generellen Sachverhalts eine über diesen Sachverhalt hinausweisende Zeitdiagnose." (620 f.)

Eine Möglichkeit, Zeitdiagnosen zu ordnen, besteht in der Anwendung des AGIL-Schemas von Talcott Parsons. So kann man Zeitdiagnosen identifizieren, die sich auf das Subsystem Wirtschaft beziehen, wenn etwa von einer Ökonomisierung, einer Konsumgesellschaft oder Ähnlichem die Rede ist. Man kann eine Zeitdiagnose aus der Sicht problematischer Entwicklungen im Bereich der Politik formulieren, indem man etwa von einer „Postdemokratie“ spricht. Man kann das soziale Zusammenleben in den Blick nehmen und den (negativ gesehenen) Wandel der Familie, Probleme bei der Integration oder Inklusion in den Vordergrund stellen. Auch der Kulturbereich liefert zahlreiche Zeitdiagnosen, wenn etwa von einer Erlebnisgesellschaft, einer Gesellschaft der Beschleunigung oder einem Werteverfall die Rede ist.

Bei all der genannten (und noch zu erweiternden) Problematik im Umgang mit Zeitdiagnosen ist es jedoch unvermeidlich, sich auf sie einzulassen. Gerade solche Analysen, die sorgfältige Überprüfungsprozesse durchlaufen haben, die nachprüfbare Argumente für ihre Befunde anführen und die sich auf erkennbare Erscheinungen beziehen, sind auch in erziehungswissenschaftlichen Kontexten relevant. Es sind die drei oben genannten Vorgehensweisen zu berücksichtigen, etwa der Aspekt der Überverallgemeinerung bestimmter Erscheinungen, der Ausblendung anderer Entwicklungen, der Fokussierung auf Grundlagentheorien, die zwar im Hinblick auf kritische Begriffsreflexionen interessant sein mögen, die aber wenig Aussagekraft bei der Erfassung gesellschaftlicher Realitäten haben.

7. Einige Befunde zu den sozialkulturellen Bedingungen des Aufwachsens

Überblick

In diesem Kapitel werden die Überlegungen aus den Kapiteln 3 und 4 fortgeführt.

Alexander Bogner (2012) beginnt sein Buch über „Gesellschaftsdiagnosen" mit einem Einstiegskapitel mit der Überschrift „Zeitdiagnostik – ein unseriöses Geschäft?" Er weist darauf hin, dass der Begriff der Gesellschaftsdiagnose im wissenschaftlichen Sprachgebrauch noch nicht etabliert sei. Zwar betreiben Menschen aus unterschiedlichen Berufsgruppen und mit unterschiedlichsten Interessen dieses Geschäft, doch tut man sich insbesondere in der Soziologie schwer damit, es auch zu akzeptieren. In diesem Sinn thematisiert Ute Volkmann (2015) in ihrem Vortrag auf dem 50. Kongress der Deutschen Gesellschaft für Erziehungswissenschaft die Zwickmühle der Soziologie, einerseits als Reflexionsinstanz der Gesellschaft verständliche Informationen über sich selbst anbieten und insofern eher journalistisch arbeiten zu müssen, andererseits aber auch die fachliche Reputation in der Fachkollegenschaft nicht verlieren zu wollen, was heißt, bestimmte Standards einzuhalten. Es geht um eine Gratwanderung, die auch dadurch entsteht, dass man es mit unterschiedlichen Adressatengruppen, nämlich dem soziologischen Laienpublikum und der Fachkollegenschaft, zu tun hat. Zudem gibt es immer wieder die oben beschriebenen Gefahren der Überverallgemeinerung, des Alarmismus, der interessenbedingten Einseitigkeit. Doch ist gerade für die Soziologie diese Problematik unvermeidbar, denn Zeit- und Gesellschaftsdiagnose gehört zu ihren zentralen Aufgaben:

> „Zeitdiagnosen sind von jeher Bestandteil der Soziologie. Immer schon hat die Soziologie den aktuellen Zustand der Gesellschaft einer Revision unterzogen und im Hinblick auf krisenhafte Phänomene befragt. Mehr noch: Die Genese des Fachs ist ohne Zeitdiagnostik kaum denkbar. Verelendung, Entfremdung, Anomie, Verlust an sinnstiftenden sozialen Bindungen: Auf diese und weitere negative Folgen der sich konstituierenden modernen Gesellschaft richtete sich ganz wesentlich das Augenmerk der Gründerväter der Soziologie. Soziologie entstand als Krisenwissenschaft." (139).

Es gab daher immer wieder Soziolog*innen, die eine Gesamtschau der Gesellschaft vorgelegt haben. Politisch einflussreich wurden etwa Analysen, die statt von einer Klassengesellschaft à la Marx und Engels lieber von einer „nivellierten Mittelstandsgesellschaft" (Helmut Schelsky) sprachen. Einflussreich wurden aber auch Psychologen wie etwa Alexander Mitscherlich mit seiner These von der „vaterlosen Gesellschaft".

In der Erziehungswissenschaft und Pädagogik hat man zur Legitimation eigener Ansätze immer wieder auf solche umfassenden Gesellschaftskonzeptionen zurückgegriffen. Auch Soziolog*innen selbst mischten sich gerne mit ihren Ansätzen in erziehungswissenschaftliche Debatten ein. Neueren Datums sind etwa die Vorschläge für eine „Resonanzpädagogik" von Hartmut Rosa. Auch bei pädagogischen Reflexionen darüber, wie man mit der Digitalisierung in der Gesellschaft umzugehen hat, spielen Soziologen wie Armin Nassehi oder Stefan Mau eine wichtige Rolle. Dies sind nur einige wenige Beispiele, die zeigen, zu welch unterschiedlichen Befunden ein soziologischer Blick auf die Gesellschaft führen kann, wobei jeder dieser Ansätze zu einer bestimmten erziehungswissenschaftlichen Sichtweise und Handlungsstrategie führt.

Die Erziehungswissenschaft benötigt Kenntnisse über den Zustand unserer Gesellschaft. Dies gilt für die gesamte deutsche Gesellschaft, es gilt aber auch für die konkreten Kontexte des einzelnen Menschen. Ralf Dahrendorf (1979) schreibt in diesem Sinne über Lebenschancen:

> „Das Thema dieses Bandes ist einfach: Worum geht es in menschlichen Gesellschaften?" und er präzisiert dies mit den Fragen: „Wie können mehr Menschen in den Genuss von mehr Lebenschancen kommen? Und was bedeutet es, wenn man das Ziel sozialer Prozesse, historischen Wandels und politischer Tätigkeit so formuliert?" (7)

Die These, dass Lebenschancen von den jeweiligen sozial-kulturellen Kontexten des Aufwachsens abhängig sind, ist unstrittig und wurde zuletzt durch die empirischen PISA-Studien belegt. Denn diese zeigten, wie stark der in diesen Studien definierte und gemessene Schulerfolg von der Familie und deren sozialer und ökonomischer Lage abhängig ist.

Die bis heute diskutierte Denkschrift der Bildungskommission NRW (1995) brachte in diesem Zusammenhang den Begriff der Zeitsignaturen ins Gespräch, mit denen langfristige gesellschaftliche Entwicklungsprozesse erfasst werden sollen:

> „Für das ausgehende 20. Jahrhundert ist der Umstand charakteristisch, dass mehrere solcher tiefgreifenden Veränderung zur gleichen Zeit, auf verschiedenen Ebenen und miteinander wechselseitig verbunden geschehen. Das Tempo dieser Veränderungen nimmt zu. Es verlangt vom Einzelnen und von den Institutionen, sich kreativ anzupassen, sich weiterzuentwickeln und an der Gestaltung der Zukunft aktiv teilzunehmen. Bildung und Ausbildung werden für die Entwicklung dieser Fähigkeit von entscheidender Bedeutung sein. Bildung kann sich nicht der schwierigen Aufgabe entziehen, in der Gegenwart die Vermittlung zwischen Vergangenheit und Zukunft leisten

> zu müssen. Ihre Institutionen werden lernen müssen, auf sich verändernde Rahmenbedingungen und auf neue, häufig noch ungewisse Herausforderungen flexibel und rechtzeitig zu reagieren.“ (24)

Auch wenn in diesem Zitat der Aspekt der Anpassung und der Reaktion auf Anforderungen von außen im Vordergrund zu stehen scheinen und die Möglichkeit der Gestaltung und des eingreifenden Handelns nur eine marginale Rolle zu spielen scheint, sind die vorgestellten Zeitsignaturen, die eine so verstandene Bildung berücksichtigen sollte, bedenkenswert:

- Pluralisierung der Lebensformen und der sozialen Beziehungen
- Veränderung der Welt durch neue Technologien und Medien
- Ökologie
- Bevölkerungsentwicklung und Migration
- Internationalisierung der Lebensverhältnisse
- Wandel der Werte.

Offenbar konnte man es sich zu dieser Zeit leisten, das Thema Krieg und Frieden zu vernachlässigen. Dies ist heute nicht mehr möglich. Interessant ist vor dem Hintergrund dieser Zeit-Signaturen das Bildungsverständnis, bei dem zu berücksichtigen ist, dass in der Zusammensetzung der Kommission, die sich hierauf geeinigt hat, neben Erziehungswissenschaftlern und Soziologen (Wolfgang Klafki, Klaus Hurrelmann, Per Dalin) auch Vertreter der Wirtschaft (Arbeitgeber und Gewerkschaften) und der Umweltforschung vertreten waren. Die Kommission einigte sich auf folgendes Begriffsverständnis:

> „Bildung soll im Folgenden als individueller, aber auf die Gesellschaft bezogener Lern- und Entwicklungsprozess verstanden werden, in dessen Verlauf die Befähigung erworben wird,
>
> - den Anspruch auf Selbstbestimmung und die Entwicklung eigener Lebens-Sinnbestimmungen zu verwirklichen,
> - diesen Anspruch auch für alle Mitmenschen anzuerkennen,
> - Mitverantwortung für die Gestaltung der zwischenmenschlichen Beziehungen und der ökonomischen, gesellschaftlichen, politischen und kulturellen Verhältnisse zu übernehmen und
> - die eigenen Ansprüche, die Ansprüche der Mitmenschen und die Anforderungen der Gesellschaft in eine vertretbare, den eigenen Möglichkeiten entsprechende Relation zu bringen.“ (31)

Es geht also um Wissen, aber es geht auch um Können und darum, dass „sich der Mensch entdeckend, deutend und gestaltend“ in der Welt bewegt und sich damit auch seine eigene Welt schafft (30).

Eine wesentliche Dimension sowohl der individuellen als auch der gesellschaftlichen Entwicklung ist der Aspekt des permanenten Wandels, der sich daher auch in der Auffassung von Bildung wiederfinden muss.

Die Heterogenität in der Zusammensetzung der Kommission und die damit verbundenen unterschiedlichen Interessenlagen bringen es mit sich, dass diese Denkschrift nicht die theoretische Konsistenz hat, die man von einer wissenschaftlichen Abhandlung erwarten könnte. Es gibt Brüche sowie eine Zusammenstellung von Zielen und Forderungen, die in einem Spannungsverhältnis zueinander stehen. So fehlen kritische Hinweise auf Missstände in der Gesellschaft und auf Fehler bei der politischen Gestaltung gerade im Hinblick auf die Schaffung von Rahmenbedingungen, die der Vergrößerung von Lebenschancen im Sinne von Dahrendorf dienlich wären. Dahrendorf (1979) schreibt:

> „Lebenschancen sind Möglichkeiten des individuellen Wachstums, der Realisierung von Fähigkeiten, Wünschen und Hoffnungen, und diese Möglichkeiten werden durch soziale Beziehungen bereitgestellt. Für jeden gegebenen Einzelnen – und in gewisser Weise auch für soziale Gruppen, Schichten, Klassen – gibt es eine Bilanz von Lebenschancen. Dies gilt ebenso für ganze Gesellschaften. So könnte man argumentieren, dass die Modernisierung für viele ungeahnte Lebenschancen mit sich gebracht hat.“ (50)

Man kann fragen, ob es jenseits expliziter oder impliziter Normsetzungen bei der Beschreibung von Erwartungen an Gesellschaften Befunde gibt, die die bildungstheoretische Reflexion berücksichtigen kann, ohne zu stark in das ideologische, philosophische oder theoretische Fahrwasser tendenziöser Großtheorien aus Philosophie, Soziologie, Kulturwissenschaften etc. zu kommen.

Eine Möglichkeit zur Orientierung bieten hier empirische Bestandsaufnahmen. Dabei sind unterschiedliche Zugänge möglich und werden auch realisiert. So kann man bestimmte Risikolagen wie etwa Armut, Gesundheit oder Diskriminierung untersuchen. Man kann Bestandsaufnahmen im Hinblick auf bestimmte Lebensalter (Jugend, Alter) betrachten. Man kann Untersuchungen zum Gesamtfeld der Bildungsstruktur vornehmen.

Dies sind zwar wenige Beispiele, doch kann man schnell erkennen, dass es für jedes der genannten Felder eine Vielzahl an Angeboten gibt. So gibt es inzwischen für zahlreiche Gesellschaftsbereiche und Problemfelder offizielle, also von staatlichen Stellen in Auftrag gegebene Untersuchungen und Berichte wie etwa den Kinder- und

Jugendbericht, den Reichtums- und Armutsbericht, den Familienbericht, die alle von unabhängigen Kommissionen erstellt und in regelmäßigen Abständen vorgelegt werden. Im Hinblick auf die Bildungsfrage gibt es regelmäßig Berichte der Autorengruppe Bildungsberichterstattung im Auftrag der Kultusministerkonferenz und des Bundesbildungsministeriums, die Gesamtschau „Das Bildungswesen in der Bundesrepublik Deutschland" vom Max-Planck-Institut für Bildungsforschung und – parallel dazu – das ambitionierte Werk des Leibniz-Forschungsverbundes Bildungspotenziale (LERN) unter dem Titel „Das Bildungswesen in Deutschland" (aktuell Köller u. a. 2019).

Ähnliche Berichte gibt es sowohl auf der Ebene der Bundesländer als auch in einer internationalen Perspektive. So ist die OECD, ein wirtschaftspolitischer Zusammenschluss der reichsten Länder der Welt, der Träger der PISA-Studien. Daneben gibt es internationale Studien zur Erfassung des Standes der politischen oder der ästhetischen Bildung. Bildungsfragen spielen in den regelmäßigen Berichten der Unterorganisation der Vereinten Nationen UNDP eine Rolle, die bei ihrer Erfassung und Bewertung des Entwicklungsstandes der Länder der Welt den Human Development Index (HDI) als Maßstab anlegen, welcher neben ökonomischen Indikatoren bei der Leistungsmessung auch Indikatoren zur Messung des Gesundheits- und des Bildungsstandes der Länder einbezieht. An diesem Index hat der renommierte Armutsforscher, Ökonom und Nobelpreisträger Amartya Sen mitgewirkt (zur Kompatibilität des *capability approach* mit der Klafkischen Bildungstheorie, die im vorliegenden Text eine hervorgehobene Rolle spielt, siehe etwa Störtländer2019).

All dies sind nur wenige Beispiele, die nur einen Bruchteil entsprechender Forschungen ausmachen. Denn neben den offiziellen Berichten gibt es eine Vielzahl wissenschaftlicher Studien und es gibt ein erhebliches Engagement privater Geldgeber (etwa die seit vielen Jahren eingeführten einflussreichen Shell-Jugendstudien). Man muss sehen, dass erhebliche öffentliche und private Mittel aufgewandt und enorme Forschungsaktivitäten entfaltet werden, um der Gesellschaft für die unterschiedlichsten Zwecke einen Spiegel vorzuhalten.

Einige Befunde

Informationsquellen

Wie oben beschrieben, ist es gegenwärtig leicht, sich über die sozialen und kulturellen Verhältnisse in Deutschland (und in anderen Ländern) zu informieren. Viele derartige Berichte, vor allem diejenigen, die in öffentlichem Auftrag und auf der Basis gesetzlicher Grundlagen verfasst worden sind, sind öffentlich und kostenfrei zugänglich. Die meisten Studien und ihre wichtigsten Ergebnisse dürften auch – vermittelt etwa durch die Medien – bekannt sein. So weiß man, dass die Kluft zwischen Arm und

Reich weltweit und auch in Deutschland immer größer wird. Entsprechende Studien, etwa von Thomas Piketty, wurden vielfach rezipiert und diskutiert.

Man weiß, dass es auch im Hinblick auf den Zugang zu Bildungsmöglichkeiten in Deutschland erhebliche Disparitäten und Risikofaktoren gibt. Es wird zudem öffentlich diskutiert, dass und inwieweit die Maßnahmen, die man im Zuge der Corona-Pandemie ergriffen hat, vorhandene Disparitäten noch vergrößert haben. So ist es für jeden einsichtig, dass es bei der angeordneten Schließung von Schulen und dem *home schooling* einen erheblichen Unterschied macht, ob man sein eigenes Zimmer und eine ausreichende technische Ausstattung hat oder ob man in beengten Verhältnissen lebt und sich den möglicherweise vorhandenen Rechner mit Geschwistern teilen muss.

Auch die Möglichkeiten der Diskriminierung etwa aufgrund des Geschlechts, der sexuellen Disposition, der Hautfarbe oder der Tatsache, dass man selbst oder die Familie aus Kriegsgebieten flüchten musste, sind aufgrund einer öffentlichen Debatte über diese Themen bekannt.

Veröffentlichungen der Bundeszentrale für politische Bildung, einer nachgeordneten Behörde des Innenministeriums, beschreiben deutlich aktuelle Problemlagen in unserer Gesellschaft. So findet man im Publikationsverzeichnis der Bundeszentrale ausführliche Erörterungen über Probleme, die mit Migration zu tun haben. Es gibt Debatten über Armut, Prekariat und die Ungleichheit zwischen Geschlechtern. Ein leicht zugängliches Beispiel ist etwa das Heft 324 der „Informationen zur politischen Bildung", das von dem Soziologen Rainer Geißler verfasst wurde, einem gerade in Fragen der Sozialstrukturanalyse anerkannten Sozialwissenschaftler (Geißler 2014).

Bei dieser Vielzahl an aussagekräftigen und leicht zugänglichen Informationen ist allerdings eine gewisse Vorsicht geboten. So werden etwa die oben genannten unterschiedlichen Berichte der öffentlichen Hand zwar von unabhängigen Kommissionen erstellt, doch ist zum einen die Zusammensetzung dieser Kommissionen eine politische Entscheidung des jeweiligen Ministeriums und es gibt immer wieder auch Eingriffe des Ministeriums vor der endgültigen Veröffentlichung. Ein Beispiel hierfür sind die Armuts- und Reichtumsberichte der Bundesregierung. Die Opposition forderte solche Berichte in der Zeit einer konservativ-liberalen Regierung. Nach dem Regierungswechsel stand nun die frühere sozialdemokratische Opposition selbst in der Verantwortung, einen solchen Bericht vorzulegen. Es wurde rasch deutlich, dass das übliche Spiel, Fehlentwicklungen und Probleme der Vorgängerregierung anzulasten, nicht auf Dauer funktionieren wird. Der erste Armutsbericht enthielt nämlich Passagen, die der Regierung nicht angenehm waren. Dies war auch bei späteren Berichten der Fall, weswegen es nach einem erneuten Regierungswechsel zu Streichungen durch das Ministerium kam. Inzwischen liegt der sechste Bericht (2021) vor und man hat die Tatsache akzeptiert, dass die Kluft zwischen Arm und Reich in Deutschland größer geworden ist und dass dies nicht bloß mit der ökonomischen Situation, sondern auch mit dem neoliberalen Abbau des Sozialstaates seit dem Ende des letzten Jahrtausends zu tun hat.

Menschen- und Grundrechte

Der Katalog der Menschenrechte kann als normative Grundlage für die Orientierung der Politik und als Kriterienkatalog für die Beurteilung der Lebensqualität der Menschen in einer Gesellschaft verstanden werden (Bundeszentrale 2005). Ein zentrales Anliegen aller Menschenrechtskonventionen kann in der Herstellung und Sicherung eines umfassenden Rechtes auf Partizipation und Teilhabe im Bereich der Wirtschaft, der Politik, der Gemeinschaft und der Kultur gesehen werden. Allerdings steht es nicht gut mit der Umsetzung dieses normativen Anspruches. So veröffentlichte die Bundeszentrale für politische Bildung unter dem Titel „Teilhabe für alle?! Lebensrealitäten zwischen Diskriminierung und Partizipation“ (Diehl 2017) eine Reihe von Befunden aus einem entsprechenden Forschungsprojekt, in dem unterschiedliche Risikolagen und Gruppen von Menschen im Hinblick auf die Umsetzung eines Rechtes auf Teilhabe identifiziert werden: ältere Menschen, Menschen mit niedrigem sozioökonomischem Status, behinderte Menschen, Frauen, intergeschlechtliche Personen, lesbische, schwule, bisexuelle und queere Menschen, Menschen mit Migrationshintergrund. Es geht um Ausschluss oder zumindest um Behinderung von Teilhabe und damit um alltägliche Formen von Diskriminierung, die alle gemeinsam haben, dass sie gegen in Deutschland ratifizierte Menschenrechtskonventionen und gegen gültiges Recht verstoßen.

Es gibt inzwischen eine größere zweistellige Anzahl von internationalen Konventionen und Vereinbarungen, wobei in jeder dieser Konventionen die Verpflichtung zur Berichterstattung und die Möglichkeit der Überprüfung der Umsetzung vorgesehen ist. Die Staaten, die diese Konventionen verabschiedet und ratifiziert haben, haben sich verpflichtet, in regelmäßigen Abständen Umsetzungs- und Staatenberichte vorzulegen, die in der Regel vom Menschenrechtsausschuss der Vereinten Nationen überprüft werden. Die Staaten erhalten einen Evaluationsbericht, der auch konkrete Verbesserungsvorschläge enthält.

Auch die Bundesrepublik Deutschland beteiligt sich an solchen Verfahren und muss immer wieder erleben, dass es erhebliche Kritik sowohl an der Abfassung der Berichte als auch an den dargestellten Situationen gibt. Dies gilt insbesondere für diejenigen Berichte, die die Menschenrechte auf Kultur und Bildung betreffen. Auf nationaler Ebene gibt es ebenfalls eine kritische Begleitung dieses Prozedere.

So wird regelmäßig ein „Grundrechte-Report“ vorgelegt, in dem eine überraschend große Zahl von Verstößen gegen Menschen- und Grundrechte aufgelistet wird. Ein wichtiger Aspekt bei der kritischen Evaluation der Umsetzung gültiger Konventionen besteht darin, dass soziale, kulturelle, ökonomische und politische Teilhabe (ein Kernziel der Menschen- und Grundrechte) nicht im vorgegebenen Maß ermöglicht wird (siehe Teil 2 in Fuchs 2022).

Themen der Sozialstrukturanalyse

Als Beispiel für die Vielfalt an Aspekten, die bei der Beschreibung der sozialkulturellen Kontexte von Bildungsprozessen zu berücksichtigen ist, wähle ich das von Stefan Hradil herausgegebene und bei der Bundeszentrale erhältliche Buch „Deutsche Verhältnisse. Eine Sozialkunde“ (2012). Es werden 21 Aspekte – meist kritisch – beschrieben, die die sozialen Verhältnisse in Deutschland prägen. Einige Beispiele:

- Bevölkerung – die Angst vor der demographischen Zukunft;
- Migration;
- Bildung;
- soziale Ungleichheit: eine Gesellschaft rückt auseinander;
- Werte, Milieus und Lebensstile: vom Kulturwandel unserer Gesellschaft,
- Arbeitsmarkt: für alle wichtig, für viele unsicherer;
- Demokratie: Deutschlands schwieriger Weg nach Westen.

Zu jedem der genannten Themen gibt es heute ausgedehnte Forschungs- und Diskursaktivitäten sowie weitgehend akzeptiertes Wissen. Bei vielen Themen kann man zudem auf Handbücher zurückgreifen. So gibt es etwa ein *Handbuch Armut* (Böhnke 2018), in dem unterschiedliche Facetten und Auswirkungen von Armut (auf Bildung, Gesundheit, Wohlbefinden, Teilhabe, Wohnen etc.) durchdekliniert werden. Ein weiteres wichtiges Thema ist Diskriminierung in den unterschiedlichsten Facetten, wobei es zum einen um Diskriminierungen in Bezug auf Menschengruppen bzw. bestimmte Persönlichkeitsmerkmale geht, zum anderen aber auch um organisatorische und strukturelle Diskriminierungen in Institutionen, Behörden oder in Wirtschaftsbereichen wie dem Wohnungsmarkt (Scherr 2017).

Im Folgenden will ich exemplarisch einen Blick in eine umfangreiche und ambitionierte Beschreibung des „Bildungswesens in Deutschland“ (Köller u. a. 2019) werfen, um zu sehen, inwieweit man sozio-kulturelle Kontexte und mögliche Probleme in diesem Bereich bei der Beschreibung des Bildungssystems in Deutschland berücksichtigt.

Die Studie beginnt mit einem ausführlichen Artikel des Bildungshistorikers Heinz-Elmar Tenorth. Tenorth bemängelt an vielen Auseinandersetzungen mit dem Bildungsbegriff, insbesondere an Arbeiten aus dem Bereich einer sich als kritisch verstehenden Erziehungswissenschaft, eine „Vorliebe für Bildungs-, Gesellschafts- und Kulturkritik" und betrachtet solche Ansätze deshalb als „für einen analytischen, an aktuelle Forschung anschließbaren Blick wenig hilfreich." (50) Er bevorzugt dagegen einen „nüchternen, realitätsbezogenen Blick".

Er unterscheidet drei Phasen in der Diskussion über Bildung, die bis heute relevant sind: Eine erste Phase von 1780 bis Mitte des 19. Jahrhunderts. Er spricht von einer „ersten Bildungsrevolution" und davon, dass in dieser Zeit „Bildung" geradezu erfunden wird. Kennzeichen ist eine anthropologische Begründung von Bildung über eine „Bestimmung des Menschen" (Herder, Kant, Humboldt, Fichte, Hegel). In diesem Diskurs wird Bildung zum „wahren Zweck des Menschen", so in den Schriften von Humboldt und Kant. Er weist allerdings darauf hin, dass im Zuge der Durchsetzung der Beschulung der Gesellschaft diese reale Entwicklung weitgehend unabhängig von den Diskursen in der Bildungsphilosophie erfolgt. Vielmehr spielt das Recht eine zentrale Rolle, das zunehmend über Gesetze und Verordnungen einen allgemeinen Schulzwang durchsetzt (er nennt die Daten 1717, 1763, 1794 und schließlich 1919). Dieser stabilisierende Rahmen trägt zur Entwicklung neuer Lebensformen bei (57 f):

> „Zur Mitte des Jahrhunderts ist jedenfalls Schule Teil des Alltags der Heranwachsenden geworden, sowohl begrüßt wie abgewehrt, wenn auch in großer Differenz, nach Stadt und Land, nach der Volks- und der gelehrten Bildung, und hier auch nach dem Geschlecht." (57)

Eine wichtige Auswirkung auf die Gesellschaft hat der steigende Grad der Alphabetisierung:

> „Mit diesem Bildungssystem verändern sich schon bis zur Mitte des 19. Jahrhunderts die Kommunikationsbedingungen in der Gesellschaft. Sie kann tatsächlich universell auf Schriftlichkeit setzen und gewinnt damit in den Individuen die kognitiven Voraussetzungen, motivationalen Bereitschaften und konkreten Qualifikationen, die für die neuen Formen der industriellen Produktion notwendig waren, aber auch das Medium, mit dem pädagogisch-gesellschaftliche Mobilisierung und bildungspolitisch kontrollierte Disziplinierung zugleich gesteuert werden sollten." (59)

Es geht insbesondere um eine Verbesserung der Teilhabe am politischen Prozess, für die Bildung eine wichtige Voraussetzung ist. Für die Entwicklung im letzten Drittel des 19. Jahrhunderts zitiert Tenorth die Charakterisierung des amerikanischen Soziologen Talcott Parsons als „zweite Bildungsrevolution". Es ist zum einen die endgültige Etablierung und Festigung des Bildungssystems, es ist aber auch die Zeit einer verschärften Bildungskritik, für die die Schriften „Zur Zukunft unserer Bildungsanstalten" von Friedrich Nietzsche maßgeblich sind. Diese Zeit ist geradezu eine Blüte der Gesellschaftskritik, so wie sie in Zeitdiagnosen (Neurasthenie, Zeitalter der Nervosität) und auch in Romanen betrieben wird, die den Untergang des Bürgertums (Buddenbrooks) und die Verzweiflung junger Menschen (*Unterm Rad, Frühlingserwachen, Der junge Törleß*) thematisieren. Es entwickelt sich als Reaktion auf die negativen Folgen der Industrialisierung die Reformpädagogik, wobei zu dieser Phase am Ende auch die inhaltliche und organisatorische Umstrukturierung des Bildungswesens im Nationalsozialismus gehört.

Die dritte Phase beginnt nach dem Zweiten Weltkrieg und hält bis heute an. Tenorth spricht von einer Pädagogisierung der Gesellschaft und von der damit verbundenen Rolle von Bildung und Schule:

> „Der Ausgleich aller Bildungsbenachteiligungen, die man nach sozialer Herkunft und Geschlecht oder nach Konfession und Religion, Migration und Ethnizität beobachtet hat, gilt seit dem Ende der 1970er Jahre unbestritten als Ziel." (72)

In der Folgezeit ergibt sich im Zuge der realistischen Wende (Heinrich Roth) eine wachsende Bedeutung empirischer Bildungsforschung, auch forciert durch internationale Vergleichsuntersuchungen. Tenorth geht auf die immer wieder von der Politik ausgehende „Überfrachtung des Systems mit Erwartungen" (75) ein, Erwartungen, die jedoch in der Realität nie in gewünschtem Umfang erfüllt werden können.

Seine Bilanz:

> „Im Rückblick auf die lange Dauer der Genese, Ausgestaltung und Differenzierung des modernen Schulsystems in Deutschland erkennt man deutlich eine Kontinuität seiner Funktionen, seit 1918 bei weitreichender interner Modernisierung eine relative Stabilität der Schulstruktur und gleichzeitig in der Praxis der Bildungsbeteiligung und in den Wirkungen der Schule umfassende Prozesse der Mobilisierung und Expansion. (…) Nach wie vor geht es im Bildungswesen um Qualifizierung und Sozialisation, um Integration, Enkulturation und Allokation, bildungstheoretisch immer noch um die Generalisierung von individuell habitualisierten Prämissen für die

> Teilhabe an Politik, Kultur und Gesellschaft und um den Aufbau von Kompetenzen, die es gestatten, den Lebenslauf als Bildungsgang wahrzunehmen, beruflich erfolgreich zu sein und die eigene Lebenssituation selbstbestimmt zu gestalten." (79 f.)

Und weiter:

> „Gemessen an der aktuellen Erwartung, im Lebenslauf durch pädagogische Praxis die Gleichheit der Chancen und der Ergebnisse von Bildung zu sichern, treffen Bildungstheorie und Bildungssysteme deshalb auch eher auf die übersteigerten Erwartungen, die im Bündnis mit Reformversprechen pädagogischer und sozialer Bewegungen und der Bildungspolitik erst im 20. Jahrhundert erzeugt worden sind. Aber das sind Versprechen, die pädagogische Arbeit nach aller historischen Erfahrung nicht einlösen kann" (80; siehe zu der gesamten betrachteten Zeit auch die Bände III bis VI des *Handbuchs der deutschen Bildungsgeschichte*, Berg 1986 ff.).

Im weiteren Verlauf beschäftigt sich der Band nicht nur ausführlich mit den Akteuren in der Bildungspolitik, der Organisationsstruktur des Bildungswesens und der finanziellen Seite, sondern geht auch auf Probleme ein, die auf Disparitäten im Bereich der sozio-kulturellen Rahmenbedingungen der Bildungsprozesse zurückzuführen sind. So wird über Bildungsungleichheit gesprochen, die mit der sozialen Herkunft, dem Migrationshintergrund und mit dem Geschlecht zu tun haben (299 ff.), es wird über die Folgekosten unzureichender Bildung nachgedacht (241 ff.) und es wird der Zusammenhang von Bildung, Gesundheit, staatsbürgerlichem Verhalten und Kriminalität diskutiert (253 ff.).

Insgesamt kann man sehen, dass viele der epochal-typischen Schlüsselprobleme im Sinne von Wolfgang Klafki, nämlich die Frage der Umsetzung der Menschen- und Grundrechte, das Problem der nur unzureichend umgesetzten Gleichberechtigung, die Frage nach der Beteiligung an der politischen Gestaltung und insbesondere das Problem der Ungleichheit in diesem Band in ihrer Relevanz aufgezeigt werden und damit Gegenstand von Bildungsprozessen und Themen einer zeitgemäßen Bildungstheorie werden müssen. Zu ergänzen wären die in dem Band aufgelisteten Disparitäten noch um weitere Herausforderungen, die die nationale Ebene, aber auch internationale Trends betreffen. Die Internationalität wird deswegen bedeutsam, weil angesichts der Globalisierung zwar Eigenarten auf nationaler Ebene immer noch erhalten bleiben, aber auch nationale Entwicklungen im internationalen Kontext gesehen werden müssen. So gibt es nunmehr auf europäischem Boden die Notwendigkeit, mit dem Problem des Krieges umzugehen. Zwar gab es immer wieder weltweit und im Zuge der Balkankrise auch auf europäischem Boden kriegerische Handlungen nach dem Zweiten Weltkrieg, doch hat der Eroberungsversuch

Russlands in der Ukraine eine neue Qualität und bestimmt in mehrfacher Hinsicht den Alltag der Menschen auch außerhalb der Kriegsgebiete. Unter anderem ist es die Energiekrise, die verdeutlicht, wie stark die Umstellung weg von fossilen Energien in den letzten Jahren und Jahrzehnten vernachlässigt worden ist.

Die Zerstörung der Umwelt in Verbindung mit dem Klimawandel macht eine Veränderung der Lebensweise erforderlich, wie sie Brand/Wissen (2017) mit ihrer Forderung nach einem Wechsel von einer „imperialen" zu einer „solidarischen Lebensweise" in den Mittelpunkt stellen. Dazu gehört die Erarbeitung eines neuen Verhältnisses zwischen den Ländern des Globalen Nordens und den Ländern des Globalen Südens. Zu berücksichtigen sind ferner Ergebnisse eines mehrjährigen Forschungsprojektes unter der Leitung von Wilhelm Heitmeyer (2012), das sich mit „gruppenbezogener Menschenfeindlichkeit" befasst hat. Die vor zehn Jahren benannten Krisenerscheinungen dürften ihre Relevanz nicht verloren haben:

- „die Kontrollverluste der Politik gegenüber dem Finanzkapital und seiner Erpressungslogik,
- die Undurchschaubarkeit der Finanzkrise mit all den hochriskanten Finanzprodukten und Spekulationstaktiken,
- die Unkontrollierbarkeit der (Welt-)Märkte, unter anderem ausgelöst durch chronische Schwächen der nicht länger amtierenden Ordnungsmacht USA, die derzeit nicht in der Lage ist, die Realwirtschaft zu stabilisieren,
- eine Entmachtung demokratisch legitimierter Parlamente, aktuell zu beobachten angesichts der höchst bedrohlichen volkswirtschaftlichen Lage im Zuge der Schuldenkrise,
- sowie schließlich die prekäre Unkontrollierbarkeit insbesondere des islamistisch legitimierten Terrors, der sich zu einer latenten Dauerbedrohung mit den entsprechenden psychischen Auswirkungen entwickelt hat." (19 f.)
- Ich werde im nächsten Teil darauf eingehen, wie aus meiner Sicht ein Verständnis von Bildung zu konzipieren ist, das zumindest auf der Theorieebene offen für die Erfassung der hier vorgestellten Problemlagen ist. Hierbei werden die symbolischen Formen von Ernst Cassirer als Modi der Welt- (und Selbst-)Begegnung eine wichtige Rolle spielen.

8. Das Selbst und verwandte Begriffe

Überblick

Der Mensch als Natur- und Kulturwesen gehört selbst zur Welt. Das bedeutet, dass es eigentlich keinen gravierenden Unterschied bei der Analyse von Weltverhältnissen und Selbstverhältnissen geben sollte: Die Verfahren zur Beschreibung und Gestaltung von Weltverhältnissen könnten daher auch bei der Beschreibung und Gestaltung der Selbstverhältnisse angewandt werden.

Es wurde jedoch oben darauf hingewiesen, dass sich die „Welt" in verschiedene Bereiche aufteilen lässt: die gegenständliche Welt, die soziale Welt und schließlich auch die geistige Welt. Es liegt auf der Hand, dass nicht jede Methode der Beschreibung und Gestaltung eines Objekts sich gleichermaßen auf andere Objekte anwenden lässt. Daher ist es auch bei der Berücksichtigung der Tatsache, dass der Mensch und das Selbst Teil dieser Welt sind, notwendig, nach angemessenen Methoden der Beschreibung dieses spezifischen Teils zu fragen. Dies bleibt auch dann gültig, wenn man die Kritik an der cartesischen Trennung zwischen Subjekt und Objekt teilt.

Immerhin macht die oben angeführte Aufteilung der „Welt" Sinn, wenn man sie auf den Menschen selbst anwendet. Denn der Mensch hat zunächst einmal eine körperliche – und damit gegenständliche – Existenz, die als Trägerin seiner geistigen und mentalen Ausstattung fungiert (gegenständliche Welt). Der Mensch als soziales Wesen ist zudem nur im Kontext mit anderen Menschen zu verstehen. Das Zusammenleben mit anderen Menschen war in der Anthropogenese ein entscheidender evolutionärer Vorteil. Das gilt bis heute, wenn man davon spricht, dass nur über seine Soziabilität die Individualität eines Menschen entstehen kann. Kaspar Hauser ist ein berühmtes Beispiel dafür, dass Isolation Menschwerdung verhindert (soziale Welt). Zu der geistigen Grundausstattung des Menschen gehört zudem die Fähigkeit, sich selbst zum Gegenstand von Betrachtungen zu machen (geistige Welt). Helmuth Plessner hat dies als exzentrischen Positionalität beschrieben (ich komme im nächsten Teil darauf zurück).

Der Mensch erfasst durch seine Wahrnehmung Gegenstände nicht unmittelbar, sondern mithilfe von Medien. Deshalb erkennen wir nach Kant das „Ding an sich" nie unmittelbar. Man unterscheidet daher die *Realität* von den – mithilfe bestimmter Medien konstruierten – Bildern dieser Realität, der *Wirklichkeit.*

Das Wort Wirklichkeit ist an dieser Stelle wörtlich zu nehmen, denn es sind die Bilder der Realität, die wirksam im Hinblick auf das Handeln des Menschen werden. Der menschliche Erkenntnisprozess ist also ein Konstruktionsprozess mithilfe bestimmter Medien, wobei in einem weiten Verständnis die Cassirerschen „symbolischen Formen" als Medien in ihrer Vermittlungsfunktion zwischen Mensch und Welt verstanden werden können: Kulturphilosophie wird zur Medienphilosophie (siehe Fuchs 2021b).

Dies gilt auch bei der Erfassung und Reflexion des Menschen von und über sich selbst. Der Mensch denkt über sich nach, schafft Bilder von sich, die maßgeblich dafür sind, wie er sich in Bezug auf die soziale, die gegenständliche und die geistige Welt verhält. Diese Selbstbilder sind in verschiedener Hinsicht unterschiedlich. Sie ändern sich zum einen im Verlaufe seines Lebens und es ist eine Entwicklungsaufgabe, realistische Bilder von sich als einem sich entwickelnden Selbst zu schaffen. Menschenbilder verändern sich zudem im Laufe der Zeit und sind abhängig von der jeweiligen Kultur und Gesellschaft (vgl. Veith 2003 oder Wendt/Loacker 1984, v. a. Band X). Zudem gilt auch in diesem Fall, was bei jedem Erkenntnisprozess zu berücksichtigen ist: Selbstbilder können zutreffen, sie können aber auch ihren Gegenstand verfehlen. (Über unterschiedliche Theorien zu dieser Problematik informiert die Übersicht über „Schlüsselwerke der Identitätsforschung" (Jörissen/Zirfas 2010), allerdings begrenzt auf ausgewählte Ansätze des 20. Jahrhunderts. Für den vorliegenden Textes fehlen dort allerdings wichtige Autoren wie Heiner Keupp, Jean Piaget, Ansätze aus der kulturhistorischen Schule und der Kritischen Psychologie.)

Dies gilt auch für die bisherigen Überlegungen zu den Selbst- und Weltverhältnissen. Damit gelten auch für diesen Fragekomplex Prinzipien, so wie sie im ersten Teil thematisiert worden sind, nämlich Relationalität, Historizität und Kontingenz. Unter anderem führt dies dazu, dass der hier in Rede stehende Sachverhalt mit sehr verschiedenen Begriffen erfasst wird.

So verwendet man neben dem Begriff des Selbst auch die Begriffe der Person und der Persönlichkeit, der Identität, des Subjekts und der Subjektivität, des Individuums und der Individualität. Es gibt Ansätze, für die der Begriff des Selbst zentral ist und die die anderen Begriffe als spezifische Eigenschaften und Merkmale des Selbst bezeichnen (man denke nur an die zahlreichen Zusammensetzungen wie Selbstbestimmung, Selbstverständnis, Selbstwert etc., siehe etwa Gerhardt 1999, wo diese Begriffe systematisch durchdekliniert werden).

Das *BELTZ-Lexikon Pädagogik* (Tenorth/Tippelt 2012, 648) definiert das *Selbst* als „das Wesentliche einer Person, Kern der Persönlichkeit, der die Kohärenz und Stabilität eines Individuums ausmacht." Das „*Subjekt*", ein Konzept, das in der abendländischen Philosophie und vor allem in der Neuzeit entwickelt wurde, hebt insbesondere die Aspekte der Freiheit, des Bewusstseins, der Bildsamkeit, der autonomen Handlungsfähigkeit und der Lern- und Erziehungsbedürftigkeit hervor (702 f.). Ähnliches gilt für den Begriff der *Person,* der historisch vergleichbare Wurzeln hat. Er wird in der Theologie verwendet (der Mensch als imago dei) und man versteht die Person spätestens seit der Renaissance und der beginnenden Thematisierung der „Menschenwürde" als TrägerIn eigener Wünsche mit einem Anspruch auf Schutz und Teilhabe. Auch der Begriff des *Individuums* rückt seit der Renaissance in den Vordergrund und markiert den Gegenpol des Kollektivs. Von der Wortbedeutung her ist ein Individuum das Unteilbare und analog zu dem Atombegriff in der Naturphilosophie der kleinste Baustein bei der Zusammensetzung des Sozialen.

Man muss sehen, dass all diese Begriffe Selbstbeschreibungen des Menschen sind, die zunächst auch nur in ihrem historischen und geographischen Kontext verstanden werden können. Man muss allerdings auch sehen, dass es – sicherlich auch aufgrund des Einflusses und der Macht Europas in früheren Jahrhunderten – zu einer globalen Verbreitung dieser Selbstbeschreibungen gekommen ist, so wie man es an der internationalen Akzeptanz der Menschenrechte ablesen kann. Diese Akzeptanz bedeutet zwar nicht, dass die Menschenrechte überall in der vorgesehenen Form realisiert werden, sie bedeutet auch nicht, dass alle Menschen ihnen zugestimmt hätten: Es führten vielmehr politische Entscheidungen von Regierungen, die nur zum Teil demokratisch legitimiert waren, zu den heute geltenden Menschenrechtskonventionen. Auch deshalb ist verständlich, dass es kritische Debatten über die Legitimität und den Anspruch auf Allgemeingültigkeit der Menschenrechte gibt.

Für eine Befürwortung des Menschenrechts-Katalogs spricht jedoch, dass er bislang die einzige internationale normative Grundorientierung liefert, die zumindest ein gewisses Maß an allgemeiner Akzeptanz beanspruchen kann. Berücksichtigen muss man im Hinblick auf die im Mittelpunkt der Menschenrechte stehende individuelle Person allerdings, dass die Hervorhebung von Individuum und Individualität auch in Diskursen geschieht, die dem Einzelnen nicht dienlich sind. So gibt es im Rahmen einer neoliberalen Rhetorik der „Individualisierung" in modernen Gesellschaften eine Tendenz, gesellschaftlich produzierte Problemlagen den Individuen zuzuschreiben. Zum anderen gibt es einen nach wie vor nicht abgeschlossenen Streit zwischen dem philosophischen Liberalismus (im Sinne von John Rawls), der das Individuum in den Mittelpunkt stellt, und dem Kommunitarismus, der eine Priorität bei der Gemeinschaft sieht. Auch gibt es in der Realität Gesellschaften (etwa indigene Völker), bei denen der Gemeinschaftsgedanke im Vordergrund steht und Individualismus Isolation bedeutet.

Annäherungen an das Selbst aus pädagogischer Perspektive

Im Hinblick auf erziehungswissenschaftliche Diskussionen ist es interessant, dass keineswegs alle (bei näherem Hinsehen sogar nur wenige) Einführungen und Gesamtdarstellungen der Pädagogik die jeweils zugrunde liegende Persönlichkeitstheorie näher beschreiben. Selbst eingeführte Wörterbücher der Erziehungswissenschaft (z. B. Krüger/Grunert 2006) enthalten keine speziellen Artikel zu den hier diskutierten Grundbegriffen. Viele Konzeptionen gehen wie selbstverständlich von psychoanalytischen Theorieansätzen aus bzw. verwenden zumindest entsprechendes Vokabular.

Allerdings werden erwartungsgemäß immer erziehungswissenschaftliche Grundbegriffe wie „Bildung" und „Erziehung" erläutert und oft genug in Beziehung zu „Sozialisation" gesetzt (siehe etwa Koller 2008 oder Borst 2011). Während man unter „Erziehung" üblicherweise das – vor allem in der Aufklärungspädagogik praktizierte – Generationsverhältnis versteht, bei dem ein erwachsener Erzieher einem zu erziehenden Zögling die notwendigen Kenntnisse und Werthaltungen vermittelt, wird um die Jahrhundertwende 1800 dieses passive Verständnis von Entwicklung vom Bildungsbegriff – verstanden als Selbstbildung und als Aneignung der jeweils vorhandenen Kultur – abgelöst.

Mit dem Konzept der *Sozialisation* bezeichnet man „den Vorgang der Aneignung kultureller und sozialer Standards zur Integration in die Gesellschaft, ohne die das Individuum kaum überlebensfähig wäre. Die Vergesellschaftung des Individuums vollzieht sich dabei in der Auseinandersetzung mit den gegebenen Geschlechts- und klassenspezifisch geordneten Strukturen einer Gesellschaft, die sich auf der Mesoebene in unterschiedlich institutionalisierte Sozialisationsinstanzen ausdifferenziert, wie etwa Familie, Kindergarten, Schule, Medien etc." (Borst 2011, 21).

Aufschlussreich sind auch die folgenden Ausführungen, in denen ein systematischer Zusammenhang zwischen den hier diskutierten Grundbegriffen hergestellt wird:

> „*Zum einen* bildet das Individuum im Sozialisationsprozess und im sozialen Kontakt mit anderen eine Identität heraus, die es dazu befähigt, sich als ein Selbst wahrzunehmen und zugleich gesellschaftliche Handlungsfähigkeit zu erlangen. Ziel des Sozialisationsprozesses sollte es demnach sein, sich zu einer Persönlichkeit mit entsprechenden sozialen, kulturellen und gesellschaftlichen Kompetenzen zu entwickeln. Dabei wird von dem Modell eines ‚produktiv realitätsverarbeitenden Subjekts' [im Sinne von Hurrelmann; M. F.] ausgegangen: Nicht die Gesellschaft alleine prägt sich im Individuum aus, sondern das Individuum selbst besitzt die Fähigkeit, sich mit den materiellen und sozialen Bedingungen seiner unmittelbaren

> Umgebung aktiv auseinanderzusetzen. Diese idealtypische Konstellation von Vergesellschaftung und Individuierung in Gestalt einer sich allmählich herausbildenden Persönlichkeit freilich ist äußerst fragil, denn *zum anderen* vollzieht sich jeder Sozialisationsprozess in einem Konglomerat von Macht- und Herrschaftsstrukturen, die sich zunächst im Kleinkindalter unbewusst, später bewusstlos und unreflektiert in das Individuum einschreiben." (21 f.)

Die Relationalität dieser Prozesse, die Abhängigkeit von Ort (Kontextualität) und Zeit (Historizität) erkennt man im Rahmen einer historischen Betrachtung. Man sieht dabei, dass zu unterschiedlichen Zeiten in Abhängigkeit von gesellschaftlichen Kontexten sehr verschiedene Menschen- und Weltbilder entwickelt wurden, die zu unterschiedlichen Konzeptionen von Erziehung und Bildung geführt haben. Man kann erkennen, dass diese Prozesse in einem Spannungsfeld von Unterwerfung und Widerständigkeit geschehen sind, ganz so, wie in der obigen Beschreibung des Sozialisationsprozesses und wie es in aktuellen Ansätzen einer Subjektivierungsforschung untersucht wird (Ricken u. a. 2019).

Dies bedeutet allerdings nicht, dass einem an Freiheit orientierten Subjekt eine feindliche, auf Unterdrückung orientierte Gesellschaft gegenübergestellt wird. Denn jede Gesellschaft und insbesondere jede Bildungseinrichtung eröffnet bei aller Berücksichtigung von Macht- und Herrschaftsfragen immer auch den Blick auf neue Horizonte und kann daher auch unter dem Aspekt der Ermöglichung von Entwicklung gesehen werden. Bei der Diskussion all dieser Fragen kommt es aus meiner Sicht also darauf an, *falsche Gegensätze* zu vermeiden, wie sie etwa die folgenden Begriffspaare suggerieren: Natur versus Kultur, Körper versus Geist, Sozialisation versus Individuation etc.

Ansätze und Konzeptionen, die den konstitutiven Zusammenhang der in einen falschen Gegensatz gebrachten Begriffe herausarbeiten, gibt es in der Soziologie (etwa Dux 2000, auf den ich im nächsten Teil näher eingehe), in der Psychologie und vor allem in der Sozialpsychologie (etwa Keupp 1999) und auch in der Philosophie.

So ist etwa die „Verteidigung des Individualismus" von Heiner Hastedt (1998) zu nennen, der die Gefahr eines Rückfalls in eine totalitäre geschlossene Gesellschaft sieht und vor diesem Hintergrund einen „normativen Individualismus" verteidigt. Einen weiteren Ansatz mit einer vergleichbaren Zielsetzung hat der Berliner Philosoph Volker Gerhardt in mehreren Publikationen (1999, 2000, 2019) ausgearbeitet.

Ausgangspunkt seiner Überlegungen ist die These, dass die Existenzweise von allem, was es gibt, und damit auch des Menschen selbst, eine individuelle ist. Dies haben Philosophen schon sehr früh erkannt und thematisiert, weswegen für Gerhardt (2000) die These von der „Erfindung" oder „Entdeckung der Individualität" in der

Renaissance und in der Neuzeit eine der „habituellen Selbstüberschätzungen der Moderne“ (11) ist:

> „Wir greifen einen aktuellen Topos, den der Individualität, heraus und zeigen, dass er schon immer unverzichtbar war – spätestens seit sich die Menschen schriftlich über die Ansprüche und Ziele ihres Handelns verständigen. Wir lassen eine Reihe eingefleischter Überzeugungen des neuzeitlichen Denkens nicht länger gelten; dies aber nicht, weil wir den nächsten Paradigmenwechsel nicht abwarten können, sondern weil diese Überzeugungen der Problemlage des menschlichen Daseins nicht angemessen sind.“ (12)

Vor diesem Hintergrund erläutert er nicht nur, dass Individualität nicht bloß die Form ist, in der sich der Mensch notwendig selbst versteht, sondern in der er auch insgesamt die Welt erfährt. Er weist darauf hin, dass der Mensch diese Welt erfahren kann, weil er selbst Teil dieser Welt ist und seine eigene Entwicklung, auch die Entwicklung seiner geistigen Kompetenzen, auf dieser natürlichen Grundlage beruht: Der Mensch kann die Welt erkennen, weil er selbst Teil der Welt ist. Damit plädiert Gerhardt für einen Realismus, betont aber zugleich:

> „Doch der Idealismus bleibt unverzichtbar, wenn es gilt, den Abstand zwischen gegenwärtigem Wissen und künftigem Erfolg nach unserem Maß zu messen. Das ist nötig, wann immer wir handeln. Da die Zukunft unserem Wissen notwendig Schranken setzt, brauchen wir Ideen und Ideale, um die temporale Asymmetrie des theoretischen Wissens auszugleichen.“ (14)

Weil dieser grundsätzliche Zusammenhang des Menschen mit seinen natürlichen Ursprüngen unverzichtbar ist, um die Welt und den Menschen zu verstehen, spielt das Wissen der Wissenschaften und insbesondere der Biologie bei Gerhardt eine wichtige Rolle (16 f.).

Mit dieser Position wendet er sich gegen Ansätze – vor allem aus dem poststrukturalistischen Kontext –, die Wissen negieren, dekonstruieren oder relativieren wollen und die in scheinbarer Kritik an der Moderne einem ihrer zentralen Prinzipien huldigen, nämlich dem Steigerungsspiel (im Sinne von Schulz 2003):

> „So überbietet Levinas den kaum noch überbietbaren Heidegger durch etwas schlechthin Unüberbietbares, das dann durch die Methode der permanenten Überbietung in der *différance* [ein Kunstbegriff von Derrida; M.F.] durch Derrida in den Prozess der unablässigen Selbstüberbietung eingebracht wird.“ (17, Fußnote 1)

Auf dieser Grundlage diskutiert Gerhardt das Prinzip Individualität in den verschiedenen Bereichen menschlichen Lebens (Wissen, Welt, Kultur, Politik, Moral und Kunst). So schreibt er etwa in dem Abschnitt über Kultur: „Kultur ist die Verfassung der Natur, in der sich menschliches Leben entfaltet." (127) Ferner weist er darauf hin, dass man „keine Leistung des Menschen ausschließlich als Ertrag eines Einzelnen verstehen" dürfe, dass kein Individuum nur aus sich selbst heraus lebe. „Doch das Kollektiv ist stets nur Bedingung. Jede faktische Leistung wird vom Individuum erbracht. Das gilt für alle Lebensprozesse, kommt aber erst im Kontext der menschlichen Kultur zum selbstbewussten Ausdruck." (127 f.)

In pädagogischer Hinsicht sind Gerhardts Überlegungen interessant, wenn er unter der Überschrift „Etwas aus sich machen" schreibt:

> „Die im Entwicklungsgang des Lebens schrittweise hervortretende Akzentuierung, Intensivierung und Dynamisierung der Individualität wird in der kulturellen Evolution des Menschen aufgenommen und fortgeführt, indem er sich selbst als Individuum nicht nur zu behaupten, sondern auch selbst zu erfahren und auszuzeichnen trachtet. Er versucht, etwas aus sich zu machen. Dabei verletzt es weder den Gleichheitsanspruch noch irgendein moralisches Prinzip, wenn sich der Einzelne auch vor anderen hervorzutun versucht: Dass Sokrates ‚sich in etwas vor anderen Menschen auszeichnet', ist ein Beleg für seine Tüchtigkeit, zeigt also seine Tugend (*arete*) und nicht etwa deren Gegenteil" (136).

Ebenfalls in pädagogischer Hinsicht relevant sind Gerhardts Schlussbemerkungen zu dem Problem der „Verantwortung für die Schöpfung" des einzelnen Menschen. Er spricht davon, dass es absurd wäre, dem Einzelnen „die Verantwortung für die Schöpfung oder für das Ganze des Daseins aufzubürden". Aber:

> „Er trägt, aus der vernünftigen Sorge für sich selbst, Verantwortung für sein eigenes Leben. Das schließt, so weit sein Wissen und sein Können reichen, auch die Sicherung der Bedingungen dieses Lebens ein. Er hat also gute Gründe für die Wahrung der Natur und für den Schutz des ihn tragenden und ihn umgebenden Lebens. Er braucht sich nur selbst in seiner Lebendigkeit wahr- und ernst zu nehmen, um Anteilnahme nicht nur für vernunftbegabte Wesen zu spüren." (234)

Im nächsten Teil will ich versuchen, in einer gewissen Nähe zu den Überlegungen von Volker Gerhardt ein Konzept von Bildung zu entwickeln, das die von ihm kritisierten „falschen Gegensätze" vermeidet und insbesondere das Verhältnis von Sozialität und Individualität, von Sozialisierung und Individuierung in dem Spannungsverhältnis von Ermöglichung und Unterdrückung berücksichtigt.

Teil 3:
Bildung und Lebensführung – Bildung als Lebensführungskompetenz

In diesem Teil wird auf der Grundlage der Erkundungen in den ersten beiden Teilen und auf der Basis früherer bildungstheoretischer Überlegungen (Fuchs 2000, 2008) ein Vorschlag für einen zeitgemäßen Bildungsbegriff entwickelt, der „Bildung“ und „Lebensführung“ in einem engen Zusammenhang sieht. Dabei ist zu berücksichtigen, dass es die Bildungstheorie zum einen mit grundsätzlichen existenziellen Fragen des Menschen zu tun hat, so wie sie insbesondere in der Bildungsphilosophie untersucht werden (Kap. 2). Ein wichtiges Thema dieser Disziplin ist die reflexive und kritische Auseinandersetzung mit Grundbegriffen. Allerdings muss man sehen, dass es bildungsphilosophischen Diskursen oft an „Bodenhaftigkeit“ (Tenorth) fehlt, was insbesondere bedeutet, dass die Realität des Aufwachsens und der Lebensführung unter bestimmten soziokulturellen Bedingungen oft nicht hinreichend berücksichtigt wird und solche Reflexionen der pädagogischen Praxis kaum eine Hilfe und Orientierung anbieten.

Wenn aber Philosophie (und damit auch Bildungsphilosophie) bedeutet, im Anschluss an Hegel die je eigene „Zeit in Gedanken zu fassen“, dann kann dies nicht nur auf einer abstrakten Ebene geschehen. An dieser Stelle kommen soziologische, ökonomische und politische Kontexte ins Spiel, wobei sich theoretische Reflexionen immer auch im Rahmen geistiger Traditionen und aktueller Diskurse bewegen. Möglicherweise haben gegenwärtige Denkanstrengungen einen weiteren Blick als historische Vorläufer, doch falls dies der Fall ist, ist auch hierbei die Erkenntnis zu berücksichtigen: Man blickt vielleicht weiter, kann dies aber nur deshalb, weil man auf Schultern von Riesen steht. Daher lohnt in jedem Fall ein Blick in die Geschichte von Bildungstheorien.

Es könnte aber auch sein, dass Denkanstrengungen von intellektuellen Moden beeinflusst werden, die den angestrebten „weiten Blick“ eher verhindern, etwa dadurch, dass sie bestimmte Ergebnisse aus anderen Disziplinen nicht wahrnehmen. Beispiele hierfür wurden in den obigen zwei Teilen genannt.

In diesem Teil werden in Kapitel 9 einige Bestimmungsmerkmale von „Bildung“ aus der mehrtausendjährigen Geschichte der Auseinandersetzung mit Bildungsfragen gesammelt. Dabei sollte man berücksichtigen, dass man sich mit dem Bildungsproblem und der Frage nach der „richtigen“ Lebensführung auseinandergesetzt hat, lange bevor diese Diskussionen (in Deutschland) unter dem Begriff der „Bildung“ geführt wurde.

In einer kultur-evolutionären Perspektive sehe ich den Ausgangspunkt für eine aktuelle Bildungstheorie in anthropologischen und kulturphilosophischen Grundlagen (Kapitel 10). „Bildung“ wird in dieser Arbeit als Disposition verstanden, sein eigenes „Projekt des guten Lebens“ zu realisieren. Die jeweiligen gesellschaftlichen Rahmenbedingungen müssen hierbei unter dem doppelten Aspekt der Ermöglichung und der Begrenzung betrachtet werden. Hierbei spielen Fragen der Macht auch insofern eine wichtige Rolle, als in jeder Gesellschaft versucht wird, solche Sozialformen des Subjekts durchzusetzen, die der Aufrechterhaltung der jeweiligen politischen und ökonomischen Ordnung dienen. Diesen Anstrengungen mit dem Ziel der „Unterwerfung", so wie sie insbesondere im Anschluss an die Macht-Studien von Michel Foucault und Judith Butler heute diskutiert werden, steht allerdings die Fähigkeit des Einzelnen zu widerständigem Verhalten gegenüber (Kapitel 11).

Vor diesem Hintergrund stellt sich die Frage, wie man sich individuelle Entwicklung vorstellen kann, welche Konzepte von „Person" und „Subjekt" in der Geschichte entwickelt worden sind und im Kontext des vorliegenden Textes verwendet werden können (Kap. 12). Man muss fragen, wie der Einzelne mit Problemen, Herausforderungen und Widerfahrnissen umgeht. An dieser Stelle wird man die von Wolfgang Klafki beschriebenen „epochal-typischen Schlüsselprobleme" berücksichtigen müssen, die sowohl die Gesellschaft als Ganzes, aber auch das Leben jedes Einzelnen berühren. Die seinerzeit vorgestellte Liste solcher Probleme von Wolfgang Klafki erweist sich nach wie vor als aktuell, muss allerdings heute um weitere Herausforderungen erweitert werden (Kapitel 14). Einige dieser Probleme haben inzwischen ein solches Ausmaß angenommen, dass nicht bloß einzelne Menschen, Menschengruppen oder Regionen gefährdet sind, sondern dass sich inzwischen die Existenzfrage für die Menschheit und den gesamten Planeten stellt. Insbesondere bedeutet dies, dass es eine grundsätzliche Veränderung von einer imperialen zu einer solidarischen Lebensweise (im Anschluss an Ulrich Brandt und Markus Wissen) geben muss. Möglicherweise ist dies die entscheidende Herausforderung nicht nur für die Politik, sondern auch für die Pädagogik und das von ihr realisierte Konzept von Bildung. Dies führt zu der Frage nach der Klärung der Begriffe „Daseins-" und „Lebenskompetenz" (Kap. 15). In den Kapiteln 16 (Teil 1 und 2) werden die vorgestellten Überlegungen zu einem zeitgemäßen Bildungsbegriff zusammengefasst, der insbesondere die epochal-typischen Schlüsselprobleme berücksichtigt.

9. Unterschiedliche Auffassungen von „Bildung"

Einige Erträge aus einer historischen Perspektive

„Bildung" hat viele Dimensionen und muss daher – wie in den obigen zwei Teilen gezeigt – von unterschiedlichen Disziplinen untersucht werden. Dies gilt insbesondere für die Einbeziehung der historischen Bildungsforschung. Denn möglicherweise waren in früheren Zeiten Aspekte von Bildung relevant und bekannt, die inzwischen verdrängt oder vergessen wurden, die aber nach wie vor Bedeutung haben sollten. Selbst wenn man sich (aus Kompetenzgründen) auf den westlich-europäischen Diskursraum beschränkt, findet man solche bedenkenswerten Aspekte (siehe Fuchs 2000, 25ff.):

Bildung (paideia) wird in der griechischen Antike als Teil von Muße (scholé) diskutiert. Diese ist Kern eines „entlasteten Daseins" des freien Polisbürgers, ist höchst sinnvolle und einzig menschgemäße Lebensführung des Polisbürgers, also Teil der Politik. Diese Zuordnung, erkennbar an der Behandlung von Bildungsfragen bei Plato und Aristoteles in ihren Büchern zur Politik, ist wichtig, weil hiermit die – immer wieder in Vergessenheit geratene – politische Dimension von Bildung in der Identität von individueller (ethischer) Lebensführung und gemeinschaftlicher (politischer) Gestaltung des Gemeinwesens in ihrem Ursprungskontext aufgezeigt wird.

Philosophie wird im Mittelalter „Magd der Theologie". Dies ist auch bei Comenius im 17. Jahrhundert nicht anders, obwohl er für die Pädagogik der Moderne zahlreiche Motive liefert: das demokratische Motiv einer Bildung für alle, die Rolle der Sinnlichkeit, den Drang nach universellem Wissen. In bildungsphilosophischer Hinsicht ist vor allem der Gedanke der Teleologie bedeutsam, einer Ziel- und Zweckorientierung sowohl der Natur als auch des menschlichen Handelns, wobei es bei Comenius Gott ist, der die Zwecke setzt. Damit verbunden ist ein weiterer Gedanke, die These der „Entelechie", dass nämlich etwas sein Ziel und seinen Zweck in sich trägt. Beide Begriffe stammen aus der aristotelischen Philosophie, sind aber offensichtlich theologisch höchst brauchbar, insofern Gott als oberster Zwecksetzer interpretiert werden kann.

Es liegt auf der Hand, dass diese „vormoderne" Sicht, der auch Comenius noch zugehört, mit entscheidenden Ideen der Moderne in Konflikt gerät: etwa mit der Frage der Willensfreiheit des Menschen angesichts vorgegebener Zwecke, der Frage der Richtung der individuellen und gesellschaftlichen Entwicklung und der Frage nach der Gestaltbarkeit von Entwicklung. Ein „autonomes Subjekt" – immerhin Kernbegriff der modernen Bildungstheorie – ist in einem solchen metaphysischen System nicht denkbar. Die „kulturelle Selbstproduktion des Menschen" oder gar die ergebnisoffene Entwicklung („Kontingenz") sind Denkfiguren, die sich in der Renaissance und vor allem in der Aufklärung gegen diese Vorstellungen durchsetzen müssen. Sie bleiben jedoch überall dort verankert, wo Erziehungs- und Bildungsdenken von „Anlagen" und „Kräften" im Individuum ausgehen, deren Entfaltung lediglich von Pädagogen quasi gärtnerisch betreut werden muss. Zu dieser Traditionslinie gehören Rousseau, Herder und auch Wilhelm von Humboldt (Buck 1984).

Ein weiterer Gedanke, der etwa aufgrund der Makro-Mikro-Kosmos-Figur des Mittelalters (der Einzelne und das Ganze stehen per se in einem vorab geordneten kohärenten Zusammenhang) erst später als Problem in den Mittelpunkt gerät, ist der Gedanke der Kohärenz, der Identität. Erst Rousseau formuliert – dann aber sogleich mit großer Wirksamkeit – das Problem der Zerrissenheit der modernen Gesellschaft und des Menschen in dieser Gesellschaft, das dadurch auch zur zentralen Problemstellung für das Bildungsdenken seit dieser Zeit bis heute wird. Zerrissen ist insbesondere die bis dahin selbstverständliche Verbindung von Einzelnem und Welt, sodass ein zentrales Anliegen jeglicher Bildungstheorie seit dem späten 18. Jahrhundert das Problem einer neuerlichen Vermittlung zwischen Einzelnem und Welt wird. Damit ist zugleich die Frage der Integration gestellt. Hegel gilt als letzter großer Entwerfer eines umfassenden Systems, in dem die Bildung des Einzelnen mit der Bildung des Ganzen verquickt ist.

In diesem Sinne weist auch Günter Buck auf die Thematisierung von Entfremdung als einer Traditionslinie hin, die mit der Moderne entsteht:

> „Identität als Ziel der Bildung wird hier Thema auf der Basis einer These, die besagt, dass Identität als lebenspraktische Norm in einem Vorgang der geschichtlichen Selbstentfremdung verloren worden ist. Diese von der deutschen Bildungsphilosophie vorausgesetzte negative Erfahrung ist zum ersten Mal formuliert in Rousseaus Kulturkritik. Und sie ist der Ausgangspunkt einer Tradition, die bei den deutschen Rousseauisten von Schiller bis Marx eine Philosophie der wiederzufindenden Identität erzeugt hat." (156)

Neben dieser geistesgeschichtlichen Entwicklung, auf die sich Günther Buck konzentriert, ist die sozialgeschichtliche Studie von Hans Weil (1967, zuerst 1930) bedeutsam. Weil zeigt in seiner frühen Studie, wie sich im Kontext der „Entstehung des Deutschen Bildungsprinzips" (so der Titel dieser Studie) das Bürgertum und eine bürgerliche Identität konstituieren. Bildung wird in diesem Sinne – zumindest für einen Teil des Bürgertums, das Bildungsbürgertum – zu einer Lebensform, in der ein emphatisches Verhältnis von „Kultur" und Humanität gelebt wird.

Moderne Gesellschaft und Subjektivität im historischen Prozess

DIE MODERNE GESELLSCHAFT:
Prinzipien: Rationalität,
Warentausch, Anonymität
Rechenhaftigkeit etc.

POLITIK (Macht):
Staat,
Partizipation,
Steuerung

ÖKONOMIE (Geld):
Warentausch,
Produktion,
Konsum,
Reproduktion

Politische
Integration
Sozialisation

ökonomische
Sozialisation
Integration

Das
SUBJEKT

Sozialisation
i.e.S.

ästhetische Erf.
Enkulturation
religiöse Erf.
wissenschaftliche
Rationalität
Formen der
Sozialisation im
Grenzbereich von
Individuellem und
Sozialem
Werte

SOZIALES
Pluralisierung
Individualisierung

KULTUR (Sinn)
Kunst, Religion,
Mythos,
Wissenschaft,
Kommunikation

Neuzeit /
Kapitalismus /
Moderne

Forationenprägung
(Kulturgeschichte)

Gattungsgeschichte
des Menschen

Naturgeschichte

Geschichte der Menschheit; formationsspezifische
Ausprägungen des Menschseins (menschliches
Wesen)

Tier-Mensch-Übergangsfeld

ANTHROPOGENESE: Herausbildung menschlichen
Denkens, Fühlens etc. (menschliche Natur)

PHYLOGENESE (des Psychischen)

„Es gibt kein richtiges Leben im falschen." (Theodor W. Adorno)

Dieser oft zitierte Satz aus den „Minima Moralia" von Theodor W. Adorno aus dem Jahr 1951 kann als Zusammenfassung der Entwicklung gelten, die der oben angeführte Punkt 4 anspricht. Günther Buck (1984) sieht, wie viele andere Philosoph*innen, Gesellschaftstheoretiker*innen und Zeitdiagnostiker*innen in dem Problem, das in diesem Satz thematisiert wird, das entscheidende Grundproblem der Moderne. Als ein erster wichtiger Analytiker dieser strukturellen Problematik der modernen Gesellschaft gilt der Schweizer Philosoph Jean-Jacques Rousseau. In seinen beiden berühmten Diskursen („Über die Wissenschaften und die Künste", 1750 und „Über den Ursprung und die Grundlagen der Ungleichheit unter den Menschen", 1755) zeigt er auf, dass die (modernen) Wissenschaften und Künste keineswegs dazu beigetragen hätten, „die Sitten zu läutern" entsprechend der Fragestellung der Akademie von Dijon. Rousseau hat mit dem erstgenannten Diskurs den Preis der Akademie gewonnen. Rousseau wird damit zu einem der ersten und vermutlich prominentesten Zeit- und Kulturkritiker der Moderne und formuliert prägnant den wichtigsten Kritikpunkt: Entfremdung, Entzweiung und Zerrissenheit (vgl. Bollenbeck 2007). Allerdings geht Rousseau weiter, als es Adorno in dem oben genannten Satz formuliert. Denn er stellt nicht nur die Frage, ob in einer entfremdenden Gesellschaft ein nicht-entfremdetes Leben möglich ist, er fragt vielmehr danach, *wie* ein solches Leben trotz widriger Verhältnisse gelingen kann.

Dies ist der Ansatzpunkt für die Interpretation von Günther Buck. Er stellt die These auf, dass Rousseau mit der Schrift „Emile" (1762) eine Antwort auf diese Frage gegeben hat. „Emile" ist in dieser Hinsicht, so Buck, kein Bildungs- oder Erziehungsroman, sondern trotz seiner erzählerischen Form ein konsequenter systematischer Baustein in der philosophischen Architektur von Rousseau. Das Buch gibt daher keine philosophische Begründung für eine pädagogisch verstandene „Bildung", wie es in der Pädagogik rezipiert wurde, sondern es versteht Bildung als philosophischen Grundbegriff, mit dessen Hilfe das Grundproblem der Moderne gelöst werden soll.

Bekanntlich wurde der Lösungsvorschlag von Rousseau nicht von allen akzeptiert. Vielmehr wurde das Grundproblem der Entfremdung zu einer Denkherausforderung für nachfolgende Autoren. Schiller greift es in den „Briefen zur ästhetischen Erziehung" (1795) auf und erklärte es mit dem sich in der Moderne entwickelnden Widerspruch zwischen Sinnlichkeit und Verstand. Sein Lösungsvorschlag ist bis heute aktuell, denn es ist eine ästhetische Praxis, mit der dieser Widerspruch überwunden werden könne, weil sie Sinnlichkeit und Verstand – in der Schillerschen Ästhetikkonzeption – vermittelt. Bei Marx wird es eine nicht entfremdete Arbeit sein, die allerdings im Rahmen der kapitalistischen Wirtschaftsordnung nicht möglich ist.

Bis heute – und sehr stark in der Tradition des Poststrukturalismus und seiner Anhänger*innen – ist das genannte Problem zentral. Es zeigt sich etwa dort, wo man sich im Rahmen einer Moderne-Kritik an Konzeptionen der Vernunft, der Aufklärung, der Selbstbestimmung und Autonomie und insgesamt des Subjekts abarbeitet. Es wird die Möglichkeit der Selbstbestimmung in modernen Gesellschaften infrage gestellt, indem man bei einem „Subjekt" bloß die eine Dimension sieht, die die Etymologie nahelegt: nämlich den Aspekt der Unterwerfung. Konzentrieren sich pädagogische Debatten ausschließlich auf diesen Aspekt, sehen sie den Einzelnen quasi in totalitärer Perspektive ausschließlich in Netzen der Unterwerfung (oder wie bei Adorno in „Verblendungszusammenhängen"), und dies auch in pädagogischen Institutionen wie der Schule, dann wird jede Orientierung an einem Ziel der Selbstbestimmung hinfällig und zur bloßen Ideologie. Pädagogik erhält dann bloß die Aufgabe einer Anpassung an die jeweiligen Verhältnisse. Sie wird zu einer Pädagogik der Kapitulation und der Affirmation.

Doch findet sich bereits bei Michel Foucault, auf den sich viele Autor*innen beziehen, der Hinweis auf die doppelte Bedeutung, die spätestens Kant in seiner Philosophie zeigt: das Subjekt nämlich auch als Tragendes und somit den Menschen als Subjekt in der doppelten Möglichkeit der Unterwerfung und des Empowerments zu verstehen. Es scheint so, dass sich aktuelle poststrukturalistische Debatten heute unter dem neuen Leitbegriff der „Subjektivierung" für diese bereits von Foucault thematisierte Doppeldeutigkeit des Subjektbegriffs öffnen.

Mit Beginn der Neuzeit und der sich entwickelnden modernen Gesellschaft ist eine gravierende Veränderung des Menschenbildes verbunden. Wie oben angeführt herrschte gerade in christlicher Tradition die teleologische Vorstellung einer geradlinigen Entwicklung zu einem vorgegebenen, religiös begründeten Ziel. Dieses Ziel war unstrittig, da ganz so, wie es Charles Taylor immer wieder formuliert hat, bis 1500 eine Alternative zum Katholizismus in Europa nicht denkbar war. Diese Selbstverständlichkeit wird zunächst mit der Entstehung des Protestantismus als weiterer christlicher Konfession und schließlich durch die Entwicklung der modernen Naturwissenschaften infrage gestellt.

Im Hinblick auf das Menschenbild bedeutet dies eine Abkehr von der Vorstellung einer teleologischen Entwicklung hin zu der Überzeugung, ‚dass der Mensch werden müsse, was er ist' (so eine in dieser Zeit aufkommende Formulierung). Pädagogik kann bei diesem Entwicklungsprozess helfen, allerdings ist dieser Prozess ergebnisoffen und kontingent. Basis ist die Vorstellung der Bildsamkeit und Lernfähigkeit. Günther Buck stellt Johann Friedrich Herbart (1776-1841), Pädagoge und Philosoph auf dem Lehrstuhl von Kant in Königsberg, als denjenigen vor, der diesen Gedanken in seinem systematischen Aufbau der Pädagogik als Erziehungswissenschaft in den Mittelpunkt stellt.

Im vorliegenden Text bedeutet dies zum einen, sich auf die Frage nach anthropologischen Grundlagen von Bildungsprozessen einzulassen und zu überlegen, was Bildung mit dem Ziel der Entwicklung von Selbstbestimmung heute bedeuten kann. Dabei muss die berechtigte Klage über gesellschaftliche Verhältnisse berücksichtigt werden, die einer solchen Entwicklung nicht zuträglich sind. An dieser Stelle muss man sich daher sehr viel mehr und vor allem konkreter auf die Analyse gesellschaftlicher Verhältnisse einlassen, als dies in bildungsphilosophischen Diskursen meist geschieht. Es geht dabei um beides: um die Möglichkeiten individueller Entwicklung und die Leitbilder, die diese orientieren können, und um gesellschaftliche Rahmenbedingungen, um Probleme und Herausforderungen, so wie sie bereits Wolfgang Klafki mit seinen „epochal-typischen Schlüsselproblemen" thematisiert hat.

Einige systematische Bestimmungselemente von Bildung

Viele der Grundgedanken, die in den historischen Diskursen über Bildung entwickelt worden sind, sind bis heute in Politik und Praxis wirksam. Ein Beispiel habe ich oben mit der Denkschrift der Bildungskommission (1995) gegeben. Man kann die folgenden Bestimmungsmerkmale eines verbreiteten Verständnisses von Bildung anführen, wobei der Aspekt der Lebensführung zumindest implizit, oft genug aber auch explizit genannt wird:

- Bildung ist gelingendes, aktiv gestaltetes Leben, ist Tätigkeit und Prozess, ist Aneignung und Vergegenständlichung.
- Bildung schließt absichtsvolles Gestalten der eigenen Lebensumstände ausdrücklich mit ein, ist also stets „politische" Bildung.
- Bildung ist gelebte Subjektivität, wenn damit ein Verständnis gemeint ist, das sich während der klassischen deutschen Philosophie entwickelt hat und in dem das Individuum das Aktivitätszentrum des eigenen Lebens ist („Autonomie").
- Bildung schließt daher „verallgemeinerte Handlungsfähigkeit" im Sinne von Klaus Holzkamp (1983) ein, bei der im Gegensatz zur „restringierten Handlungsfähigkeit" (die eine Lebensbewältigung bloß im Rahmen gegebener Handlungsbedingungen meint) auch Einfluss auf die Handlungsbedingungen selbst genommen wird.

- Bildung ist ein Ganzheitsbegriff, der alle Dimensionen von Menschsein, die geistige und die tätige, die kognitive und die emotionale, die materielle und die spirituelle Dimension einbezieht.
- Bildung ist im Anschluss an Comenius (in der Reformulierung von Wolfgang Klafki) Bildung in allem, für alle und findet im Medium des Allgemeinen statt.
- Bildung schließt die Herstellung eines bewussten Verhältnisses zu sich selbst, zur eigenen Vergangenheit und Zukunft, zur natürlichen und gesellschaftlichen Umwelt ein, Bildung bedeutet die Entwicklung und Transformation von Welt- und Selbstverhältnissen.
- Bildung ist als lebenslanger Prozess niemals abgeschlossen.

Insofern sich Bildung auf gesellschaftliche Herausforderungen und auf die Bewältigung individueller Widerfahrnisse bezieht, ist sie einem ständigen Wandel unterworfen. Man diskutiert dies in aktuellen Bildungstheorien als „transformatorische Bildung“ (etwa Koller 2018), wobei zugleich überlegt wird, dass nicht jede Transformation auch als Bildungsprozess verstanden werden kann. Bildung ist keine unreflektierte Reaktion auf äußere Veränderungen, sondern ein (selbst-) reflexiver Prozess, der sich an – ebenfalls zu reflektierenden – Normen orientiert.

Bereits Pestalozzi sprach davon, dass der Mensch ein Werk der Natur, ein Werk der Gesellschaft und des Geschlechts und ein Werk seiner selbst sei. Interessanterweise übernimmt der Psychologe und Pädagoge Helmut Fend in seiner Entwicklungspsychologie des Jugendalters (2000) diese These als Gliederungsstruktur für sein Werk: Jugend als Werk der Natur – die Suche nach dem inneren Entwicklungsprogramm; Jugend als Werk der Gesellschaft und schließlich der Jugendliche als Werk seiner selbst.

Die Ontogenese und die Entwicklung des Jugendlichen ist dabei keineswegs ein harmonischer und kontinuierlich ablaufender Prozess. Es geht zum einen um die Bewältigung von Entwicklungsaufgaben und zum anderen um Widerfahrnisse und gesellschaftliche Risiken. Der einzelne Mensch ist dabei eingebettet in ein System von Sozialisations-, Erziehungs- und Bildungsinstitutionen, sodass es sinnvoll erscheint, die Mikroebene des Aufwachsens, der Ontogenese und der Biografie, die Mesoebene entsprechender Institutionen und die Makroebene der politischen Steuerung des Bildungssystems und insgesamt der Rahmenbedingungen des Aufwachsens auch in bildungstheoretischen Erwägungen mit zu berücksichtigen.

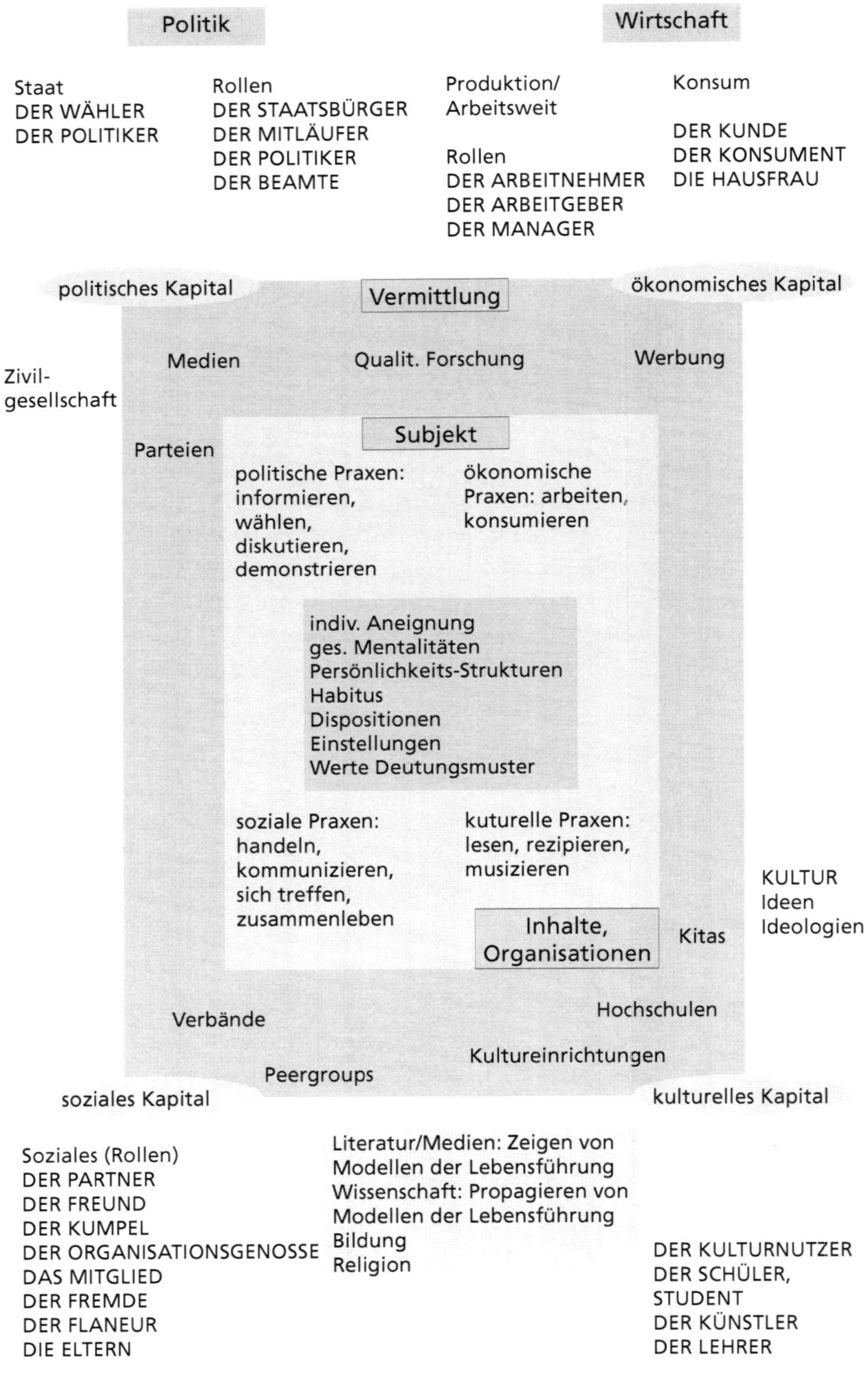

Politik

Staat
DER WÄHLER
DER POLITIKER

Rollen
DER STAATSBÜRGER
DER MITLÄUFER
DER POLITIKER
DER BEAMTE

Wirtschaft

Produktion/
Arbeitsweit

Rollen
DER ARBEITNEHMER
DER ARBEITGEBER
DER MANAGER

Konsum

DER KUNDE
DER KONSUMENT
DIE HAUSFRAU

politisches Kapital

Vermittlung

ökonomisches Kapital

Zivil-
gesellschaft

Medien

Qualit. Forschung

Werbung

Parteien

Subjekt

politische Praxen:
informieren,
wählen,
diskutieren,
demonstrieren

ökonomische
Praxen: arbeiten,
konsumieren

indiv. Aneignung
ges. Mentalitäten
Persönlichkeits-Strukturen
Habitus
Dispositionen
Einstellungen
Werte Deutungsmuster

soziale Praxen:
handeln,
kommunizieren,
sich treffen,
zusammenleben

kuturelle Praxen:
lesen, rezipieren,
musizieren

Inhalte,
Organisationen

Kitas

KULTUR
Ideen
Ideologien

Verbände

Hochschulen

Kultureinrichtungen

Peergroups

soziales Kapital

kulturelles Kapital

Soziales (Rollen)
DER PARTNER
DER FREUND
DER KUMPEL
DER ORGANISATIONSGENOSSE
DAS MITGLIED
DER FREMDE
DER FLANEUR
DIE ELTERN

Literatur/Medien: Zeigen von
Modellen der Lebensführung
Wissenschaft: Propagieren von
Modellen der Lebensführung
Bildung
Religion

DER KULTURNUTZER
DER SCHÜLER,
STUDENT
DER KÜNSTLER
DER LEHRER

Es geht also um die Entwicklung und Transformation von Welt- und Selbstverhältnissen, wobei unter Entwicklung keineswegs ein linear ablaufender zielorientierter Prozess zu verstehen ist. Es ist mit Brüchen und Rückschlägen zu rechnen und es ist zu berücksichtigen, dass der Mensch in seinem lernenden Verhältnis zu sich und zur Welt auch einmal Erlerntes verlernen muss, weil das sich als untauglich bei der Lebensbewältigung herausstellt. Man diskutiert dies heute unter den Begriffen der Kontingenz, der Relationalität, der Historizität und der Kontextualität.

„Bildung" – Ein Beispiel für Eurozentrismus und einen europäischen Sonderweg?

In den Hinweisen zur historischen Entwicklung des Bildungsdenkens wurden Philosophen des griechischen Altertums genannt, es wurde die Renaissance mit dem Renaissance-Humanismus als länderübergreifende europäische Epoche erwähnt und nicht zuletzt wurden mit Wissenschaftler*innen wie John Dewey, Johan Galtung oder Pierre Bourdieu Intellektuelle aus unterschiedlichen westlichen Ländern als relevant bei Fragen der Bildungstheorie genannt.

Dies deckt sich weitgehend mit der Liste von Intellektuellen, die Markus Rieger-Ladich in „Bildungstheorien zur Einführung" (2020) anführt: Er geht aus von Platon, referiert Meister Eckhart und Giovanni Pico della Mirandola sowie Michel de Montaigne und gelangt schließlich zu Wilhelm von Humboldt und Friedrich Schleiermacher. Er geht zudem auf Max Horkheimer, Theodor W. Adorno und Heinz-Joachim Heydorn ein. Auch mit der Nennung von Pierre Bourdieu, Jacques Rancière, Michel Foucault und Judith Butler verlässt er nicht das westliche Denken. Es geht offenbar um einen „Sonderweg im europäischen Kulturraum", so der Untertitel in der Geschichte des Bildungswesens von Helmut Fend (2006) und vielleicht sogar um den „Lehrplan des Abendlandes", so wie ihn Josef Dolch (1971) über 2500 Jahre verfolgt hat. Der Blick der Bildungsforschung scheint also auf Europa oder den Westen konzentriert zu sein. Berücksichtigt man ferner die Studien von Christel Adick (etwa in Wulf/Merkel 2002, 45 ff.), denen zufolge Schule überall, wo sie entsteht, ähnliche Strukturen entwickelt – und diese Strukturen sind die Strukturen der europäischen Schule –, dann liegt der Verdacht eines Eurozentrismus nahe.

In der Tat kann man feststellen, dass sich Diskurse, die sich explizit mit „Bildung" befassen, wesentlich auf den deutschsprachigen Bereich beziehen. Es ist bekannt, dass das deutsche Wort „Bildung" kaum in andere Sprachen übersetzt werden kann. Insbesondere sind international gebräuchliche Begriffe wie education oder formation inhaltlich wenig identisch mit den Fragestellungen, mit denen sich die deutschsprachige Bildungsphilosophie und Bildungstheorie befassen. So sprechen wohlweislich Christoph Wulf und Christine Merkel als Herausgeber*innen einer Textsammlung, die sich mit „Globalisierung als Herausforderung der Erziehung" (2002) befasst, von „Erziehung" und nicht von „Bildung", obwohl der englischsprachige Titel der Reihe, in der dieses Buch erschienen ist, nämlich European Studies in Education im Deutschen „Europäische Studien zur Erziehung und Bildung" heißt. Markus Rieger-Ladich erweitert allerdings den Kreis der oben genannten Autor*innen um zwei wichtige Wissenschaftler*innen: Zum einen referiert er die Arbeiten des in Jamaika geborenen Stuart Hall, der aufgrund seiner Hautfarbe und Herkunft „als das dunkelhäutigste Kind schon früh mit den unterschiedlichsten Spielarten von Rassismus und Kolonialismus konfrontiert" wurde (126). Und er geht auf die Arbeiten der indischen Vertreterin des Postkolonialismus, Gayatri Chakrabarty Spivak ein, die ebenfalls in einem Land aufgewachsen ist, das unter englischer Kolonialherrschaft stand. Beide befassen sich ebenso wie andere der genannten Autor*innen wie etwa Pierre Bourdieu, Michel Foucault, Theodor W. Adorno, Max Horkheimer schwerpunktmäßig mit gesellschaftlichen Rahmenbedingungen von Bildungs- und Erziehungsprozessen, mit Fragen der Macht und mit staatlichen Versuchen der Unterwerfung. Sie setzen sich damit auseinander, in welcher Weise es möglich ist, in einem als repressiv zu verstehenden Bildungssystem Wissen und Haltungen zu erwerben, die notwendig für widerständiges Verhalten sind.

Spätestens an dieser Stelle findet man einen Anschluss an emanzipatorische Erörterungen aus dem europäischen Raum, bei denen es um Mündigkeit und Selbstbestimmung, um individuelle Freiheit und die Entwicklung von Handlungsfähigkeit geht. Man muss also nicht explizit den Bildungsbegriff verwenden, um dessen primäres Anliegen aufzugreifen. Dies gilt auch für internationale Regelsysteme wie die unterschiedlichen Konventionen zu den Menschenrechten oder aktuell für die 17 Ziele einer nachhaltigen Entwicklung.

In einer neueren Publikation der UNESCO „Bildung überdenken. Ein globales Gemeingut?" heißt es:

> „Bildung in einer Welt der Vielfalt neu überdenken
>
> Der Zweck der Bildung muss somit unter dem Aspekt einer neuen Vision von nachhaltiger menschlicher und sozialer Entwicklung, die sowohl gerecht als auch praktikabel ist, neu überdacht werden. Diese Vision von Nachhaltigkeit muss die sozialen, ökologischen und ökonomischen Dimensionen menschlicher Entwicklung wie auch deren verschiedene Bezüge zur Bildung einbeziehen: ‚Eine befähigende Bildung ist eine Bildung, die jene menschlichen Ressourcen fördert, die wir brauchen, um produktiv zu

sein, um mehr zu lernen, um Probleme zu lösen, um kreativ zu sein und um miteinander und mit der Natur in Frieden und Harmonie zusammen zu leben. Wenn Länder sicherstellen, dass eine solche Bildung allen Menschen lebenslang zur Verfügung steht, dann kommt eine stille Revolution in Gang: Bildung wird zum Motor nachhaltiger Entwicklung und zum Schlüssel einer besseren Welt.‘ (C. Power)

Bildung kann und muss zu einer neuen Vision von nachhaltiger globaler Entwicklung werden." (Deutsche UNESCO-Kommission 2016, 35)

10. Der Mensch als Natur- und Kulturwesen: Anthropologische und kulturphilosophische Grundlagen

Überblick

Der Mensch ist das einzige Lebewesen, das über sich selbst nachdenken kann. Damit ist ein Spezifikum des Menschen beschrieben, über das sich viele Philosoph*innen und Wissenschaftler*innen einig sind. Dieses Nachdenken über sich selbst hat eine lange Geschichte und begleitet die Geschichte der Menschwerdung, seit der Mensch begonnen hat, seine Umwelt und sich selbst zu ergründen, um sein Überleben zu sichern. Allerdings ist diese Geschichte widersprüchlich. So finden sich zahlreiche Mythen, die die Menschwerdung erklären. Es finden sich religiöse und philosophische Spekulationen darüber, wie der Mensch auf die Welt gekommen ist. Und es gibt im Zuge der Entstehung rationaler Wissenschaften zahlreiche Forschungen, die sich mit der Frage der Menschwerdung befassen. Unterschiedliche Disziplinen neben der Philosophie und den Religionen sind an dieser Fragestellung interessiert. Willi Oelmüller (Oelmüller/Dölle-Oelmüller/Geyer 1990, 9) schreibt:

> „Philosophische Diskurse über den Menschen sind da möglich und notwendig, wo Selbstverständlichkeiten fragwürdig werden und wo Menschen in solchen Situationen den schwierigen und sehr voraussetzungsreichen Versuch unternehmen, angesichts ihrer bedrückenden und oder beglückenden Erfahrungen mit Gründen und Argumenten danach zu fragen, wer sie sind und was der Mensch ist. Sehr voraussetzungsreich sind solche philosophischen Diskurse, weil sie Distanz voraussetzen zum unmittelbaren Handeln und Leiden sowie Muße zum Betrachten dessen, was Staunen und Erschrecken hervorruft."

Oelmüller unterscheidet drei unterschiedliche Wege, sich mit dieser Fragestellung zu befassen: Erfahrungen der alltäglichen Lebenswelt, Mythen und Religionen sowie Künste und Literatur, Erkenntnisse von philosophischen Anthropologien und der modernen Wissenschaften vom Menschen (9 f.). Das von ihm mitherausgegebene Buch befasst sich mit dem philosophischen Diskurs über den Menschen (es bezieht sich ausschließlich auf europäisch-westliche Traditionen) und unterscheidet drei „Erfahrungshorizonte", nämlich Gott, Natur und Kultur, in die er die vorgestellten philosophischen Auseinandersetzungen einordnet. Erfahrungshorizonte

> „sind mehr oder weniger bewusste geschichtliche Apriori, d.h. Bedingungen der Möglichkeit von philosophischen Diskursen, die man in angebbaren mit-

tel- oder langfristigem raum-zeitlichen Zusammenhängen unterstellen kann, wenn man sich mit den Lebensformen und Verhaltensweisen der Menschen, mit ihren sozialen Institutionen und mit ihrer letzten Wirklichkeitsannahmen, Handlungsorientierungen und Möglichkeiten der Bewältigung von Leiden und Widerfahrnissen auseinandersetzt." (13)

Damit unterscheidet sich dieser Ansatz wesentlich von rein ideengeschichtlichen Darstellungen, die soziale, kulturelle und politische Kontexte nicht einbeziehen. Interessant ist, dass die drei genannten Erfahrungshorizonte Gott, Natur und Kultur keine zeitliche Abfolge darstellen, sondern Oelmüller findet diese Orientierungen in allen historischen Epochen.

Allerdings erlebt ein solches Nachdenken über die „Natur" oder das „Wesen" des Menschen unterschiedliche Konjunkturen. Kritiker (wie etwa Karl Marx) monierten das spekulative und oft ideologische und weltanschaulich geprägte Verständnis des Menschen in vielen Konzeptionen. In den 1920er Jahren erlebte die philosophische Anthropologie mit Max Scheler, Helmuth Plessner und später Arnold Gehlen einen Aufbruch, der auch dadurch zustande kam, dass insbesondere Plessner und Gehlen aufgrund der dynamischen Entwicklung von Lebenswissenschaften wie der Biologie, von der die beiden Philosophen profunde Kenntnisse hatten (Plessner studierte bei dem zu seiner Zeit renommiertesten Biologen), diese wissenschaftlichen Kenntnisse ihrer Zeit in ihre philosophischen Überlegungen einbezogen.

Einige Jahrzehnte später kann der Erziehungswissenschaftler Christoph Wulf (2004) schreiben:

> „In fast allen Wissenschaften spielen anthropologische Fragen eine wichtige Rolle. In vielen Fächern der Geistes- und Sozialwissenschaften, der Kultur- und Naturwissenschaften ist sogar von einer anthropologischen Wende die Rede. Mit einer solchen Ausrichtung sind verschiedene Erwartungen verknüpft. In einigen Fällen werden neue Fragen und Probleme entdeckt, in anderen wird fragmentarisches Wissen auf größere Problem- und Sinnzusammenhänge bezogen; dann erhofft man sich Orientierungshilfen angesichts normativer und inhaltlicher Verunsicherung. So heterogen die Erwartungen an Anthropologie sind, so unterschiedlich sind die Vorstellungen davon, was unter Anthropologie zu verstehen ist." (7)

In der Folge stellt Wulf unterschiedliche Ansätze anthropologischen Denkens vor, nämlich neben der genannten philosophischen Anthropologie die Untersuchung der Menschwerdung (Hominisation), die historische Anthropologie, die Kulturanthropologie und die Anthropologie in der Geschichtswissenschaft. 30 Jahre früher hat der Philosoph Hans Georg Gadamer bereits zusammen mit Paul Vogler (1974) unter dem Titel „Neue Anthropologie" in sieben Bänden neben der philosophischen und biologischen Anthropologie auch die psychologische, die Sozial- und die Kulturanthropologie darstellt. Inzwischen gibt es Bereichsanthropologien aller menschlichen Ausdrucksformen und Dimensionen, etwa eine Anthropologie der Künste, der Politik, des Wirtschaftens, der Sprache oder der Technik (siehe etwa Bohlken/Thies 2009).

Sinnvoll ist es, drei Entwicklungsetappentappen zu unterscheiden: die *Phylogenese* des Menschen, also die Naturgeschichte der Menschwerdung (Parzinger 2015, Henke/Rothe 2003), die *Kulturgeschichte* des Menschen, also diejenige Zeit, in der der Mensch anfängt, „seine Geschichte selbst zu machen" (so Karl Marx und Friedrich Engels), und die *Ontogenese*, also die Entwicklung des einzelnen Menschen. Die Betrachtung der Ontogenese ist deshalb notwendig, weil nur über den Einzelnen die Entwicklung der Gattung Mensch zu verstehen ist (so ausführlich Dux 2000, aber auch Gabriel 2022).

In besonderer Weise ist in aktuellen Schriften zur Anthropologie das Thema relevant, in welcher Weise sich das Verhältnis Mensch-Natur gestaltet. So spielt die Kritik an einer (modernen westlichen) Denkweise eine wichtige Rolle, die den Menschen in den Mittelpunkt des Denkens und Handelns stellt, was oft mit der Überzeugung verbunden ist, dass der Mensch kein Teil der Natur ist, sondern dieser gegenübersteht. Im Hinblick auf den Umgang mit der Umwelt bedeutet dies letztlich, dass man die Aufforderung der Bibel: „Macht euch die Erde untertan!" allzu wörtlich nimmt (vgl. Fuchs 2023). Aus diesem Grund bemühen sich aktuelle anthropologische Ansätze um den Nachweis, dass der Mensch zwar ein Kulturwesen ist, das über wesentliche Gestaltungskompetenzen verfügt, das aber auch ein Teil der Natur ist, was zur Folge hat, dass der Mensch letztlich mit der Zerstörung der Natur auch eine Selbstzerstörung betreibt.

Wolfgang Welsch hat in den vergangenen Jahren umfangreiche Studien vorgelegt, mit denen er die These „Wir sind von dieser Welt" begründen will (Welsch 2012, 11). Es geht um die stärkere Einbeziehung evolutionären Denkens in die Philosophie. In erkenntnistheoretischer Hinsicht wendet sich dieser Ansatz gegen den Radikalen Konstruktivismus und seine These, dass wir die wirkliche Welt nicht erkennen können, sondern es immer nur mit subjektiven, sozialen und kulturellen Konstruktionen zu tun haben. Dagegen ist zu zeigen, dass „der Mensch, im Zuge der Evolution entstanden, (…) mit den anderen Produkten dieser Evolution vieles, wenn nicht gar alles gemeinsam" hat (ebd.). Diese evolutionäre Prägung des Menschen (so Welsch 2012a, 81 ff.) ist in jeder der Artikulationsformen des Menschen zu belegen und insbesondere ist die „Welthaltigkeit humaner Kognition" (Welsch 2012a, 106 ff.) nachzuweisen.

Dieser Ansatz stimmt im Grundsatz mit den Überlegungen des Bonner Philosophen Markus Gabriel überein, der die Möglichkeit der Erkenntnis der Welt damit begründet, dass der Mensch aus dieser Welt stammt und es damit keinen grundsätzlichen Gegensatz von Natur und Kultur geben kann: Wir sind (einschließlich unseres Geistes) Naturwesen, weil wir aus dieser Welt stammen.

Günter Dux (2013, 38 f.) beschreibt dies wie folgt (und begründet es ausführlich in Dux 2000):

> „Man könnte es als einen Geniestreich der Evolution ansehen, einen Verlauf genommen zu haben, in dem sich die biologischen Grundlagen von Denken und Sprache auszubilden vermochten. Durch sie wurde der Mensch instandgesetzt, auf einer gegen die biologische Verfasstheit abgesetzten symbolischen Ebene von Zeichen die Praxisformen seiner Lebensführung erst selbst zu schaffen. Exakt das ist es, was in jeder Ontogenese neu geschieht. Der Bildungsprozess der geistigen und praktischen Lebensformen wird von jedem nachkommenden Gattungsmitglied neu in Gang gesetzt."

Michael Tomasello vom Max-Planck-Institut für evolutionäre Anthropologie in Leipzig verweist auf zwei weitere Besonderheiten menschlicher Lebensformen:

> „Es gibt aber auch zwei deutlich erkennbare Besonderheiten der menschlichen Kultur, die sie qualitativ einmalig machen. Die erste ist die sogenannte kumulative kulturelle Evolution. Menschliche Artefakte und Verhaltensweisen nehmen im Lauf der Zeit an Komplexität zu (…). Ein Individuum erfindet ein Artefakt oder eine Vorgehensweise, um eine bestimmte Aufgabe zu lösen, und andere erlernen sie in Kürze. Wenn dann ein weiteres Individuum eine Verbesserung erfindet, übernehmen wiederum in der Regel alle, einschließlich heranwachsender Kinder, die neue verbesserte Version. Dies führt zu einer Art kulturellem Wagenhebereffekt, bei dem jede Version einer Vorgehensweise so lange im Repertoire der Gruppe erhalten bleibt, bis jemand etwas Neues und Besseres erfindet (…).

Die zweite Besonderheit der menschlichen Kultur, die sie als einzigartig kennzeichnet, ist die Schaffung sozialer Institutionen. Soziale Institutionen bestehen aus einer Reihe von Verhaltensweisen, die durch verschiedene, wechselseitig anerkannte Normen und Regeln bestimmt werden (…).

Beide genannten Besonderheiten der menschlichen Kultur (…) basieren auf einer Reihe von artspezifischen Fähigkeiten und Motivation zu Kooperationen (...). Ausgestattet mit einer speziellen Art der kulturellen Intelligenz, die artspezifische sozial-kognitive Fähigkeiten und Motivationen zur Zusammenarbeit, Kommunikation, sozialem Lernen und anderen Formen der geteilten Intentionalität umfasst, können Kinder im Lauf ihres Heranwachsens zunehmend an diesem kooperativen Gruppendenken teilhaben. Diese spezifischen Fähigkeiten entstanden durch Schaffung kultureller Nischen und der damit verbundenen Ko-Evolution von Genen und Kultur“ (Tomasello 2010, 9 ff.).

In diesem Zitat wird zum einen die These von der basalen Bedeutung individueller Entwicklung für die Erhaltung und Weiterentwicklung der Gattung deutlich, es wird das pädagogisch hochrelevante Thema der Möglichkeit des Lernens hervorgehoben, wobei das im Mittelpunkt der Historischen Anthropologie immer wieder betonte mimetische und performative Lernen zentral ist (vgl. etwa Wulf 2004, 156 ff.).

Neu in der philosophischen Diskussion ist diese Ansicht nicht, doch ist es offenbar notwendig, immer wieder daran zu erinnern. So argumentieren bereits die drei oben genannten philosophischen Anthropologen der 1920er Jahre in diesem Sinne und es erneuerte der Philosoph Walter Schulz (1979) in seinem Buch „Ich und Welt“ diesen Ansatz: Der Mensch ist Teil der Welt. Er fügte aber hinzu – und dies unterstreicht den Doppelcharakter des Menschen als Natur- und Kulturwesen –, dass der Mensch nicht in dem natürlichen Zusammenhang aufgeht:

> „Das Ich begreift sich als zur Welt gehörend und kann sich doch nie endgültig in der Welt einrichten. Sein Weltbezug ist durch zwei *Tendenzen* bestimmt. Die eine Tendenz geht darauf, die Subjektivität als ein Weltstück nach Art des Vorhandenen zu begreifen. Es ist in der Subjektivität selbst angelegt, sich an die Objekte zu halten, d.h. sich an ihnen zu orientieren und diese *und* sich selbst objektiv zu erfassen. Dieser Grundzug ist ebenso legitim wie der entgegengesetzte, sich von der Welt zu lösen. Die Tendenz zur Weltlosigkeit vollzieht sich in einem Gedankenexperiment, das nie reale Erfüllung findet. Aber dies Experiment bezeugt die Möglichkeit eines *problematisierenden Denkens*, das nicht zum Abschluss kommt, weil die Subjektivität das welthaft Seiende und sich selbst infinit zu reflektieren vermag.“ (9)

Dieser Umstand ist die Ursache für die nicht nachlassenden philosophischen Reflexionen darüber, was der Mensch eigentlich ist. Der Mensch hat offenbar die Möglichkeit, sich als außerhalb der Welt befindlich zu betrachten. In gewisser Weise steckt hinter dieser Konzeption eine Grundfähigkeit des Menschen, nämlich (virtuell) in Distanz zu sich zu treten und sich selbst zum Gegenstand von Reflexionen zu machen. Diese Reflexionen können zwar auch in die Irre führen, aber sie gehören zu der Grundfähigkeit des Menschen. Dies hat insbesondere Helmuth Plessner (1974) mit seinem Konzept der „exzentrischen Positionalität“ zum Ausdruck gebracht: Der Mensch ist als einziges Lebewesen zu einer distanzierten Selbstreflexion in der Lage.

In der Realgeschichte der Menschwerdung hat man in den vergangenen Jahrzehnten erhebliche Erkenntnisfortschritte erzielen können. Zum einen wurden diese Fortschritte durch neue Funde erreicht. Solche Funde zeigen, dass man bei der zeitlichen Festlegung der unterschiedlichen Stufen der menschlichen Entwicklung aus identifizierbaren Vorformen ausgesprochen vorsichtig sein muss. So galt lange Jahre „Omo 1“, der 1967 in Äthiopien gefunden wurde, mit einem Alter von 200.000 Jahren als erster Vertreter des Homo Sapiens. Dann machte allerdings vor wenigen Jahren der Fund eines ähnlichen Typus in Marokko Furore, dessen Alter auf 315.000 Jahre geschätzt wurde. Hierbei spielen auch neue wissenschaftlich-technische Möglichkeiten eine Rolle, zu präziseren Altersangaben zu kommen.

Ich will an dieser Stelle auf eine Skizze der unterschiedlichen Etappen der Menschwerdung verzichten, zumal es leicht zugängliche Darstellungen bis hin zu einem akzeptablen Artikel bei Wikipedia dazu gibt (siehe etwa Fuchs 2023). Allerdings kann man – wie bereits in den oben wiedergegebenen Zitaten etwa von Tomasello, Dux oder Parzinger gesehen werden kann – einige unstrittige Erkenntnisse angeben. So ist als erstes das *Prinzip der Aneignung und Vergegenständlichung* zu nennen, so wie es in dem Zitat von Tomasello beschrieben wird: Der Mensch ist in der Lage, Gegenstände herzustellen, die für sein Überleben notwendig sind. Diese Gegenstände sind verkörperte Kompetenzen und Fähigkeiten des Menschen (man spricht auch von „steinernen Begriffen“). Bei der Verwendung dieser Gegenstände eignet man sich das in ihnen verkörperte geistige Prinzip an.

Auf diese Weise – und dies ist ein zweites Prinzip menschlicher Entwicklung – entsteht eine *kumulative Entwicklung*, da nicht jede neue Generation wieder am Nullpunkt anfangen muss, sondern an die Fähigkeiten der vorangegangenen Generation anknüpfen kann. Der Mensch wird in eine bereits gestaltete Umgebung hinein geboren, sodass er sich in einem Prozess – wie man heute sagen könnte – des informellen Lernens mentale Grundstrukturen seiner Gemeinschaft aneignen und auf diesen aufbauen kann. Lange Zeit galt der Gebrauch des Werkzeugs als Spezifikum des Menschen, bis man entdeckte, dass auch andere Tiere Werkzeuge verwenden. Spezifisch für den Menschen ist allerdings, dass er nicht bloß solche Werkzeuge bewusst herstellen kann, sondern dass er solche *Werkzeuge herstellt, die für einen erst zukünftigen, also in der Gegenwart noch gar nicht relevanten Bedarf gedacht* sind. Damit kommt die Perspektive der Zeitlichkeit ins Spiel, dass nämlich der Mensch in der Lage ist, Begriffe von Zeit zu entwickeln, und dies insbesondere im Hinblick auf die Endlichkeit seines Lebens. Ein weiteres Merkmal des Menschen ist seine *Fähigkeit des Lernens*. Dieses Potenzial ist auch deshalb notwendig, weil er ohne besondere Überlebensfähigkeiten auf die Welt kommt:

> „Der evolutionäre Erfolg der Gattung Homo, deren Vertreter körperlich weder zu schneller Flucht noch zu großer Körperkraft befähigt und somit im Vergleich zu anderen Säugern nahezu wehrlos waren, kann nur dann richtig verstanden werden, wenn wir ihnen besondere kognitive Fähigkeiten zuerkennen. Nur so konnten sie im neuartigen Lebensraum zahlreiche Bedrohungen abwehren und den harten Wettbewerb um Nahrungsressourcen bestehen. Homo überlebte – im Gegensatz zum Spezialisten *Paranthropus* – als Generalist, d.h. als eine Form, die das breite Nahrungsspektrum der Savanne einschließlich des reichhaltigen Angebots fleischlicher Nahrung nutzte.“ (Henke/Rothe 2003, 38)

Wesentlich war die Vergrößerung des Hirns verbunden mit der Entwicklung der Fähigkeit zu aufrechtem Gang. Durch den aufrechten Gang wurden seine Hände als universelle Werkzeuge für die unterschiedlichsten Beschäftigungen frei, wobei die Relevanz der Auge-Hand-Koordination für diese dynamische Entwicklung schon lange bekannt ist (siehe Lerois-Gourhan 1980).

Die oben erwähnte „exzentrische Positionalität“ (Plessner) ist zudem die Basis dafür, dass der Mensch eine reflexive (und nicht bloß instinktgesteuerte) Lebensführung realisieren kann. Mit dieser Form der Lebensführung ist verbunden, dass der Mensch nicht nur viele Entscheidungsmöglichkeiten (Freiheit) hat, sondern dass er geradezu jeweils zur Entscheidung gezwungen ist: Er kann sich nicht nur, er muss sich ständig entscheiden. Bewusste Lebensführung heißt in diesem Sinne *selbstbestimmte Lebensführung*, sodass Selbstbestimmung zu den zentralen Charakteristiken menschlichen Lebens gehört (Gerhardt 1999). Diese Charakterisierung ist keine willkürliche Setzung, sondern ergibt sich quasi zwangsläufig aus der Natur- und Kulturgeschichte des Menschen. Dux (2013, 53 ff.) spricht daher von einer *konstruktiv geschaffenen Lebensform*:

> „Unter dieser Lebensform bleibt es nicht bei einer reflexiven Form der Lebensführung, durch die das Subjekt sich Wissen von der Welt verschafft, sich seines Handlungsvermögens vergewissert, ein Bewusstsein erwirbt, dass sein Handeln etwas ausrichten zu können in der Welt, Ziele zu setzen, Ziele zu verfolgen und zu erreichen oder was man sonst an praktischen Fertigkeiten nennen mag – die Reflexivität des Subjekts richtet sich in der Weise auf sich selbst, dass das Subjekt sich seiner Stellung im Universum zu vergewissern sucht. Wer bin ich? Wie muss ich mein Leben führen, wenn ich der oder die bin, der oder die sein will.“ (66)

In Verteidigung des Menschen (Thomas Fuchs)

Eike Bohlken und Christian Thies (2009) beginnen ihr „Handbuch Anthropologie" mit den Worten:

> „Das Wissen über uns Menschen hat sich in den letzten Jahren exponentiell erweitert, und verschiedene natur-, kultur- oder sozialwissenschaftlich ausgerichtete Ansätze konkurrieren um die Deutungshoheit im Feld der Anthropologie als der Lehre vom Menschen." (VII)

Ist alleine diese neue Unübersichtlichkeit Grund genug für ein systematisierendes Handbuch, so gibt es noch einen weiteren Grund:

> „Manche meinen sogar, dass sich in der heutigen hypertechnischen Zivilisation das Menschsein selber ändert." (ebd.)

Genau dies ist der Grund für den Philosophen, Phänomenologen und Psychiater Thomas Fuchs (2020), ein Buch unter dem in der Überschrift genannten Titel zu schreiben. Zwar benennt er „eine lange Tradition, die Menschheit selbst auf die Anklagebank zu bringen, sie der Maßlosigkeit, Gier, Hybris oder Niedertracht zu bezichtigen, ihr die Schrecken des Krieges oder die Zerstörung des Planeten anzulasten." (7) Doch damit nicht genug: „Neuerdings häufen sich sogar Äußerungen, wonach es für die Erde das Beste sei, wenn sie sich von ihrem ‚Schimmelüberzug' befreien könnte, wie Schopenhauer die Menschheit einmal titulierte. Homo sapiens habe seine Vormachtstellung missbraucht und es daher nur verdient, durch einen Zusammenbruch des Ökosystems oder andere Katastrophen unterzugehen – oder aber einer überlegenen künstlichen Superintelligenz Platz zu machen." (ebd.)

Thomas Fuchs wendet sich in seiner Schrift gegen Ansätze, die im Namen eines technischen Transhumanismus, der Neurowissenschaften oder der künstlichen Intelligenz Zukunftsszenarien entwerfen, in denen der Mensch keine Rolle mehr spielen soll. Solche Zukunftsszenarien findet er etwa in dem Bestseller des Historikers Yuval Noah Harari („Homo Deo" 2017), der empfehle, sich jetzt schon der künstlichen Intelligenz und den Algorithmen zu überantworten, da diese bessere Antworten auf die Probleme unserer Zeit hätten als wir selbst. Thomas Fuchs wendet sich gegen einen solchen Szientismus und plädiert für die deutliche Berücksichtigung der leiblichen Dimension des Menschen („Personen sind keine Programme", „Programme sind keine Personen"; 35).

In vergleichbarer Weise wendet sich der Philosoph Daniel Martin Feige (2022) gegen ein eindimensionales Verständnis von Rationalität:

> „Positiv formuliert lautet das Ziel des Buches, einen Begriff des Menschen zu formulieren, der als dessen Spezifikum anerkennt, dass er sich in selbst-

> bewusster Weise dadurch, dass er durch Gründe ansprechbar ist, zu dem macht, als was er sich verstanden hat. Dabei soll zugleich der Gedanke entwickelt werden, dass in unserer Rationalität etwas wirksam ist, was nicht selbst restlos in Begriffen der Rationalität zu fassen ist. Wenn der Mensch das rationale Lebewesen ist und wenn Rationalität dabei nicht einfach formal als Ansprechbarkeit durch Gründe bestimmt wird, sondern so, dass diese wesentlich mit Verständnis dessen, was wir sind, einhergeht, so lässt sich der Mensch zugleich als konstitutiv *geschichtliches* Wesen begreifen. Eine ausgezeichnete Form, in der wir uns in unserer ambivalenten Konstitution selbst thematisieren, ist im Gefolge der Moderne die Kunst.“ (13)

Und weiter:

> „Die Kunst ist deshalb relevant für die Grundlage der Anthropologie, weil in ihr meines Erachtens besonders und in besonderer Weise deutlich wird, was wir sind: In ihr scheint eine *andere Natur* unseres Selbst derart auf, dass in ihr *ein Anderes* gegenüber einer herkömmlich verstandenen Natur des Menschen aufscheint.“ (13 f.)

Dass die Künste oder generell eine ästhetische Gestaltung nicht bloß bei der aktuellen Selbstdefinition des Menschen eine Rolle spielen, sondern auch schon bei der Entstehung des Menschen relevant waren, zeigen einige Entwürfe zur Anthropologie der Künste. So zeigt Eckart Neumann (1996), dass die Fähigkeit zur ästhetischen Expressivität in dem Moment überlebenswichtig wurde, wo der Mensch eine Bewusstheit gegenüber seiner Umwelt und insbesondere im Hinblick auf die Gefahren in dieser Umwelt entwickelte. Ästhetische Expressivität war hier die Möglichkeit, diese Gefühle der Angst und der Bedrohung zu artikulieren und sie damit auch in einem sozialen Zusammenhang kommunizierbar zu machen. Eine andere Überlegung geht auf Ellen Dissanayake (2002) zurück, die die These vertritt, dass mithilfe einer ästhetischen Gestaltung von Alltagsgegenständen diese in ihrer Bedeutsamkeit für das Überleben hervorgehoben worden seien.

An dieser Stelle ist auf einen oftmals vorgetragene Kritikpunkt an der Anthropologie hinzuweisen, dass diese nämlich normativ ein bestimmtes Bild vom Menschen – in der Regel ein eurozentrisch geprägtes Bild vom Menschen – vertrete, das gerade angesichts der kulturellen Vielfalt und Diversität nicht aufrechtzuerhalten sei. Man lehnt daher den vermeintlichen Anspruch auf Allgemeingültigkeit und Universalität, den man in anthropologischen Konzeptionen zu finden glaubt, ab. Vor diesem Hintergrund sind die Arbeiten des Ethnologen Christoph Antweiler (2009) interessant, der in der Fortführung einschlägiger Arbeiten als Ethnologe zwar auch die Vielfalt von Kulturen – verstanden als Lebensformen – anerkennt, aber gleichzeitig Gemeinsamkeiten in den unterschiedlichsten Kulturen feststellt. Er erwähnt eine klassische Liste solcher Universalien, die bereits 1945 veröffentlicht wurde und die 73 Universalien aufzählte. Diese Gemeinsamkeiten betrafen (um nur wenige Beispiele zu nennen) Spielen, Arbeitsteilung, Begräbnisrituale, Pflanzenkunde, Etikette, Feuer machen, Grußformeln, Heiratsformen, Hygiene, Inzesttabu, Magie, Musik, politische Führung, Sauberkeitserziehung, Sport, Verwandtschaftsbegriffe, Witze, Wunder, Heilglauben und Zahlen. Diese Liste, so Antweiler, kann heute aufgrund reichhaltiger Forschungsergebnisse deutlich erweitert werden:

> „Die Kulturen dieser Welt sind zunächst durch die gemeinsame biologische Herkunft ihrer Mitglieder verbunden. Wir sind alle Menschen, weil wir von Menschen abstammen. Das ist das erste Band. Und als sehr besondere Tiere sind wir Menschen in vielem prinzipiell gleich. Außerdem sind Kulturen durch gemeinsame Probleme verknüpft. Sie kämpfen oft mit den gleichen Fragen. Alle Gesellschaften müssen mit den Anforderungen des Überlebens und mit unterschiedlichen Interessen zwischen Generationen fertig werden. Überall sind politische Führer sterblich und müssen ersetzt werden. Die Ungleichheit der Geschlechter ist ein Dauerbrenner durch alle Zeiten und Räume. Jede Gesellschaft muss sich den unterschiedlichen Talenten ihrer Mitglieder stellen. Kein Wunder, dass ähnliche Probleme von den Kulturen oft ganz ähnlich gelöst werden. Diese unabhängig voneinander gefundenen Lösungen sind das dritte Band, das uns miteinander verknüpft. Schließlich bringt die weltweite Vernetzung die Gesellschaften zueinander, und zwar nicht erst seit gestern. Die Globalisierung macht die Kulturen zwar nicht gleich. Entgegen sozialromantischen Wunschbildern sitzen wir nicht alle in einem Boot. Das wäre auch ein Boot ohne Steuermann, denn eine Weltregierung gibt es nicht. Die globale Vernetzung ist aber eine starke Kraft, die heute alle Kulturen verbindet." (18)

Naturgeschichte und/oder Kulturgeschichte?

Zu Beginn des Kapitels wurde eine Gliederung vorgeschlagen, die zwischen Phylogenese der Gattung Mensch, Kulturgeschichte und schließlich Ontogenese unterscheidet. Man kann unter der Phylogenese die Naturgeschichte als jene Entwicklung verstehen, durch die im Prozess der Evolution die Grundlagen für die kulturelle Entwicklung entstehen. Bei der Rede von einer Kulturgeschichte wiederum ist von einem weiten Kulturbegriff auszugehen, der sich auf die Fähigkeit des Menschen bezieht, zunehmend die Bedingungen seines Überlebens selbst zu gestalten (siehe Fuchs 1998 und 2011a). Auf den Historiker Gerhard Heberer geht der Vorschlag zurück, von einem Tier-Mensch-Übergangsfeld zu sprechen, das zwischen der Natur- und der Kulturgeschichte liegt. Es wurden oben bereits Ergebnisse aus dem Forschungsbereich einer evolutionären Anthropologie erwähnt, die sich auf die Erklärung der Prozesse beziehen, die in diesem Tier-Mensch-Übergangsfeld ablaufen. In dieser Disziplin werden empirisch-naturwissenschaftliche Methoden unter Einschluss von Experimenten – etwa bei der Erforschung der Ontogenese unterschiedlicher Primaten – verwendet.

Ein Problem besteht in der zeitlichen Abgrenzung unterschiedlicher Etappen in dieser langen Entwicklungszeit. Erste Frühformen des Menschen findet man bereits vor einigen Millionen Jahren, doch ist bei jeder zeitlichen Festlegung in diesem Bereich Vorsicht geboten, denn neue Funde können bislang vertretene Ansichten widerlegen. So sprach man lange Zeit von einem Alter des Homo Sapiens von etwa 200.000 Jahren, bis man vor einigen Jahren in Marokko Knochen desselben Menschentyps gefunden hat, die allerdings 315.000 Jahre alt waren. Inwieweit solche Funde dazu führen, dass auch Annahmen über Wanderbewegungen und die weltweite Verbreitung des Homo Sapiens von Afrika nach Asien, Australien, Europa und Amerika revidiert werden müssen, bleibt abzuwarten.

Die Unterscheidung zwischen Natur- und Kulturgeschichte ist auch deshalb schwer, weil es von Anbeginn der Entwicklung des Homo Sapiens eine Entwicklung und Nutzung immer ausdifferenzierterer kultureller Werkzeuge und Medien gegeben hat. Im Hinblick auf die Entwicklung von Welt- und Selbstverhältnissen kann man etwa an das Tableau der symbolischen Formen von Ernst Cassirer (1990, siehe auch Fuchs 2011a) erinnern, nämlich an Technik, Politik, Sprache, Kunst, Wirtschaft, Religion, Mythos und Wissenschaft, wobei zu jeder der symbolischen Formen inzwischen eigenständige Anthropologien vorliegen: *Die Entwicklung des Menschen ist grundsätzlich eine kulturelle Entwicklung.*

Ein oft genannter Zeitrahmen bezieht sich auf eine Zeit vor etwa 40.000 Jahren, weil man inzwischen Bilder, Musikinstrumente, Werkzeuge und Schmuckstücke gefunden hat, die aus dieser Zeit des Jungpaläolithikums, der jüngeren Steinzeit, datieren. Eine weitere wichtige Zeit ist die „neolithische Revolution" vor etwa 12.000 Jahren, die den Übergang vom Nomadentum zur Sesshaftigkeit markiert (siehe Fuchs 2023, 38 ff.). Parzinger (2015) beschreibt die Zeit vom Australopithekus bis zum Homo Sapiens als „eine Geschichte der Menschheit vor der Erfindung der Schrift" (so der Untertitel). Er grenzt sich damit von einer verbreiteten Kulturgeschichtsschreibung ab, die sehr viel später, nämlich bei den frühen Hochkulturen (als Schriftkulturen) in Mesopotamien, Ägypten oder China einsetzt. Ute Daniel (2002) weist in diesem Zusammenhang darauf hin, dass unter dem Begriff „Kulturgeschichte" sehr unterschiedliche Konzeptionen mit sehr verschiedenen Schwerpunktsetzungen und zeitlichen Abgrenzungen zu finden sind (7f.).

In diesem Zusammenhang spielt die Historische Anthropologie eine besondere Rolle. Christoph Wulf (1997) schreibt dazu:

> „Wenn im Kontext dieses Buches von *historischer Anthropologie* die Rede ist, dann geschieht dies auf dem Hintergrund der in Deutschland entwickelten philosophischen Anthropologie, der in der angelsächsischen Tradition stehenden Kulturanthropologie und der von der französischen Geschichtswissenschaft initiierten Mentalitätsgeschichte. Auf dieser Basis zielt historische Anthropologie darauf, menschliche Lebens-, Ausdrucks- und Darstellungsformen zu beschreiben, Gemeinsamkeiten und Differenzen herauszuarbeiten, Ähnlichkeiten und Unterschiede in Einstellungen und Deutungen, Imaginationen und Handlungen zu analysieren und so ihre Vielfalt und Komplexität zu erforschen. Sie untersucht Fremdes und Vertrautes in bekannten und in fremden Kulturen in Vergangenheit und Gegenwart." (13)

Eine so verstandene historische Anthropologie bezieht sich nun keineswegs auf den langen Zeitraum menschlicher kultureller Evolution, sondern beschränkt sich auf eine deutlich jüngere Entwicklungsetappe. Auch hierbei gibt es unterschiedliche Ansätze. Annette Scheunpflug (2001) gibt folgende Charakterisierungen der Entwicklungen in Deutschland:

> „Die deutschsprachige pädagogische Anthropologie nimmt vor allem auf die philosophisch und soziologisch geprägte Kultur- und Sozialanthropologie Bezug. Sie versteht sich überwiegend als eine *historisch-pädagogische Anthropologie* und konzentriert sich auf geisteswissenschaftliche Zugänge zum Menschen. Ihr Ziel ist nicht ‚die Untersuchung des Menschen oder des Kindes als Gattungswesen, sondern die Untersuchung menschlicher Erscheinungs- und Ausdrucksweisen unter bestimmten historisch-gesellschaftlichen Bedingungen' (Wulf 1994, S. 15). Die historisch-pädagogische Anthropologie kritisiert die ‚mit dem Mensch-Tier-Vergleich in der Anthropologie verbundenen Verkürzungen, die Unzulänglichkeit gängiger Unterscheidungen von Natur und Kultur und die Gefahren einer objektivistischen Reduktion des Menschen' (ebd., S. 15). Das 1997 erschienene Handbuch ‚Vom Menschen' (Wulf 1997) ist konsequenterweise ausschließlich dieser Forschungsrichtung verpflichtet. Dieses über 1000-seitige Kompendium für Pädagogen bringt Erkenntnisse aus der Naturwissenschaft kaum zur Sprache – obwohl gerade dort in den letzten Jahren interessante, für die Anthropologie bedeutsame Forschungsfortschritte festzustellen sind." (15)

Diese Kritik von Scheunpflug ist berechtigt, denn obwohl die spezifische Berliner Schule der Historischen Anthropologie – wie oben erwähnt – eine erweiterte Perspektive einnehmen will, kommt es dort zu erheblichen Verkürzungen, die zum einen die von Scheunpflug angesprochene Vernachlässigung naturwissenschaftlicher Erkenntnisse betreffen, zum anderen werden auch gesellschaftliche (politische, ökonomische) Aspekte in der Darstellung kaum berücksichtigt (siehe dagegen Reinhard 2004).

Einige Hinweise zur pädagogischen Anthropologie

Der Mensch hat grundsätzlich ein lernendes Verhältnis zur natürlichen, sozialen und kulturellen Umwelt sowie zu sich selbst. Dies ist die Basis dafür, dass überhaupt der Prozess seiner Evolution in dieser Form hat stattfinden können. Dabei ist, wie in vielen anthropologischen Konzeptionen angemerkt wird, der Einzelne mit seiner Entwicklung die Grundlage für die Entwicklung der Gemeinschaft und letztlich der Gattung Mensch.

Diese Erkenntnis ist nicht neu. Seit der Mensch über sich nachdenkt – wie dies etwa in anspruchsvoller Weise in der griechischen Philosophie geschehen ist –, wurde über Pädagogik, die Notwendigkeit von Bildung und Erziehung, aber auch über deren Möglichkeiten nachgedacht. Immanuel Kant (1982) stellte später fest: „Der Mensch kann nur Mensch werden durch Erziehung. Er ist nichts, als was die Erziehung ausgemacht. Es ist zu bemerken, dass der Mensch nur durch Menschen erzogen wird, durch Menschen, die ebenfalls erzogen sind." (699) Dieser Gedanke steht mit dem Begriff der „Bildsamkeit" geradezu im Mittelpunkt pädagogisch-anthropologischer Konzeptionen.

So schreiben Dietrich Benner und Friedhelm Brüggen (in Benner/Oelkers 2010, 174):

> „Bildsamkeit und Bildung sind stammverwandte Begriffe, die sich im deutschen Sprachraum seit der Mitte des 18. Jahrhunderts durchgesetzt haben. Der Begriff der Bildung bezeichnet seit dieser Zeit – im alltäglichen wie im wissenschaftlichen Sprachgebrauch – sowohl den Prozess der Formung des Menschen als auch die Bestimmung, das Ziel und den Zweck menschlichen Daseins. (...) Die in den Begriffen Bildsamkeit und Bildung angesprochenen Sachverhalte und Phänomene sind freilich viel älter. Sie werden in allen Traditionen des Nachdenkens des Menschen über sich selbst in Metaphern und Begriffe thematisiert, die auf die anthropologische Grundtatsache menschlicher Lernfähigkeit und menschlichen Lernens verweisen."

Erziehungs- und Bildungsprozesse bauen daher auf natur- und kulturgeschichtlichen Voraussetzungen auf, so wie sie etwa Annette Scheunpflug (2001) unter dem Titel „Biologische Grundlagen des Lernens" beschreibt. Von den pädagogisch relevanten Prozessen und Aspekten der Menschwerdung wurden bereits erwähnt:

- der Prozess der Aneignung und Vergegenständlichung
- damit verbunden: die Rolle des Handelns und Herstellens
- die Koordination von Kopf und Hand
- die grundsätzliche Soziabilität des Menschen, etwa bei der besonderen Rolle, die eine „geteilte Intentionalität" (so Tomasello) spielt
- das Tableau der symbolischen Formen von Ernst Cassirer als sich ausdifferenzierendes Spektrum bei der Gestaltung von Selbst- und Weltverhältnissen
- die Rolle der Vernunft als wesentliches Charakteristikum des Menschen
- das dialektische Verhältnis von Gemeinsamkeit/Universalität und Differenz.

Eckart Liebau (2013) erinnert in seinem Überblicksbeitrag über „anthropologische Grundlagen" (der Pädagogik und insbesondere der kulturellen Bildung) daran, dass pädagogischen Konzeptionen bestimmte Menschenbilder zu Grunde liegen. Eine wichtige Aufgabenstellung erziehungswissenschaftlicher Analyse bestehe daher darin, diese oft impliziten Menschenbilder mit ihren normativen Setzungen zu analysieren. Eine wesentliche Erkenntnis ist dabei, „dass sich unter modernen Bedingungen keine Pädagogik mehr denken lässt, die sich auf ein einziges, geschlossenes Menschenbild beziehen oder gar aus einem solchen deduzieren ließe." Es gibt allerdings allgemeine Bestimmungen dessen, was als Grundlage der pädagogischen Tätigkeit dienen kann. Die erwähnte Bildsamkeit und Bildungsbedürftigkeit gehören dazu. Liebau zitiert als weitere Bestimmungen fünf Dimensionen: Leiblichkeit, Sozialität, Historizität, Subjektivität und Kulturalität des Menschen. Es geht um die grundsätzliche Körperlichkeit und Leiblichkeit des Menschen, so wie sie auch in dem oben zitierten Buch des phänomenologischen Psychiaters Thomas Fuchs im Mittelpunkt stehen. Insbesondere spielt beides bei der Auffassung eines pädagogischen Konzeptes von Lernen eine Rolle, bei dem leibliche, mimetische und performative Dimensionen zu berücksichtigen sind.

Auch im Hinblick auf ein Verständnis von Bildung als Lebensführungskompetenz ist ein anthropologischer Blick hilfreich. Ich erinnere an die oben referierten und zitierten Ausführungen von Günter Dux, der die Fähigkeit und Notwendigkeit einer selbstbestimmten Lebensführung als Mitgift der kulturellen Evolution des Menschen versteht.

Im Hinblick auf die Frage nach einem angemessenen Verständnis von Bildung kann man daher feststellen, dass unter „Bildung" der Prozess einer Kultivierung der evolutionären Mitgift des Menschen verstanden werden kann, nämlich die Fähigkeit und den Wunsch des Menschen, unter den Bedingungen der jeweiligen Zeit ein selbstbestimmtes Leben zu führen.

11. Rahmenbedingungen des Aufwachsens: gesellschaftliche Herausforderungen und individuelle Widerfahrnisse

Das Subjekt in der modernen Gesellschaft: Überblick

Auf den Pädagogen Johann Heinrich Pestalozzi (1746-1827) geht die Aussage zurück, dass der Mensch ein Produkt der Natur, der Gesellschaft und seiner selbst sei. Auf die Dimension der Rolle der Natur und der Naturgeschichte des Menschen bin ich im letzten Kapitel eingegangen. In diesem Kapitel will ich der Frage nachgehen, welche Rolle die gesellschaftlichen Rahmenbedingungen, also die Wirtschaft, die Politik, die jeweilige Gemeinschaft und Kulturbereiche wie Religion, Wissenschaft und Künste im Leben des Menschen spielen. Dabei konzentriere ich mich auf die gegenwärtige europäische Gesellschaft, wohl wissend, dass es in anderen Kontinenten und Ländern und sowie zu anderen Zeiten in Europa andere Modelle des Aufwachsens und andere Konzeptionen von Bildung und Erziehung gibt bzw. gegeben hat.

Eine erste grundsätzliche Aussage, besteht darin, dass es eine gewisse Passung zwischen den mentalen Strukturen und Fähigkeiten des Subjekts und den Anforderungen und Strukturen der Gesellschaft geben muss. Dies ist deshalb notwendig, weil sonst der Einzelne in der jeweiligen Gesellschaft kaum überleben könnte. Dass dies zutrifft, merkt jeder, der einmal in einem nichteuropäischen Land war, in dem nicht nur eine andere Sprache gesprochen wird, sondern wo man auch die Schriftzeichen nicht lesen kann, sodass man sich selbst bei den einfachsten Lebensvollzügen des Alltags verloren fühlt. Dieser Gedanke steckt auch in der Aussage, dass die „Heimat“ sich dort befindet, wo man sich problemlos und ohne weitere Auffälligkeiten verhalten und zurechtfinden kann. Doch wie kann man sich das erklären?

Der einzelne Mensch wird in eine bereits gestaltete Lebenswelt hineingeboren und eignet sich die Prinzipien dieser Lebenswelt durch informelles Lernen an. Man geht davon aus, dass über informelles Lernen (das auch die Basis der Sozialisation ist) ein Großteil des Wissens, der Fähigkeiten und Kompetenzen und auch der Werthaltungen angeeignet wird, die der Mensch zum Überleben benötigt. Studien gehen davon aus, dass lediglich 30 % der notwendigen Kompetenzen im Bereich der formalen Bildung erworben werden. Der Bereich der formalen Bildung und insbesondere die Schule wird allerdings dadurch nicht bedeutungslos, sondern es werden dort diejenigen Basiskompetenzen vermittelt, auf denen andere notwendige Kompetenzen aufbauen können. Zu diesem Zwecke existiert in modernen Staaten ein ausgebautes und ausdifferenziertes Bildungssystem, wobei – wie schon der

Philosoph Ernst Cassirer wusste – es der (moderne) Staat nicht dem Zufall überlässt, in welcher Weise seine Bürgerinnen und Bürger erzogen und gebildet werden.

In jedem Lehrbuch über die Entwicklung des Bildungssystems kann man daher nachlesen, dass im Zuge der Moderne das öffentliche Bildungswesen immer weiter ausgebaut wurde (siehe etwa Berg 1987 ff.). Die Bildung des Einzelnen ist die Grundlage für das Funktionieren der einzelnen Subsysteme wie der Wirtschaft, der Politik, dem gesellschaftlichen und kulturellen Zusammenleben. Auch aus diesem Grund ist die Frage der Bildung eine Machtfrage, ganz so wie es Francis Bacon im 17. Jahrhundert formulierte: Wissen ist Macht. Aus diesem Grund gibt es bis heute erhebliche Schwierigkeiten, die ebenfalls im 17. Jahrhundert formulierte Zielstellung des mährischen Philosophen und Pädagogen Johan Comenius umzusetzen: Bildung für alle. Zwar gibt es inzwischen ein Menschenrecht auf Bildung, doch wird – gerade in Deutschland – durch ein mehrgliedriges Schulsystem bewirkt, dass unterschiedliche Schülerpopulationen sehr unterschiedliche Bildungschancen und Angebote erhalten. So haben auch die PISA-Studien seit der Jahrtausendwende den Nachweis erbracht, dass der Schulerfolg der Schüler*innen in hohem Maß vom Elternhaus und dessen sozialer Lage abhängt.

Eine besondere Problematik in der Beziehung zwischen Bildungssystem und Gesellschaft besteht in modernen Gesellschaften darin, dass diese einem permanenten Wandel unterworfen sind (siehe Geissler 2014). Dieser Wandel findet in allen Bereichen der Gesellschaft, in der Wirtschaft, der Politik, im Zusammenleben und auch im Bereich der Kultur statt.

Im Bereich der Wirtschaft ändert sich nicht bloß der Stellenwert des nationalen Wirtschaftssystems im internationalen Wettbewerb, sondern auch die Art des Wirtschaftens. So gab es – um ein Beispiel zu nennen – seit den späten 1960er Jahren einen Niedergang der Schwerindustrie in Deutschland, was dazu führte, dass im Rahmen dieses Strukturwandels in den betroffenen Regionen (Ruhrgebiet, Saarland) Firmen stillgelegt und erworbene Qualifikationen der arbeitenden Menschen wertlos wurden. Ähnliches war bei der deutschen Einigung in Ostdeutschland zu beobachten.

Auch heute findet durch die Digitalisierung nicht bloß eine gravierende Veränderung in vielen Berufsbildern statt, sondern es entstehen neue Berufsbilder und vorhandene werden überflüssig.

In früheren Jahren wollte die jeweilige Bundesregierung in ihren offiziellen Berichten zur sozialen Lage nicht wahrhaben, dass es Armut in Deutschland gibt, doch wird dies heute kein*e ernst zu nehmende*r Wissenschaftler*in bestreiten: Die Kluft zwischen Arm und Reich wird in Deutschland, aber auch in anderen Ländern immer größer, sodass zunehmend die Frage diskutiert wird, wie viel Ungleichheit eine Ge-

Die Vermittlung von Subjekt und Gesellschaft

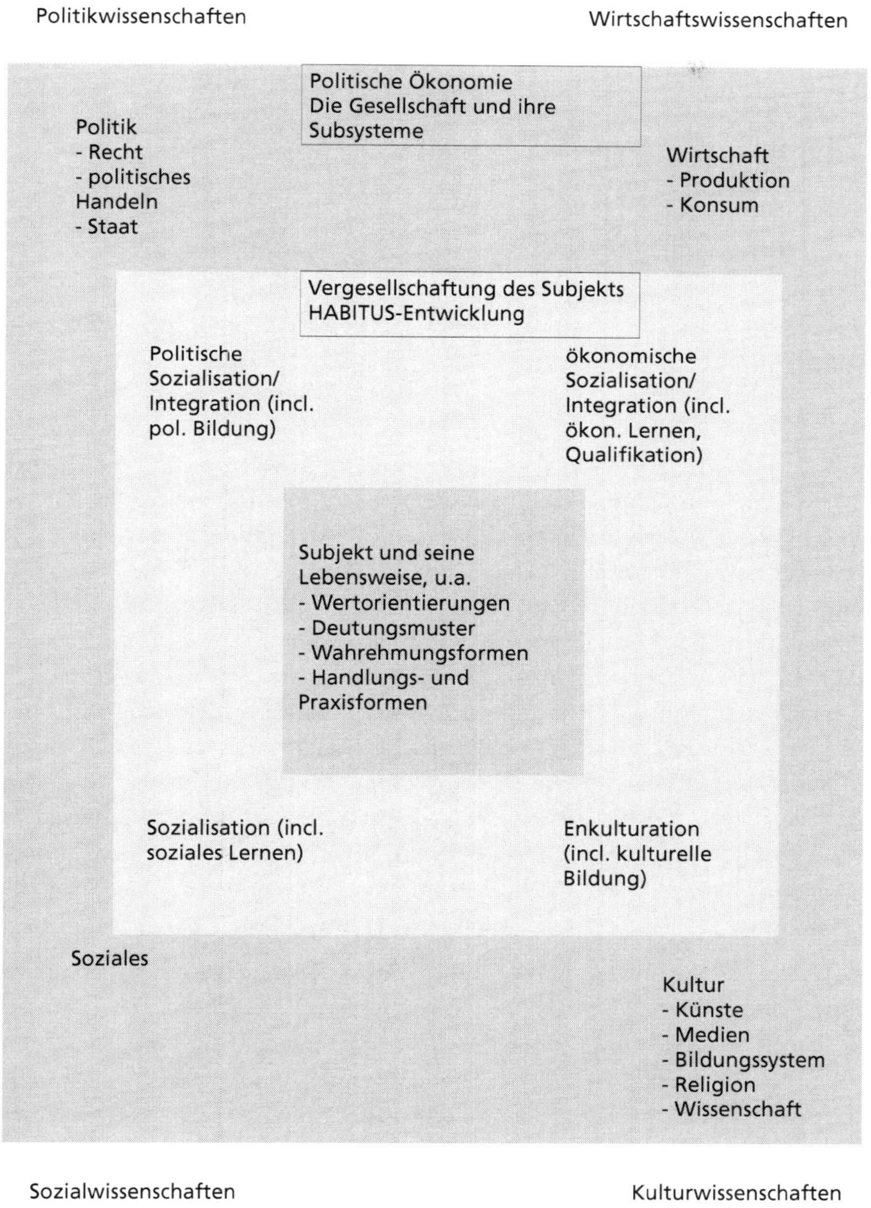

Politikwissenschaften

Wirtschaftswissenschaften

Politische Ökonomie
Die Gesellschaft und ihre Subsysteme

Politik
- Recht
- politisches Handeln
- Staat

Wirtschaft
- Produktion
- Konsum

Vergesellschaftung des Subjekts
HABITUS-Entwicklung

Politische Sozialisation/ Integration (incl. pol. Bildung)

ökonomische Sozialisation/ Integration (incl. ökon. Lernen, Qualifikation)

Subjekt und seine Lebensweise, u.a.
- Wertorientierungen
- Deutungsmuster
- Wahrehmungsformen
- Handlungs- und Praxisformen

Sozialisation (incl. soziales Lernen)

Enkulturation (incl. kulturelle Bildung)

Soziales

Kultur
- Künste
- Medien
- Bildungssystem
- Religion
- Wissenschaft

Sozialwissenschaften

Kulturwissenschaften

Aktueller Strukturwandel der Gesellschaft

Politischer Strukturwandel	ökonomischer Strukturwandel
• Demokratie unter Legitimationsdruck • Postdemokratie • liquid democracy • Rückkehr des starken Staates?	• Dominanz des Finanzmarktes • China • Energieprobleme
Das Subjekt und seine Formung	
Sozialer Strukturwandel	**Kultureller Strukturwandel**
• neue Armut • Prekariat, working poor • Depression	• Rückkehr des Nationalen • Digitalisierung • postsäkulare Gesellschaft • Scientfizismus (z.B. Neurowissenschaften) • Posthumanismus

sellschaft überhaupt ertragen kann (siehe die einschlägigen Schriften von Thomas Piketty oder Christoph Butterwegge sowie Böhnke u. a. 2018). Im Hinblick auf das soziale Zusammenleben verändern sich die Generationsverhältnisse, man spricht von einem demographischen Wandel, der – auch im Hinblick auf die Rente – zu bewältigen ist, es ändern sich die Vorstellungen familiären Zusammenlebens (Stichwort Patchworkfamilie). Nach wie vor gibt es zudem Probleme bei der Gleichbehandlung der Geschlechter. Deutschland ist seit vielen Jahrzehnten ein Einwanderungsland, was die Frage aufwirft, wie Integration gelingen kann und insbesondere, was „Integration" überhaupt bedeutet. Es gibt erhebliche Wandlungsprozesse im Bereich der Wissenschaften, etwa – wie oben beschrieben – durch eine zunehmend neoliberale Ausrichtung der Wissenschaftspolitik. Quer durch alle Künste beklagt man zudem ein schwächer werdendes Interesse des Publikums und auch die großen christlichen Kirchen sind in eine Krise geraten, unter anderem auch aufgrund eines nicht vertretbaren Umgangs mit Missbrauch in den eigenen Institutionen.

Jedes der vier genannten gesellschaftlichen Subsysteme (Wirtschaft, Politik, Gemeinschaft und Kultur) funktioniert nach eigenen Regeln und hat – so die soziologische Systemtheorie – jeweils ein eigenes Medium der Kommunikation: in der Ökonomie ist es Geld, in der Politik ist es Macht, im Bereich des Gemeinschaftlichen ist es Solidarität und im Bereich der Kultur ist es Sinn. Jedes dieser Subsysteme hat zudem eigene Zielvorstellungen, die an das Bildungssystem herangetragen werden. Der Erziehungswissenschaftler Helmut Fend (Fend 2008) hat dies im Hinblick auf das System Schule untersucht und ist zu dem Ergebnis gekommen, dass das primäre Ziel im Bereich Wirtschaft die *Qualifikation* der Menschen ist, die Politik wünscht sich die *Legitimation* der jeweiligen politischen Ordnung, im Bereich des Sozialen geht es um *Selektion und Allokation* und im Bereich der Kultur um *Enkulturation,* also um das Hineinleben in und Akzeptieren der vorhandenen kulturellen Sinnsysteme. Das Problem besteht hierbei darin, dass diese aus den jeweiligen Subsystemen kommenden Zielformulierungen nicht nur nicht identisch sind, sondern oft genug in einem Spannungsverhältnis zueinander stehen.

Ein weiteres Problem sind unterschiedliche Handlungslogiken in den verschiedenen Bereichen. So wird von dem System der Politik erwartet, dass Entscheidungen rasch getroffen werden können, selbst wenn die Faktenlage unsicher ist. Ähnliches gilt für das System der Wirtschaft. Im Bereich der Kultur, das als Reflexionssystem der Gesellschaft verstanden werden kann, geht es dagegen um eine kritische Hinterfragung der getroffenen Entscheidungen, und dies ist letztlich ein nie endender Prozess. Der Erziehungswissenschaftler Hermann Veith (2003) hat in einer umfangreichen Studie sorgfältig analysiert, welches Wirtschaftssystem, welche Staatsform, welche Sozialstruktur und – damit verbunden – welche Werte in den verschiedenen Etappen der Neuzeit seit 1500 zu finden sind. Entsprechend dem Gedanken der Passfähigkeit von Gesellschafts- und Persönlichkeitsstrukturen ist es nicht verwunderlich, dass mit diesem gesellschaftlichen Wandel auch ein Wandel der Sozialformen der jeweiligen Subjekte und Menschenbilder stattfindet. Man wird zudem davon ausgehen müssen, dass die Entwicklungsgeschwindigkeit in den unterschiedlichen Gesellschaftsbereichen sehr unterschiedlich ist, sodass mit Ungleichzeitigkeiten zu rechnen ist. So ist Innovation in der Wirtschaft ein wichtiger Antrieb, um die Konkurrenzfähigkeit aufrecht zu erhalten. In der Politik leben jedoch oft genug traditionelle Herangehensweisen an Probleme fort, sodass Spannungen zwischen Vertretern der Wirtschaft und der Politik unausweichlich sind. Dies gilt auch für Vertreter der Politik und der Wirtschaft auf der einen und Vertreter der Kultur auf der anderen Seite.

Ein Charakteristikum bei der Entwicklung der modernen Gesellschaft besteht darin, dass es in jedem der genannten Felder, also in der Wirtschaft, der Politik, im Zusammenleben und im Bereich der Kultur, zu Krisen kommt. So gibt es eine Folge von wirtschaftlichen Krisen, von politischen Krisen, von Krisen im Zusammenleben und in den verschiedenen Bereichen der Kultur. Krisen entstehen zum Teil dadurch, dass nationale Entwicklungen nicht mehr globalen Trends entsprechen, was in Zeiten der Globalisierung und der globalen Vernetzung der unterschiedlichen Bereiche deutlich wird. Die Rede ist von globalen „Megatrends" wie Globalisierung, Digitalisierung, Vernetzung und Mobilität. Man registriert, dass die Menschen älter werden und es spielt – gerade angesichts des aktuellen Krieges in Europa – die Frage der Sicherheit eine wichtige Rolle. Man schaut mit Besorgnis auf die Entwicklung der Demokratie, wenn etwa selbst in traditionellen demokratischen Staaten wie in den USA Menschen gewählt werden, auf deren demokratische Grundüberzeugungen man sich nicht verlassen kann.

Dass solche globalen Veränderungen auch bei der Entwicklung pädagogischer Konzeptionen eine hohe Relevanz haben, zeigt die Denkschrift der Bildungskommission NRW (1995), die als Grundlage ihrer Vorschläge die folgenden „Zeitsignaturen“ unterscheidet:

- die Pluralisierung der Lebensformen und der sozialen Beziehungen
- die Veränderung der Welt durch neue Technologien und Medien
- die ökologische Frage
- die Bevölkerungsentwicklung und Migration
- die Internationalisierung der Lebensverhältnisse
- der Wandel der Werte (23 ff.).

Dieser Blick in die Zukunft ist bei Überlegungen zu pädagogischen Konzeptionen deshalb unabdingbar, weil gerade die Schule mit ihrem Bildungsauftrag in ihrer gegenwärtigen Arbeit die Vergangenheit (etwa die Weitergabe und Reflexion von Traditionen) mit der Zukunft der Schüler*innen vermitteln muss.

Zur (Selbst-)Kritik an der Moderne

Das Motto der Französischen Revolution (Freiheit, Gleichheit, Brüderlichkeit) bringt die Ziele und Versprechungen auf den Punkt, die man mit der Moderne in Verbindung gebracht hat. In der Tat gibt es eine Reihe von Indikatoren, an denen gemessen eine Bilanz der Moderne nicht schlecht ausfällt. Die Vergrößerung der Bevölkerung der Erde hängt mit der deutlich verbesserten Ernährungssituation und der Entwicklung der Medizin zusammen (auch wenn dies heute unter dem Aspekt der Zerstörung der Umwelt wieder als Problem gesehen wird und etwa eine Milliarde Menschen Hunger leiden). Die Menschen werden älter und es könnten auch alle Menschen satt werden, wenn das kapitalistische Wirtschaftsprinzip und die Gier einiger weniger nicht dagegenstünden. Die Bewältigung des Alltags ist – zumindest in einigen Teilen der Welt – leichter geworden, auch weil es erhebliche technische Fortschritte gegeben hat, die das Leben der Menschen erleichtern.

Doch gehört zur Moderne auch die entscheidende Rolle einer kritischen Vernunft. Diese wird seit Beginn der Neuzeit auch auf die Analyse und Bewertung der Entwicklung der Gesellschaft selbst angewandt. Man kann feststellen, dass keine andere Epoche in der Geschichte des Menschen so selbstkritisch mit sich umgegangen ist, wie die Moderne. Die kritischen Schriften etwa von Jean-Jacques Rousseau wurden schon erwähnt. Auch aktuelle Gesellschaftsdiagnosen sind oft Krisendiagnosen.

Die Moderne: Versprechungen und Realität

Pathologien der Moderne

Kriege, Not und Elend gab es in der Geschichte der Menschheit immer schon. Mit der Moderne wuchsen die Möglichkeiten des Menschen nicht bloß zur industriellen

(1) Mythos der Moderne	**(2) Realität der Moderne**	**(3) Individuelle Erfahrungen**
Modernes Menschen-, Familien-, Gesellschaftsbild, „Verheißung"	Realisierte Aspekte gesellschaftlicher Modernisierung	gesellschaftlicher Modernisierungsprozesse
Selbstbewusstes, autonomes Individuum	• Freisetzung von traditionellen sozialer und kultureller Bindungen • Inklusion größerer Bevölkerungsgruppen bez. Bürger-, Menschenrechten etc. • Individualisierung von Biographien, Lebensansprüchen, Rollengestaltung • Subjektivierung der Selbstthematisierung, Ich- Kult	• Selbst- vs. Fremdbestimmung der eigenen Person • Anerkennung vs. Missachtung der eigenen Individualität • Entwicklung pos. oder neg. Selbstbewusstseins, Selbstwerts
Liebesbegründete, individualisiert- partnerschaftliche, autonome Familie	Familiale Lebenspraxis im Spannungsfeld von • bürgerlichem Familienmodell • Individualisierung der Familienmitglieder • Auseinandersetzung mit gesell. Umwelt der Familie (Wirtschaft, Schule etc.) • Ungleich verteilte Ressourcen der Familie • Wissenskomplexität und Pluralisierung • techn. Rationalisierung • Wirtschaftswachstum, Wohlstandsmehrung und Arbeitslosigkeit • kulturelle Differenzierung, Säkularisierung, Pluralisierung • Leistungsprinzip, Aufstiegsmotivation, Pluralismus • Universalisierung des Rechts, • Komplexität des Rechts	• Individuelle Autonomie vs. Heteronomie in Familie • Familiale Autonomie vs. Heteronomie in Gesellschaft • Liebe vs. Routine, Konflikte • Partnerschaft vs. Patriarchat • Anerkennung vs. Missachtung der Individualität

„Fortschritt" in • Wissenschaft • Technik • Wirtschaft • Kultur • Ethik • Recht • Gesellschaft • Politik	Differenzierung in Subsysteme und Lebensformen • wachsende Komplexität und Mediatisierung • Egalisierungstrends vs. Hierarchifizierung • Demokratisierung vs. politische Partizipationsgrenzen etc.	• Aufklärung und Verwirrung • Entlastung vs. Anforderungen • Hebung des Lebensstandards, Arbeitslosigkeit • ungelöste Sinnfragen • Erfahrung der Grenzen des Leistungsprinzips, Normverwirrung • zunehmende Individualrechte • Verwirr. durch Rechtskomplexität • Autonomisierung der Lebensgestaltung • komplex. Sozialbeziehungen • soziale Ungleichheitserfahrung (Geschlecht, Schichten) • politische Partizipation vs. Ohnmacht etc. Quelle: Wahl 1989; S.164

Zerstörung der Natur und der Lebensgrundlagen, sondern auch zur industriellen Vernichtung des Menschen selbst. „Fortschritt", ein wesentliches Charakteristikum der Moderne, war eben nicht notwendig ein Fortschritt der Zivilisiertheit und Moralität, sondern auch ein Fortschritt in der Zerstörungswut und -kompetenz (Fromm 1973; Thurn 1990). Dies beklagten bereits im 18. Jahrhundert so einflussreiche Autoren wie Rousseau und Kant. Es entstand eine Kluft zwischen Vision und Realität, und diese Kluft wurde intensiv diskutiert. Die Selbstverständlichkeit, mit der man in früheren Zeiten jede Katastrophe hingenommen hat, etwa weil es akzeptierte religiöse Begründungen dafür gegeben hat oder die Möglichkeit eines Aufbegehrens nicht gegeben war, ist verschwunden. Die Moderne bringt also ein Leiden an der Moderne mit sich. Dieses Leiden macht sich an immer wieder auftauchenden Themen und Erlebnissen fest, die man – und das ist relativ neu – unter den Bedingungen der Moderne heftig beklagt.

Zerrissenheit

Ein wichtiges Thema der Kulturkritik der Moderne ist die Zerrissenheit. Der Mensch wird zerrissen von der Verschiedenartigkeit der Anforderungen (z. B. Liebe im Privaten, hart kalkulierend im Beruf). Er fühlt sich überrollt von der Entwicklung und so ist das Leiden an der Veränderung, am sozialen, politischen, kulturellen und ökonomischen Wandel ein Dauerthema. Der Mensch leidet daran, dass ursprünglich vorhandene oder auch nur vermutete Gemeinschaften zerbrechen. Er sieht sich gezwungen, seinen Lebensunterhalt an unwirtlichen Stellen zu suchen. Denn human waren die neuen Arbeitsmöglichkeiten in der Industrie, im Bergbau, in den Fabriken wirklich nicht. Die „ursprüngliche Akkumulation des Kapitals", also die Erstausstattung der industriellen Infrastruktur, war teuer und wurde den Menschen aller Kontinente abgepresst. Marx beschreibt diesen Prozess im ersten Band seines Kapitals, der junge Barmer Unternehmersohn Friedrich Engels beschreibt das Elend der Arbeiter im damals technisch und ökonomisch fortschrittlichen England.

Frieden vs. Krieg und Gewalt

Frieden war die zentrale Sehnsucht der Menschen. 100 Jahre Krieg zwischen England und Frankreich, ein ständiger Streit um die globale Vorherrschaft zwischen Spanien, England, den Niederlanden, Portugal etc., schließlich 30 Jahre brutaler europäischer Krieg auf deutschem Boden: All dies war die Grundlage etwa für Comenius, in einer breiten Bildung der Menschen – der Slogan „Bildung für alle" geht auf ihn zurück – die Basis für friedliche Zeiten zu sehen. Was kam, war jedoch noch mehr Gewalt. Und dies ist bis heute so geblieben. Gewalt hat viele Gesichter: Gewalt gegen Kinder, gegen Frauen, gegen Zuwanderer, gegen Minderheiten, gegen Andersgläubige. Neben der offenen Gewalt gibt es strukturelle Gewalt, etwa durch ein Bildungssystem, das systematisch Ausschluss von Teilhabe praktiziert, wie es auch in Deutschland der Fall ist. Die Zivilisierung der destruktiven menschlichen Eigenschaften ist kaum gelungen: Gier, Habsucht, Macht, Einfluss, Kontrolle können zwar im Alltag (häufig mühsam) beherrscht werden. Doch wie dünn diese zivilisatorische Schicht ist, kann auch immer wieder erlebt werden. Nicht zuletzt der Rückfall in die Barbarei in der NS-Zeit, in der systematisch Völkermord betrieben wurde, hat die Frage aufgeworfen, was ausgerechnet im „Volk der Dichter und Denker" diesen nie dagewesenen Niedergang menschlicher Kultur verursacht hat. Die These von der „autoritären Persönlichkeit" aus einem Forschungsprojekt rund um Fromm, Adorno u. a. war eine – heute allerdings umstrittene – Antwort. Wie schmal die Grenze zur Gewalttätigkeit ist, haben nicht zuletzt die berühmt-berüchtigten Pilgram-Experimente gezeigt.

Heimatlosigkeit und Entfremdung

Die Technik, von den einen als überzeugender Beweis menschlicher Denkkraft gesehen, wird von anderen als nicht zu beherrschendes Herrschaftsinstrument verstanden: der „Mensch im Zwiespalt seiner Möglichkeiten" (so Thurn 1990), der Mensch, dessen Seele nicht mehr „Herr im eigenen Haus" ist (so Simmel). Und so kämpft der moderne Mensch mit der Sinnfrage und hat immer das Gefühl, dass sich die von ihm produzierten Dinge gegen ihn stellen. Und immer wieder stellt er sich die Frage nach seiner Identität: „Wer bin ich und wie viele" – selbst Bestseller lassen sich auf Basis dieser Notlage produzieren. Das „Leiden an der Gesellschaft" (Dreitzel 1972) – es sorgt zumindest für einen guten Arbeitsmarkt für Berater und Therapeuten.

Die Allgegenwart von Krisen

Es gibt zahlreiche, zumindest gefühlte Krisen in der Moderne. Dabei ist weniger an den medizinischen Krisenbegriff gedacht, bei dem es nach einer Kulmination von Beschwerden zu einer Heilung kommt. Unter Krise wird hier vielmehr ein ganz alltägliches Phänomen verstanden: Es läuft einiges ziemlich schief. Im Begriff der Krise schwingt stets die komplexe Bedeutungsstruktur seiner historischen Semantik mit: die (ursprünglich im griechischen Krisenbegriff angelegte Bedeutung einer) Entscheidung, die nunmehr ansteht, ein Wechsel, ein Wendepunkt der Geschichte, eine Epochenschwelle (vgl. die Artikel „Krise" in Brunner u.a. 1972/2004 und Ritter 1979ff.).

Für den Historischen Materialismus war die Lage ohnehin klar: Der Kapitalismus kommt – wie jede frühere Gesellschaftsordnung – an eine Grenze, ab der die Erträge kleiner werden und allmählich das Chaos regiert. So gab es eine Allgemeine Krise der antiken Sklavenhaltergesellschaft, die mit dem Ende des Römischen Reiches besiegelt wurde. Es gab eine Allgemeine Krise der mittelalterlichen Feudalgesellschaft, was die Geburt der bürgerlichen Gesellschaft ermöglicht hat. „Allgemein" sind diese Krisen, weil alle Gesellschaftsfelder wie Kultur, Politik und Ökonomie betroffen sind. Dieses angeblich allgemeingültige Entwicklungsgesetz der menschlichen Geschichte gilt gemäß dieser Lehre erst recht für den Kapitalismus. Nach seinem höchsten Entwicklungsstadium, das mit dem Imperialismus vor dem Ersten Weltkrieg erreicht wurde, so Lenin, geht es abwärts. Der Krieg schien Lenin Recht zu geben. Seither wartete man darauf, dass – quasi im Selbstlauf – auch diese barbarische Zeit zu Ende geht. Es ist nicht so gekommen.

Allerdings: Krisen sind heute unser Alltagsgeschäft, und dies so sehr, dass „Krise" ein häufig gebrauchter Alltagsbegriff geworden ist. Die Wirtschaft ist in der Krise, das Gesundheitssystem ohnehin, ebenso die Staatsfinanzen und der Arbeitsmarkt. Weltweit gibt es unzählige Krisenherde, einige davon über Jahrzehnte: Nahostkrise, Nordirland, Balkan. Die Umwelt ist in der Krise, das Klima auch; das Wachstum, die Sicherheit, das Theater, das Urheberrecht, die Kernfamilie, das Schulsystem – diese Liste ließe sich fast beliebig fortführen. Vielleicht ist es auch eine Strategie, diese Inflationierung der Krisenrhetorik zu betreiben, denn dann fällt es nicht so sehr auf, dass es tatsächlich einige gefährliche Krisen gibt. Immerhin lassen sich die Krisen gut in unser Vierfelderschema einordnen.

Krisen(beispiele)

Politik	Wirtschaft
• Legitimationskrise • Führungskrise • Krise der Parteien • Staatskrise • Kriege, Terrorismus	• Finanzkrise • Krise des Arbeitsmarktes • Wirtschaftskrise • Ausbildungskrise • Ölkrise, Energiekrise
Subjekt	
Gemeinschaft	**Kultur**
• Krise der Familie • Jugendkriminalität • Krise des Zusammenhalts • Krise der Generationsbeziehungen • Krise der Ehe • Krise der Vereine und Verbände	• Krise des Theaters und anderer Kultureinrichtungen • Krise der Kirche • Krise der Literatur • Krise der Geisteswissenschaften • Krise der Schule

Die Individuelle Entwicklung und Widerfahrnisse

Menschen sind nicht nur mit denselben Problemen und Herausforderungen konfrontiert, wie andere Menschen, die unter denselben raum-zeitlichen und sozialökonomischen Bedingungen leben: Sie haben auch Schicksalsschläge und Widerfahrnisse wie etwa Krankheiten und Todesfälle in nächster Umgebung, Unfälle, Naturkatastrophen, die in das individuelle Leben eingreifen, etc. zu bewältigen. Allerdings sind die Grenzen zwischen objektiven Rahmenbedingungen und individuellen Schicksalsschlägen oft schwer zu ziehen. Der Philosoph und Soziologe Oskar Negt schreibt etwa:

> „Ich glaube, dass wir es heute mit einem Zeitalter zu tun haben, das man auch als ein Zeitalter von Vertreibung oder von Bindungszerstörungen bezeichnen kann. Sicherlich kann man dieses Zeitalter vielfach bezeichnen. Aber dass zum ersten Mal ein System da ist, eine Produktions- und Lebensweise, die darauf ausgeht, Bindungen zu zerstören, bewusst zu zerstören, nicht zu bewahren und nicht Bindungen herzustellen, ist meines Erachtens neuartig und führt natürlich auch dazu, dass alte komplexe Milieus, in denen solche

> Bindungen existieren, wie in der Arbeiterbewegung, zusätzlich unter Druck geraten." (Negt in Demirovic u.a. 2010, 12 f.)

Alex Demirovic unterstützt diese Aussage:

> „Das Individuum wird mit den Mustern einer neoliberal reorganisierten Kapitalverwertung einer Vielzahl von neuen Anforderungen ausgesetzt: Unsicherheit der Beschäftigung und der Daseinsvorsorge, diskontinuierliche Biografien, schneller Wechsel der Tätigkeiten, Bereitschaft zum ständig neuen Lernen und Vergessen des einmal Erworbenen, Arbeitszeiten, die ihrer Verteilung und dem Quantum nach ein Privatleben tendenziell verunmöglichen, die Selbstvorsorge. Die Entwicklung hin zur Ich-AG, zum Unternehmer seiner selbst in vielen Bereichen des Alltags ist vielfach als neue Subjektpositionierung und Subjektivierungsweise beschrieben worden. Es scheint sich ein Homo oeconomicus zu entwickeln, für den sämtliche zeitlichen und sozialen Aspekte seines Lebens in der Arbeit aufgehen, der mit der Arbeit und dem Wettbewerb vollständig identifiziert ist." (Demirovic in ders. u. a. 2010, 8)

Eine Arbeitsgruppe um Pierre Bourdieu (1997) hat „Zeugnisse und Diagnosen alltäglichen Leidens an der Gesellschaft" (so der Untertitel) gesammelt und unter dem Titel „Das Elend der Welt" beschrieben. Die dort gesammelten Erfahrungsberichte aus dem Leben von Menschen belegen empirisch die oben zitierten Diagnosen von Oskar Negt und Alex Demirovic. Es geht um desolate Wohnsituationen, um den Zerfall von Familien, der unter anderem durch Betriebsschließungen und Sozialabbau verursacht wurde, es geht insgesamt um den Rückzug des Staates aus der Sicherung der Daseinsvorsorge, um eigentlich unzumutbare Arbeitsverhältnisse und um Ausgrenzung. Für den deutschsprachigen Bereich hat eine Arbeitsgruppe rund um Franz Schultheis und Christina Schulz (2005) eine ähnliche Studie vorgelegt. Es geht um eine „Politik der Zumutungen" (21), um das Ende der Aufstiegsgesellschaft, um prekäre Lebensweisen. In beiden Forschungsprojekten zeigt sich, dass soziales Elend auch als psychisches Elend verstanden werden muss (198 ff.).

Dieser Gedanke ist nicht neu und zeigte sich schon früh bei der Analyse moderner Industriegesellschaften. Die oben angeführten Befunde der Heimatlosigkeit, des Gefühls, dass die Seele nicht mehr Herr im eigenen Hause sei (Georg Simmel und Sigmund Freud), werden durch heutige sozialpsychologische Studien bestätigt, die von einem „Unbehagen in der Gesellschaft" (Ehrenberg 2011) sprechen. In vielen Fällen geht es um eine inhumane Behandlung der Menschen, geht es um „Zumutungen und Leiden im deutschen Alltag" (so der Untertitel von Schultheis/Schulz 2005); es geht aber auch immer wieder darum, dass sich der Mensch widerständig gegenüber diskriminierenden und unterdrückenden Verhältnissen zeigt (vgl. Fuchs 2018).

12. Menschenbilder im Wandel: Die Moderne und moderne Sozialformen des Subjekts

Man kann sicherlich, wie es der Pessimist Arthur Schopenhauer getan hat, die Menschen als Schimmelpilze auf der Erdoberfläche betrachten. Gründe für eine solch pessimistische Sichtweise gibt es genügend. Denn man kann die Geschichte des Menschen seit seiner Frühzeit als Geschichte der Gewalt und der Zerstörung beschreiben. Dies betrifft nicht nur die Natur, sondern es bezieht sich auch auf den Umgang der Menschen miteinander.

Möglich ist allerdings auch ein anderer Blick auf den Menschen. So kann man bewundern, dass der Mensch zu den wenigen Lebewesen gehört, denen es gelingt, sich unter den lebensfeindlichsten Bedingungen wohnlich einzurichten. Ihm gelingt eine akzeptable Lebensgestaltung in der Wüste bei mehr als 50 °C, und dies gelingt ihm auch in Kältezonen bei extrem niedrigen Temperaturen.

Der Wissenschaftshistoriker Ernst Peter Fischer (2014) hat in seinem „Großen Buch vom Menschen" mit eindrucksvollen Bildern illustriert, was *William Shakespeare* in einem von Fischer wiedergegebenen Zitat schreibt:

> „Welch ein Meisterwerk ist der Mensch!
>
> Wie edel durch Vernunft!
>
> Wie unbegrenzt an Fähigkeiten.
>
> In Gestalt und Bewegung wie bedeutend
>
> und wunderwürdig.
>
> Im Handeln wie ähnlich einem Engel.
>
> Im Begreifen wir ähnlich einem Gott."
>
> (Hamlet, zweiter Aufzug, zweite Szene)

Fischer spricht von einem Wunder der Menschenbildung, er artikuliert sein Staunen über die kreativen und gestaltenden Kräfte des Menschen. Er weist darauf hin, dass Menschen zugleich verschieden und gleich sind. Dies ist auch das Motto des vorliegenden Buches. Zum einen ist kulturelle Vielfalt, nämlich eine Vielfalt an kreativen Möglichkeiten menschlicher Ausdrucksformen festzustellen und – wie Fischer es tut – auch zu bewundern (aber auch zu erhalten, wozu eine einschlägige UNESCO-Konvention zur Erhaltung der kulturellen Vielfalt auffordert). Zugleich ist zu berücksichtigen, was in dem obigen Kapitel über Anthropologie ausgeführt wurde: Es gibt eine grundsätzliche Gleichheit aller Menschen und der Mensch unterscheidet sich als Gattungswesen wesentlich von anderen Lebensformen. Fischer zeigt in seinem Buch ein vielfältiges Spektrum menschlicher Lebensformen, etwa bei der Frage des Wohnens in den unterschiedlichsten Regionen, bei der Gestaltung des Alltags, aber auch von Festen. Er weist aber auch darauf hin, dass eine ungezügelte Gestaltungsfähigkeit des Menschen auch zerstörerisch wirken kann – und es immer auch getan hat.

Der kanadische Philosoph Charles Taylor spricht immer wieder davon, dass der Mensch ein sich selbst interpretierendes Tier ist. Es gilt aber auch:

> „Die Frage nach dem Menschen hat in der Geschichte der Kulturen vielfältige Antworten gefunden. Keine jedoch blieb unwidersprochen, weil sich im gesellschaftlichen Veränderungsprozess mit den Bedingungen des Handelns zugleich die Geltungsgrundlagen des Wissens verschieben. Darum erscheinen in der Regel immer nur solche Kennzeichnungen als wesenhaften, die sich im organisatorisch und institutionell stabilisierten Kontext sozio-kultureller Ordnungen bewähren, indem sie sich im sozialen Handeln, über individuelle Einstellungen gesichert, reproduzieren." (Veith 2001, 11)

Diese Selbstreflexion des Menschen, also der Versuch, sich selbst, seine Gesellschaft und seine Stellung in der Welt zu verstehen, verstärkt sich im Zuge der Moderne deutlich. Hermann Veith beschreibt diese sich seit dem 18. Jahrhundert entwickelnde Selbstreflexion und zeigt, „wie sich mit der Auflösung der feudalen Ständegesellschaft und der Durchsetzung der industrie-kapitalistischen Marktwirtschaft das Wirklichkeitsverständnis so weit verändert, dass sich der Mensch seiner Existenz als Individuum nur noch im Gegenlicht einer von seinem Handeln weitestgehend abgelösten sozialen Wirklichkeit vergewissern kann. Mit der Gesellschaft verändern sich auch die persönlichkeitsbildenden institutionellen Strukturen und damit zugleich die historischen Formen der Sozialisation." (a. a. O., 14 f.)

Damit betont Veith den auch für mich zentralen Grundgedanken, dass es einen engen Zusammenhang zwischen den jeweiligen gesellschaftlichen (politischen, ökonomischen, sozialen und kulturellen) Strukturen auf der einen Seite und den Sozialformen der Persönlichkeit auf der anderen Seite gibt. Allerdings ist bei der individuellen Lebensgestaltung die von Fischer in dem weiter oben genannten Buch illustrierte Vielfalt zu berücksichtigen. Man hat immer wieder versucht, Typologien zu entwickeln, mit denen man die Vielfalt menschlicher Ausdrucksformen und Lebensgestaltungsweisen ordnen kann (siehe hierzu ausführlicher Fuchs 2012). Ein Klassiker in diesem Feld ist das Buch „Lebensformen" von Eduard Spranger (1965, zuerst 1921). Spranger unterscheidet „ideale Grundtypen der Individualität", nämlich den theoretischen, den ökonomischen, den ästhetischen, den sozialen, den religiösen und den Machtmenschen (101 ff.). Aufschlussreich in unserem Zusammenhang sind die beiden Bände „Der Mensch des 19. Jahrhunderts" (Frevert/Haupt 1999) und „Der Mensch des 20. Jahrhunderts" (Frevert/Haupt 1999a). So tauchen an Sozialfiguren im 19. Jahrhundert u. a. der Unternehmer und der Manager, der Ingenieur, der Arbeiter, der Großstadtmensch und das Dienstmädchen auf, wobei einige dieser Sozialfiguren wie etwa das Dienstmädchen im 20. Jahrhundert nicht mehr auftauchen, dafür gibt es als neue Sozialfiguren den Star, den Sportler, den Journalisten, den Funktionär, den Konsumenten und den Menschen im therapeutischen Netz.

Hermann Veith (a. a. O.) unterscheidet für das 21. Jahrhundert die folgenden Typen des vergesellschafteten Menschen:

- das disziplinierte Individuum: der rationale Handlungsmensch, der gemeinschaftslose Gesellschaftsmensch, der leidende Kulturmensch
- der kontrollierte Zivilcharakter: die bürgerliche Zivilperson, der gelenkte Genosse, der autoritäre Untertan
- die angepasste Persönlichkeit: der emphatische Konsument, der konforme Rollenmensch, das integrierte Selbst
- das autonome Subjekt: der affirmative Realist, das handlungsfähige Ich
- die dissoziierten Individualisten: die psychozentrierten Selbstverwirklicher, die selbstbezogenen Ichinterpreten, die polyzentrischen Identitäten.

Der Soziologe Andreas Reckwitz (2006) hat ebenfalls die letzten zweihundert Jahre im Hinblick auf die jeweils typischen Sozialformen des Subjekts untersucht und ist zu folgenden Unterscheidungen gekommen:

- Für die Moderne sind verschiedene Subjektformen zu unterscheiden:
  - das moralisch-souveräne, respektable Subjekt des 18. und 19. Jahrhunderts
  - das Subjekt der „organisierten Moderne" der 1920er bis 1970er Jahre
  - die „kreativ-konsumatorische Subjektivität" der Postmoderne seit den 1980er Jahren.

Subjektformen werden in Alltagspraktiken hervorgebracht. Reckwitz konzentriert sich auf Praktiken der Arbeit, Praktiken persönlicher und intimer Beziehungen und die „Technologien des Selbst".

Zu jeder dieser drei hegemonialen Subjektformen gibt es jeweils oppositionelle Subjektformen; in der zeitlichen Abfolge: expressive Individualität der Romantik,

Avantgarde-Bewegung zu Beginn des 20. Jahrhunderts und die kulturrevolutionäre *counter culture* der 1960er/1970er Jahre.

Hier spielt die ästhetische Dimension eine zentrale Rolle, die Reckwitz zufolge von den großen Theoretikern der Moderne von Max Weber bis zu Luhmann, Habermas bis Foucault weitgehend vergessen worden ist (19).

Um diese zu erfassen, sind in der jeweiligen Kultur jeweils

- die kulturellen Bewegungen
- die materielle Kultur der Artefakte
- die Interdiskurse der Humanwissenschaften

zu berücksichtigen.

Alle identifizierten Subjektformen sind aber nicht homogen, sondern hybride, enthalten also auch nicht-typische Elemente und sind daher grundsätzlich instabil.

Aufgrund ihres hybriden Charakters gibt es zwischen den einzelnen Subjektkulturen vielfältige Überschneidungen und Übergänge.

Reckwitz liefert uns also zum Ersten einen Periodisierungsvorschlag für die Moderne:

- 18./19. Jahrhundert: Vormoderne
- 1920 – 1970: organisierte Moderne
- seit 1970: Postmoderne

Des Weiteren liefert er für jede dieser Perioden je kontrastierende Paare von Subjektformen:

- moralisch-souveränes Subjekt – expressives Subjekt der Romantik
- Angestellten-Subjekt – Subjekt der Avantgarde
- konsumorientiertes Kreativsubjekt – Subjekt der counter culture

Dabei vertritt er die Auffassung: Subjektivität entsteht in Praxis- oder Handlungsfeldern. Er verwendet also einen praxeologischen Ansatz.

Heute spricht man von der Subjektform der Ich-AG oder einem „unternehmerischen Selbst“ sowie von Versuchen einer neoliberalen Formung des Subjekts (vgl. Fuchs 2014). Die Vereinnahmung des Subjekts für unternehmerische bzw. politische Interessen spielt in der Wirtschaft (Arbeitskräfte, Konsumenten) und in der Politik (Wähler*innen) eine wichtige Rolle. Aber auch im Kulturbereich möchte man gerne die Köpfe und Herzen der Menschen erobern. Dies gilt etwa für die unterschiedlichen Religionen, denen die Anhänger weglaufen, es gilt aber auch für Kultureinrichtungen und insgesamt den Kulturmarkt.

Offensichtlich ist dieses Thema interessant für die unterschiedlichsten Wissenschaften, in denen immer wieder neue Modelle von Subjektivität vorgestellt werden. Das Spektrum reicht von dem „produktiv realitätsverarbeitenden Subjekt“ des Sozialisations-Theoretikers Klaus Hurrelmann bis zu solchen Wissenschaftler*innen, die die foucaultsche Rede vom „Tod des Subjekts“ gerne wörtlich genommen sehen. Eine Kernfrage aktueller Subjektdiskussionen besteht darin, wo das moderne Subjekt zwischen Unterwerfung und Ermächtigung, zwischen Affirmation und Widerständigkeit angesiedelt werden muss.

Die folgende Grafik versucht, die individuellen und gesellschaftlichen Einflussfaktoren bei der Entwicklung der Lebensform zu strukturieren.

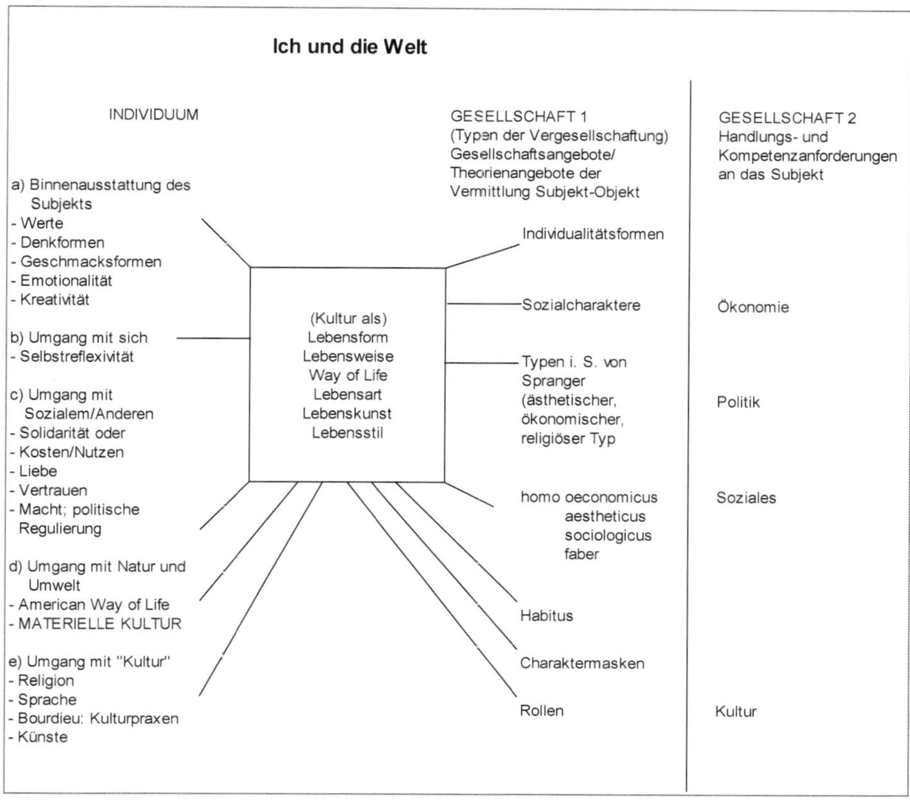

Die folgende Grafik versucht, den Zusammenhang von Sozialisation, Erziehung und Bildung aufzuzeigen.

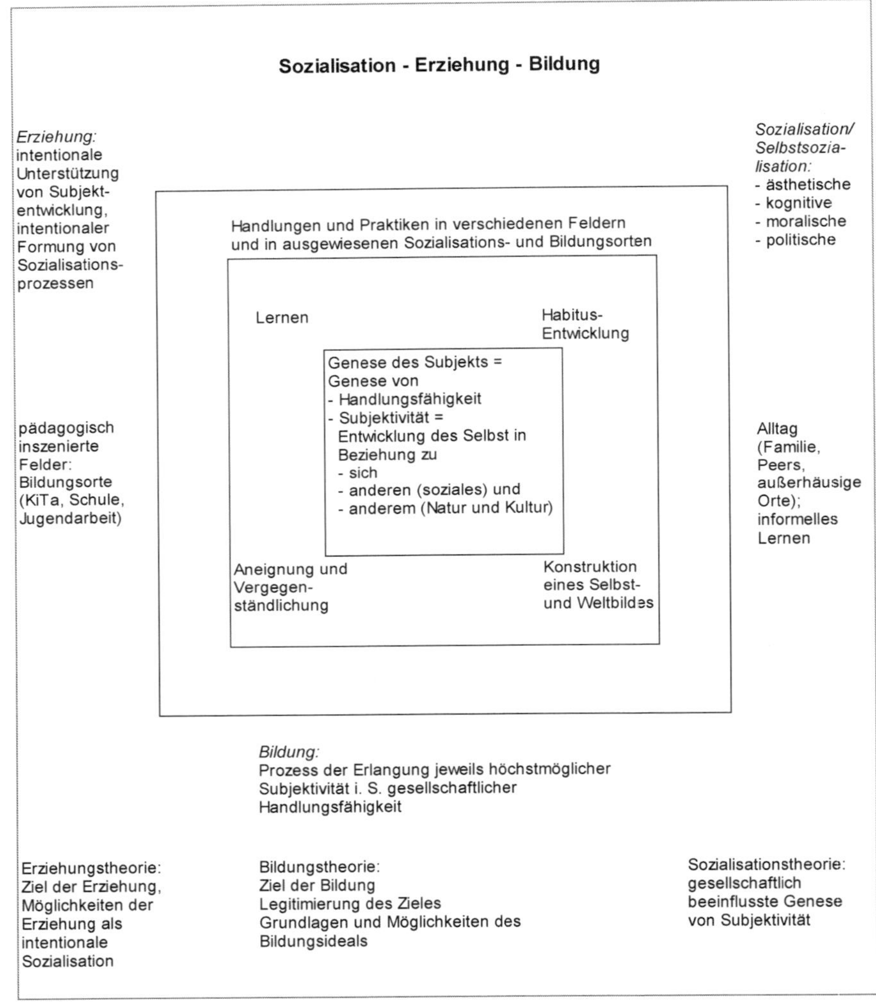

Vor dem Hintergrund einer ungewissen Zukunft ist es interessant, noch einmal an die Zukunftsfragen zu erinnern, die den Psychoanalytiker und Gesellschaftstheoretiker Erich Fromm (1960) bereits vor etwa 70 Jahren beschäftigt haben. Er sprach davon, dass die Hauptgefahren der Zukunft Krieg und Robotertum seien. Er träumte davon, Arbeit und Staat so zu dezentralisieren, dass beide auf menschliche Proportionen zugeschnitten sind (320), was in politischer Hinsicht eine Rückkehr zu Gemeinde-Versammlungen bedeuten würde:

„Unsre einzige Alternative zu Robotertum ist humanistischer, demokratischer Sozialismus. Das Problem liegt nicht in erster Linie in der gesetzlichen Regelung der Besitzverhältnisse noch im Teilen der *Profite*; es geht um das Teilen der *Arbeit* und des *Erlebens*. Veränderungen der Eigentumsverhältnisse müssen in dem Maße vorgenommen werden, wie sie nötig sind, um eine Werkgemeinschaft zu schaffen und zu verhindern, dass das Gewinnmotiv die Produktion in sozial schädliche Bahnen lenkt. Die Einkommen müssen einander so weit angenähert werden, dass sie jedermann eine würdige Existenz ermöglichen und verhüten, dass wirtschaftliche Unterschiede fundamental verschiedene Lebenserlebnisse bedingen. Der Mensch muss in seinen obersten Platz in der Gesellschaft wieder eingesetzt werden, er darf nie mehr ein Mittel, niemals ein Ding zur Benutzung durch andre oder durch sich selber sein. Der ‚Gebrauch' des Menschen durch den Menschen muss aufhören; die Wirtschaft muss der Höherentwicklung des Menschen dienen. Das Kapital hat im Dienst der Arbeit, die Dinge haben im Dienst des Lebens zu stehen. Anstelle der ausbeutenden und hortenden Orientierung, die im 19. Jahrhundert vorherrschte, und der heutigen Marktorientierung muss die *produktive Orientierung* das Ziel werden, auf das alle gesellschaftlichen Maßnahmen gerichtet sind." (321)

Man kann sich nur wundern, wie aktuell diese Überlegungen sind.

13. Erziehungswissenschaft und gesellschaftlicher Wandel – Überlegungen am Beispiel der Frage nach einem Paradigmenwechsel in der Kulturpädagogik

Vorbemerkung

Wenn „Wandel“ ein zentrales Merkmal moderner Gesellschaften ist und wenn Pädagogik mit ihren Vorstellungen von einer „Formung des Subjekts“ auf dem neuesten Stand sein will, dann bedeutet das, dass sie sich ebenso verändern muss wie die Gesellschaft selbst. Am Beispiel der Kulturpädagogik soll daher untersucht werden, ob und wie ein solcher Wandel stattgefunden hat.

Man kann heute Geschichtswissenschaft in vielerlei Hinsicht betreiben. Man kann etwa eine politische, eine Sozial-, Ideen- und Kulturgeschichte schreiben, man kann bestimmte Bereiche, Handlungsfelder oder auch Gegenstände historisch betrachten. Eine solche Ausdifferenzierung gibt es auch im Hinblick auf die Geschichte der Bildung und Erziehung. Pädagogisches Denken vollzieht sich nicht im luftleeren Raum, sondern ist vielfältig eingebunden in die Gesellschaft und die Prozesse des gesellschaftlichen Wandels. Insbesondere muss sich die Erziehungswissenschaft mit den sich verändernden Anforderungen an die Erziehungs- und Bildungseinrichtungen aus der Sicht der verschiedenen gesellschaftlichen Subsysteme auseinandersetzen. Daneben gibt es eigene Traditionen, in denen das jeweils gegenwärtige pädagogische Denken steht.

In diesem Kapitel will ich kurz skizzieren, wie eine vergleichsweise neue pädagogische Disziplin, nämlich die Kulturpädagogik, in gesellschaftliche Prozesse eingebunden ist und wie diese Rahmung Anlass zu Veränderungen in der kulturpädagogischen Denkweise gibt. Solche Veränderungen kann man unter den Begriff des Paradigmenwechsels fassen. Kulturpädagogik ist eine Erscheinung des 20. Jahrhunderts. Heinz-Elmar Tenorth (in Berg u. a. 1989, Bd. V) schreibt dazu:

> „Die entscheidenden Impulse, Themen und Aufgaben pädagogischen Denkens entstammten dem gesellschaftlichen Transformationsprozess, der auch für die Erziehung und Bildung nach 1918 die alten Gewissheiten des Obrigkeitsstaates destruiert. Mag die Emphase übertrieben und typisch pädagogisch erscheinen, mit der Herman Nohl, 1920 erster Lehrstuhlinhaber für Pädagogik an der Universität Göttingen, den Tag der Ausrufung der Republik begleitete, mit seinen Erwartungen stand er nicht allein: ‚Es gibt kein anderes Heilmittel für das Unglück unseres Volkes als die neue Erziehung seiner Jugend zu froher, tapferer, schöpferischer Leistung‘. Diese

> Überzeugung war weit über Pädagog*innenzirkel hinaus, unabhängig von politischen Optionen, verbreitet: gegenüber den durch Krieg und Revolution, Republikgründung und Demokratieversuch herbeigeführten Veränderungen regierte das Bewusstsein einer tiefen, epochalen Krise, im bürgerlichen Selbstverständnis gepaart mit Trauer über die Auflösung traditioneller Werte, bei der Avantgarde mit Distanz zur bürgerlichen Gesellschaft und der Kritik alter Fortschrittsannahmen. Prospektiv stand neben dieser Krisendiagnose aber die Erneuerung des Idealismus und die Überzeugung, daß die Krise zwar nicht durch das neue politische System oder die Parteien bewältigt werden kann, daß aber gesellschaftliche Leitbilder, von Eliten erzeugter, popularisierter und von einem Staat jenseits der Parteien verbürgter Sinn die Lösung der Krise sein könnte. Auf diesem Hintergrund gewannen Erziehung und Bildung unschätzbare Bedeutung im zeitgenössischen Denken." (112)

Überblick

Das Problem bei der Bearbeitung des hier behandelten Themas beginnt bereits bei der Frage, wie es angemessen beschrieben werden soll. So gibt es eine erste Unsicherheit bei der Begrifflichkeit: Soll man von „Kulturpädagogik" oder von „kultureller Bildung" sprechen? Eine Weile sah es so aus, als ob der letztere Begriff den erstgenannten verdrängen könnte. Doch gibt es inzwischen immer mehr Professuren und Studiengänge (vor allem an Hochschulen), die den Terminus im Titel führen. Entscheidet man sich für den Begriff der Kulturpädagogik, dann wird man zumindest eine ältere Kulturpädagogik, die man zeitlich in den 1920er Jahren verorten kann, von einer jüngeren Kulturpädagogik unterscheiden müssen, deren Beginn in die 1970er Jahre fällt (siehe Zirfas in Braun/Fuchs/Zacharias 2015, 20-43). Bei einem Vergleich wird man zudem feststellen, dass man es mit sehr unterschiedlichen Verständnisweisen von „Kultur" und „Bildung" zu tun hat (siehe auch Fuchs 2013). In der historisch früheren Variante von Kulturpädagogik geht es um den Leitbegriff der „musischen Bildung", wohingegen später der Begriff der „kulturellen Bildung" zentral wird. Klar ist jedenfalls: Es geht offenbar um Entwicklungen, die im 20. Jahrhundert stattgefunden haben.

Bei näherer Betrachtung wird man allerdings feststellen müssen, dass der Begriff der kulturellen Bildung zu einer größeren Begriffsfamilie gehört, was die Komplexität wieder erhöht. Man spricht nämlich auch von sozial-kultureller Bildung und von Soziokultur, von Jugendkulturarbeit, von musischer oder musisch-kultureller Bildung, von ästhetisch-kultureller Bildung von künstlerischer und nicht zuletzt von ästhetischer Bildung. Zur Verwirrung trägt zudem bei, dass unterschiedliche Begriffe durchaus auf ähnliche Praxen verweisen können, während ein und derselbe

Begriff mitunter Unterschiedliches bezeichnet. So legt eine Autorengruppe rund um den Kölner Erziehungswissenschaftler Jörg Zirfas eine „Geschichte der ästhetischen Bildung“ (2009-2021) vor, die in fünf Bänden die Zeit von der (europäischen) Antike bis zum 20. Jahrhundert erfasst und somit die zeitliche Beschränkung auf das 20. Jahrhundert deutlich sprengt.

Man kann am Beispiel unterschiedlicher Bestandsaufnahmen des Feldes der kulturellen Bildung zeigen, dass sich unter den Begriff der „kulturellen Bildung“ die verschiedenen künstlerischen Schulfächer (also etwa Musik, Kunsterziehung, Theater, Tanz) einordnen lassen, die auf sehr unterschiedliche Entwicklungslinien und Traditionen zurückblicken können. Man wird zudem eine Unterscheidung treffen müssen, ob man eine Geistes- und Ideengeschichte in den Blick nimmt, so wie es die Autor*innengruppe um Jörg Zirfas tut, ob man sozialgeschichtlich vorgeht oder man die Entwicklung entsprechender Praxisfelder mit den dazugehörigen Institutionen und Professionalitäten betrachtet. Man kann sich zudem auf die Verwissenschaftlichungs- und Akademisierungsprozesse in den verschiedenen Bereichen konzentrieren. Insbesondere rücken dann die Beziehungen zwischen der jeweiligen Praxis, den gesellschaftlichen, also den sozialen, ökonomischen, politischen und kulturellen Rahmenbedingungen und den sie begleitenden geistigen Verarbeitungsprozessen (und dies zudem in verschiedenen wissenschaftlichen Disziplinen und in der Philosophie) in den Fokus. In dieser Hinsicht ist das „Handbuch der Bildungsgeschichte“ (Berg u. a. 1987 ff.) zu empfehlen, das in jedem Band die politische, kulturelle und soziale Situation ausführlich beschreibt, in der das vorgestellte pädagogische Denken stattfindet und seine Begründung findet. Zudem werden das jeweilige Bildungssystem, die Situation der Fachkräfte und der Stand der Medienentwicklung dargestellt, sodass sich eine integrierte politische, Sozial-, Kultur- und Ideengeschichte – auch als Rahmen für die Entwicklung des ästhetischen Denkens in dem Zirfas-Projekt – ergibt.

Will man sich mit „Entwicklungen“ befassen, dann hat man es mit einer Pluralität von Forschungsgegenständen zu tun, aber auch mit unterschiedlichen Ansätzen von Geschichtsschreibung, nämlich einer Ideengeschichte, einer politischen, einer Sozial- und einer Kulturgeschichte, einer Geschichte der Institutionen und Professionalitäten, einer Geschichte der Verwissenschaftlichung und Ausdifferenzierung.

Man muss zudem sehen, dass ästhetische (oder kulturpädagogische) Praxis nicht nur in spezialisierten Kultur- und Bildungseinrichtungen stattfindet, sondern dass auch in anderen Arbeitsfeldern wie etwa der Jugend- und Sozialarbeit, der Erwachsenenbildung, dem Bereich der beruflichen Bildung und der interkulturelle Bildungsarbeit die Möglichkeiten einer solchen ästhetischen Praxis genutzt werden. Man hat es zudem mit einer Vielzahl unterschiedlichster Professionalitäten zu tun, die eine solche Arbeit anleiten. Geht man zudem davon aus, dass auch der Bereich des Informellen, also der Begegnung mit dem Ästhetischen in der alltäglichen Praxis, erhebliche Bildungswirkungen entfaltet, dann erhöht sich die Komplexität der Fragestellungen deutlich. Es ist also plausibel, den Begriff der kulturellen Bildung als „Containerbegriff" zu bezeichnen, weil er Vieles und zudem viel Unterschiedliches erfasst.

Bereits die Beschreibung der kulturpädagogischen Topographie ist also eine Herausforderung, die allerdings dadurch erleichtert wird, dass aufgrund des deutlich gestiegenen Interesses an diesem Feld eine Reihe von Versuchen einer Feldbeschreibung unternommen wurde. Zu nennen sind etwa die unterschiedlichen Ausgaben der „Konzeption kulturelle Bildung" des Deutschen Kulturrates (etwa 2004), der Bericht der Kulturenquete-Kommission des Deutschen Bundestages (2007) oder Bestandsaufnahmen im Rahmen der seit einigen Jahren intensiver betriebenen Bildungsberichterstattung (z. B. Autorengruppe 2012). Auch die Vielzahl der Artikel auf der Wissensplattform kubi-online.de zu den unterschiedlichsten Arbeitsfeldern geben einen Überblick über Theorie und Praxis in diesem Bereich.

Bei der Suche nach Darstellungen der historischen Entwicklung einzelner Arbeitsfelder wird man ebenfalls fündig. So findet man historische Darstellungen der Entwicklung unterschiedlicher künstlerischer Schulfächer bzw. außerschulischer kulturpädagogischer Institutionen und Praxisfelder. Es gibt die oben genannte ambitionierte mehrbändige Ideengeschichte der ästhetischen Bildung sowie Studien zur Rolle der ästhetischen Bildung etwa in der Jugend- und Sozialarbeit (siehe etwa die Beiträge von Burkhard Hill und Ralf Kuckherrmann in Braun/Fuchs/Zacharias 2015) sowie erste Arbeiten zur Geschichte der Kulturpädagogik im 20. Jahrhundert (Zirfas a. a. O. sowie in Zirfas u. a. 2021, 323ff). Auch die historische Bildungsforschung befasst sich immer wieder mit der Rolle des Ästhetischen im Nachdenken über Bildungsprozesse (siehe etwa Benner/Oelkers 2010).

Im Zuge der Postmoderne hat sich dieses Interesse im Bereich der Allgemeinen Pädagogik deutlich verstärkt. Man findet historische und vor allem kulturgeschichtliche Darstellungen, die auf die Rolle einer ästhetischen Praxis eingehen (etwa Nipperdey 1990). Soziolog*innen befassen sich traditionell mit dem Ästhetischen und seiner Rolle bei der Konstitution von Gesellschaftlichkeit (zunächst Georg Simmel als einer der Gründungsväter der Soziologie, später etwa Pierre Bourdieu oder – mit dem Fokus auf die Entwicklung von Subjekten – Andreas Reckwitz 2006), Politikwissenschaftler*innen thematisieren die Nutzung des Ästhetischen für politische Zwecke (Stichwort: Ästhetisierung der Politik, etwa im Anschluss an Walter Benjamin). Nicht zuletzt ist auf die Konjunktur des Ästhetischen (zusammen mit der „Wiederentdeckung des Körpers", siehe etwa die Publikationen aus dem Bereich der Historischen Anthropologie, z. B. Wulf 1992) im Zuge der Postmodernediskussion hinzuweisen (ein wichtiger Autor in Deutschland ist der Philosoph Wolfgang Welsch). Die Frage ist nun, ob in diesen historischen Darstellungen solche Veränderungen identifiziert werden können, die man als „Paradigmenwechsel" bezeichnen kann. Doch was ist ein „Paradigma" und was ist ein „Paradigmenwechsel"?

Der Begriff des Paradigmas findet sich bereits in der altgriechischen Philosophie, etwa als „*Urbild* seiner Abbilder im *ontologischen* Sinne" (Ritter/Gründer 1989, 73). Im Zusammenhang mit der Entwicklung von Wissenschaften bezeichnet der Terminus eine „*dominierende wissenschaftliche Orientierung*" (ebd.). Dieses Verständnis geht auf das Buch des Physikers und Wissenschaftshistorikers Thomas Kuhn über „Die Struktur wissenschaftlicher Revolutionen" (zuerst 1962) zurück. Insbesondere geht es Kuhn um die Analyse der wissenschaftlich-technischen Revolution in der Physik im Übergang zur Neuzeit. Ein Paradigmenwechsel, bei dem bisherige Standards der Forschung und der Theorienbildung aufgegeben werden, kommt durch wissenschaftliche Entdeckungen zustande, die mit den bislang vorhandenen Denkmodellen nicht in Einklang gebracht werden können, dadurch eine Krise verursachen und daher einen Wechsel des Paradigmas geradezu erzwingen. Eine „normale Wissenschaft" im Sinne von Kuhn ist „eine Forschung, die fest auf einer oder mehreren wissenschaftlichen Leistungen der Vergangenheit beruht, Leistungen, die von einer bestimmten wissenschaftlichen Gemeinschaft eine Zeitlang als Grundlagen für ihre weitere Arbeit anerkannt werden." (25) Die Praxis einer in diesem Sinne „normalen Wissenschaft" ist kumulativ (65).

Kuhn nennt in seinem Buch eine Vielzahl physikalischer Entdeckungen, die – wie man heute weiß – bereits in der Endphase des Mittelalters vorbereitet wurden, welche mit den philosophisch-spekulativen Theorien, die man vor allem aus der griechischen Antike (Aristoteles, Platon) übernommen hatte, nicht mehr erklärt werden konnten. Dies erzwang geradezu einen Wechsel in den Erklärungsmustern und Denkmodellen, also einen Wechsel des Paradigmas. Eine wichtige Erkenntnis dieser Forschungen besteht darin, dass wissenschaftliche Entwicklung kein linearer und kumulativer Prozess einer ständigen Vermehrung des Wissens ist, sondern dass mit Fehlentwicklungen, Irrtümern und vor allen Dingen mit Brüchen zu rechnen ist.

Im Hinblick auf unsere erziehungswissenschaftliche Fragestellung und insbesondere vor dem Hintergrund der wachsenden Popularität der Theorie einer „transformatorischen Bildung" (Rainer Kokemohr; siehe Koller 2018) ist es interessant, dass der Gedanke einer nichtlinearen und nichtkumulativen Entwicklungstheorie auch in der Psychologie etwa von Jean Piaget oder Lew Wygotski vertreten wurde. Piaget selbst hat in einer seiner letzten Arbeiten seine Entwicklungstheorie zur Beschreibung der

Entwicklung in den Naturwissenschaften und der Mathematik angewandt (Piaget/Garcia 1989), was später von der von Jürgen Habermas geleiteten Arbeitsgruppe in dem damaligen Max-Planck-Institut zur Erforschung der Lebensbedingungen der wissenschaftlich-technischen Welt in Starnberg übernommen wurde (Böhme/van den Daele/Krohn 1977; siehe auch die Arbeiten von Günter Dux oder Georg Oesterdiekhoff). Der Grundgedanke dieser wissenschaftshistorischen Entwicklungstheorie ist derselbe, den Thomas Kuhn (inspiriert von den Arbeiten des polnischen Wissenschaftsforschers Ludwig Fleck) formuliert hat: Neue Wahrnehmungen und Forschungsergebnisse werden so lange in vorhandene Theorien integriert („Assimilation"), wie es nicht zu eklatanten Widersprüchen kommt. Kann man diese Widersprüche nicht mehr ignorieren, ist man gezwungen, die bisherigen kognitiven Verarbeitungsschemata zu verändern („Akkomodation"), bei Piaget mit dem Ziel, zu einem neuen Gleichgewicht zu kommen („Äquilibrationstheorie").

Man muss allerdings sehen, dass es sich bei dieser Konzeption von Entwicklung um einen idealtypischen und abstrakten Entwurf handelt. Denn in der Realität des Wissenschaftsbetriebes spielen auch andere Faktoren eine Rolle, die die Entwicklung beeinflussen. So geht es auch um Macht und Einfluss, um Stellen, Stellenbesetzungen und Fördermittel, bei denen das Ziel der Erhaltung des Deutungsrechtes zentral ist. In diesem Sinne sprach ein prominenter Naturforscher einmal davon, dass auch widerlegte Theorien so lange vertreten werden, bis ihr letzter Anhänger gestorben ist. Bei der Untersuchung wissenschaftlicher Entwicklungen wird man also neben wissenschafts- und erkenntnistheoretischen Fragen auch soziologische und psychologische Aspekte berücksichtigen müssen.

Ein wichtiger Streitpunkt in diesem Kontext ist die Frage danach, ob die Entwicklungsimpulse für die Entwicklung von Wissenschaften eher wissenschaftsimmanent sind oder ob sie eher von außen kommen. Beides lässt sich finden, denn zum einen sind es gesellschaftliche Wandlungsprozesse, die mit vorhandenen Theorien nicht bewältigt und erklärt werden können, zum anderen muss man allerdings auch die Eigenlogik wissenschaftlicher Erkenntnisgewinnung als Antriebskraft respektieren. In jedem Fall geht es darum, dass der Prozess der „normalen Wissenschaft" gestört wird. Es taucht etwas Neues auf, wobei das Neue Unterschiedliches sein kann: neue Problemstellungen, neue Methoden, etwa aufgrund von Möglichkeiten, die sich aufgrund von neuen technischen Geräten ergeben, neue Interessenlagen und Sichtweisen, ein gesellschaftlich wirksames Auftauchen oder Relevant-Werden neuer Weltanschauungen oder philosophischer Konzeptionen. Im Bereich der Kultur-, Geistes- und Gesellschaftswissenschaften spielen – gerade in den letzten Jahrzehnten – in immer kürzeren Zeitabständen erfolgende „turns" eine Rolle, die zu veränderten Auffassungen, Methoden und theoretischen Konzeptionen führen und die auch in der Erziehungswissenschaft rezipiert wurden (performative, cultural, postcolonial, iconic, linguistic, spatial etc. turn; vgl. Medick-Bachmann 2018).

Bevor ich nunmehr auf die Frage eingehe, inwieweit es Paradigmenwechsel im Bereich der kulturellen Bildung und ihrer wissenschaftlichen Erforschung gibt, kann man die Frage stellen, inwieweit es solche Paradigmen und Paradigmenwechsel generell in der Erziehungswissenschaft gegeben hat. So unterscheidet man unterschiedliche Konzeptionen von Erziehungswissenschaft, bei denen man fragen kann, inwieweit sie auch in der Kulturpädagogik eine Rolle spielen, etwa kritische, normative, phänomenologische, soziologische, philosophische, hermeneutische, psychoanalytische, systemtheoretische etc. Erziehungswissenschaft, die untereinander nur begrenzt und zum Teil überhaupt nicht miteinander kompatibel sind und die sich gelegentlich sogar wechselseitig den Wissenschaftscharakter absprechen.

Seit einigen Jahren gibt es zudem in der Sektion Allgemeine Erziehungswissenschaft und Bildungsphilosophie in der Deutschen Gesellschaft für Erziehungswissenschaft eine Kommission Wissenschaftsforschung, die sich intensiv mit dem Selbstverständnis der gesamten Disziplin und insbesondere mit der Rolle Allgemeiner Pädagogik auseinandersetzt:

> „Seit den 1990er-Jahren wird in wissenschaftshistorischer, -soziologischer und -theoretischer Perspektive kontrovers diskutiert (…), ob und in welcher Weise die Wissenschaft einem tiefgreifenden methodischen und institutionellen Wandel unterliegt, der gar die Rede von einem Epochenumbruch rechtfertigt. Im Zentrum der Diskussion stehen Überlegungen, in denen das Verhältnis der Universität zu ihren relevanten Umwelten Politik, Wirtschaft und Medien untersucht und vor dem Hintergrund der Unterscheidung von anwendungs- und grundlagenorientierter Forschung neu bewertet wird (…). Auch in der Erziehungswissenschaft sind solche Wandlungsprozesse rund um das Thema ‚unscharfe Grenzen‘ in jüngerer Zeit Gegenstand der disziplinären Selbstvergewisserung.“ (Meseth in Binder/Meseth 2020, 7)

Meseth zieht als Mitherausgeber eines bilanzierenden Bandes zu dieser Fragestellung das folgende Fazit:

> „In der Gesamtschau auf die Beiträge des Bandes fällt dreierlei auf. Erstens zeigt sich, dass die Heterogenität in der Produktion erziehungswissenschaftlichen Wissens in fast allen Beiträgen thematisch wird und hierbei kaum unter dem Aspekt des (Struktur-)Wandels, sondern unter dem der Kontinuität eines besonderen Merkmals der Erziehungswissenschaft diskutiert wird. Gleiches gilt, zweitens, auch für die Differenz von anwendungs- und grundlagenorientiertem Forschungswissen, das unter dem Stichwort des

> ‚Theorie-Praxis-Problems' einen relevanten und dauerhaften Bezugspunkt in der disziplinären Kommunikation bildet. Drittens zeigt der Blick auf die Beiträge, dass Indikatoren für einen möglichen Strukturwandel – neben dem Thema der Digitalisierung – vor allem in den Veränderungen der Organisation von Forschung und Lehre identifiziert werden, welche sich im Zuge des Bologna-Prozesses und der Etablierung des *New Public Managements* eingestellt haben." (12)

Hans-Christoph Koller (2008) thematisiert als mögliche Grundbegriffe, von denen die Erziehungswissenschaft ihren Ausgangspunkt nehmen könnte, die Begriffe der Erziehung, der Bildung und der Sozialisation. Er stellt als weitere Möglichkeit der Unterscheidung einen empirischen, einen hermeneutischen und einen kritischen Ansatz vor. Im Hinblick auf die gegenwärtige Situation in der Erziehungswissenschaft wird man davon ausgehen müssen, dass all diese Ansätze in einer mehr oder weniger friedlichen Koexistenz nebeneinander existieren. In einer historischen Perspektive wird man den Erziehungsbegriff der Aufklärung zuordnen, den Bildungsbegriff den Arbeiten von Wilhelm von Humboldt und das Konzept einer Kritischen Erziehungswissenschaft seit den späten 1960er Jahren der Rezeption der Kritischen Theorie der Frankfurter Schule zuschreiben.

In einer erweiterten historischen Perspektive kann man einen Paradigmenwechsel im Verständnis von Bildung und Erziehung in der Abfolge der traditionell unterschiedenen historischen Epochen ausmachen, wobei zu sehen ist, dass es in jeder der genannten Epochen (Antike, Mittelalter, Renaissance, Aufklärung, Neuhumanismus, Reformpädagogik, Nationalsozialismus, so die Gliederung bei Brigitta Fuchs (2019), unterschiedliche Ansätze und Bezugstheorien – meist aus der Philosophie – gibt. Hermann Veith (2003) rekonstruiert die jeweiligen Leitbegriffe in der Pädagogik („historische Semantiken") in der neuzeitlichen Geschichte Europas und setzt sie zu Entwicklungen in Wirtschaft, Politik, Weltbild etc. in Beziehung. Ein ähnlicher Versuch – allerdings unter Ausblendung gesellschaftlicher Rahmenbedingungen – ist die Darstellung paradigmatischer Veränderungen im „Lehrplan des Abendlandes" (Dolch 1971). Ein Paradigmenwechsel wurde sicherlich von Heinrich Roth im Jahr 1962 mit seiner Forderung nach einer „realistischen Wende", also der Einbeziehung empirischer Methoden, gewollt.

König/Zedler (1998) kennzeichnen eine wissenschaftliche Gemeinschaft, die einem bestimmten Paradigma folgt, durch die folgenden Aspekte:

- „eine ähnliche Ausbildung, die sich überwiegend auf die gleiche Fachliteratur stützt,
- enge Kommunikation in dieser Gemeinschaft,

- übereinstimmende Auffassung bei einer Reihe von Themen,
- Kommunikationsprobleme mit anderen Gruppen.“ (20)

Vor diesem Hintergrund sprechen die Autoren (im Anschluss an Thomas Kuhn) von einer Inkommensurabilität der Paradigmen und erläutern dies am Beispiel des Verhältnisses von Verhaltenstheorie und Hermeneutik.

Im Hinblick auf die vorgestellten (und in ihrer Anzahl noch deutlich zu erweiternden) Theoriekonzeptionen und Paradigmen in der Erziehungswissenschaft wird man also nicht von einem Paradigmenwechsel, sondern vielmehr von einem Nebeneinander und einer Pluralität unterschiedlicher Paradigmen sprechen können, zumal sich die Vertreter der jeweiligen Paradigmen darum bemüht haben, ihre spezifische *scientific community* dadurch zu stabilisieren, dass ihr Ansatz an bestimmten Hochschulen institutionalisiert ist und sie eigene Publikationsorgane und zum Teil eigene Fachorganisationen haben, die für Zusammenhalt und Zukunftsfähigkeit ihres Ansatzes sorgen.

Der vielleicht bedeutendste (versuchte und zum Teil erfolgreiche) Paradigmenwechsel in den letzten Jahrzehnten ist der Übergang zu einer evidenzbasierten Bildungspolitik, verbunden mit einer deutlichen Bevorzugung quantitativ-empirischer Forschungen. Hierbei spielt die Politik mit einer entsprechenden Förderpolitik und mit Initiativen wie etwa der Exzellenzinitiative des Bundes, verbunden mit Rankings von Hochschulen, eine zentrale Rolle. Diese politisch provozierte Konjunktur empirisch-quantitativer Forschung ist eng mit der Durchsetzung neoliberaler Gesellschaftsvorstellungen und ihrer Steuerungsmethoden verbunden, so wie sie seit Ende der 1980er Jahre in Politik und Verwaltung durchgesetzt wurden („Neues Steuerungsmodell“).

Es gibt also in der Tat auch in der Erziehungswissenschaft erfolgreiche Versuche, einen Paradigmenwechsel zu realisieren, es gibt allerdings auch einen ständigen Streit um das Deutungsrecht, was wiederum mit dem Versuch verbunden ist, eine Dominanz des eigenen Paradigmas herbeizuführen. Ein solcher Versuch ist zurzeit bei einer wachsenden Gruppe von Erziehungswissenschaftler*innen festzustellen, die bei aller Unterschiedlichkeit ihre Gemeinsamkeit darin sehen, sich auf poststrukturalistische Theorien vor allem französischer Provenienz aus der zweiten Hälfte des 20. Jahrhunderts zu beziehen. Diese Spiele um Einfluss und Macht finden insbesondere im Bereich der Allgemeinen Pädagogik und Bildungstheorie statt und haben ein organisatorisches Zentrum in der Kommission Allgemeine Pädagogik und Bildungsphilosophie in der Deutschen Gesellschaft für Erziehungswissenschaft.

Paradigmen und Paradigmenwechsel in der kulturellen Bildung – einige Hinweise

Die bislang umfangreichste Darstellung der Geschichte zumindest eines Bereiches bzw. einer Dimension des hier diskutierten Themas ist die oben erwähnte „Geschichte der ästhetischen Bildung". Interessant an dieser Darstellung ist unter anderem, dass erst im vierten Band (Klassik und Romantik) mit Wilhelm von Humboldt, Friedrich Schleiermacher und Johann Friedrich Herbart Autoren auftauchen, die man in einem engeren Sinne der Pädagogik zurechnen kann. Bis zu diesem Zeitpunkt sind es vor allem Philosophen und Dichter, in deren Werk – etwa als Element einer gelingenden Lebensgestaltung – ästhetische Praxis auftaucht. Ich komme später auf dieses Werk zurück. Interessant ist zudem, dass in dem letzten Band, der sich mit dem 20. Jahrhundert befasst, nicht nur der Bildungswert spezieller künstlerischer Sparten (Design, Film, Musik, bildende Kunst) thematisiert wird. Vielmehr werden dort auch das Konzept der musischen Bildung (Tanja Klepacki) und in einem letzten inhaltlichen Kapitel schließlich die ästhetische/kulturelle Bildung (Zirfas) vorgestellt. Kulturelle Bildung erscheint somit als vorläufiger Endpunkt einer Entwicklung, die über lange Zeit eine philosophische Reflexion über die Bedeutung des Ästhetischen war und die erst in den letzten zwei Jahrhunderten eine explizit pädagogische Thematisierung erfahren hat.

In einer methodologischen Schlussbetrachtung von Leopold Klepacki und Jörg Zirfas weisen die beiden Autoren zwar auf die Möglichkeit hin, die historische Rekonstruktion der ästhetischen Bildung als Ideen-, Sozial-, Kultur-, Mentalitäts- oder Institutionengeschichte zu schreiben. Doch entscheidet sich das Autorenkollektiv offensichtlich für eine ideengeschichtliche Darstellung, wobei die Herausgeber der einzelnen Bände immerhin den Versuch einer Einbettung der ideengeschichtlichen Entwicklung in die jeweiligen politischen, sozialen und kulturellen Entwicklungen unternehmen.

Zirfas beginnt sein Abschlusskapitel („Die aktuelle Situation") mit einer Beschreibung der Heterogenität des gesamten Feldes. In disziplinärer Hinsicht weist er auf den Zusammenhang mit der Anthropologie, der Politik, der Gesellschaft, dem demographischen Wandel, der Kultur, dem Recht, den Institutionen, der Ökonomie und der Technik hin (323). Dies hat unter anderem zur Folge, dass sich die unterschiedlichsten Disziplinen (Philosophie, Soziologie, Psychologie, Theologie, Kunstwissenschaften, Medienwissenschaften) neben der Erziehungswissenschaft mit einiger Berechtigung auf das Thema des Ästhetischen und der ästhetischen Bildung einlassen können. Zirfas beschreibt die Konjunktur der kulturellen Bildung seit den 1970er Jahren in der Bildungs-, Jugend- und Kulturpolitik, wobei insbesondere die spezifischen Versprechungen des Ästhetischen eine Motivation für die Unterstützung entsprechender Bildungsangebote in den verschiedenen Politikfeldern darstellen.

Der Gedanke eines Paradigmenwechsels liegt nicht nur dort nahe, wo es gegen Ende der 1960er Jahre einen Übergang von der musischen zur kulturellen Bildung gegeben hat, sondern drängt sich insbesondere im Kontext der PISA-Studien auf, die eine Konjunktur der Kompetenzorientierung verbunden mit einer wachsenden Dominanz quantitativer-empirischer Methoden spiegeln. Es wird zudem ein Zusammenhang mit gesellschaftlichen Prozessen hergestellt:

> „Fasst man die etwa 100-jährige Geschichte der ästhetischen bzw. kulturellen Bildung des 20. Jahrhunderts zusammen, so lässt sich zunächst festhalten, dass sie von ihrer Genese her ein Krisenphänomen ist, das mit den Modernisierungsprozessen des 20. Jahrhunderts eng verknüpft ist. Sind es zu Beginn des 20. Jahrhundert industrielle und technische Entwicklungen (zum Beispiel Beschleunigung und Urbanisierung), kulturelle Krisen und politische Katastrophen, die die pädagogischen Frage nach den Werten und Verbindlichkeiten virulent werden lassen, so sind es in den sechziger und siebziger Jahren Fragen der Demokratie, der Partizipation und der Anerkennung, auf die die ästhetische bzw. kulturelle Bildung mit ihren Ansätzen einer Pluralisierung von Kulturen und Lebensstilen, in soziokulturellen Angeboten und politischen Teilhabekonzepten reagiert." (333 f.)

Zirfas unterscheidet drei Etappen in der Entwicklung der Kulturpädagogik im 20. Jahrhundert (in Braun u. a. 2015, 20 ff.), nämlich die *Geisteswissenschaftliche Kulturpädagogik* der 1920er Jahre, eine *emanzipatorische Kulturpädagogik* seit den 1970er Jahren, hier in Verbindung mit einem neuen Verständnis von Kulturpolitik, deren Kernbegriff Soziokultur ist, und schließlich eine *reflexiven Kulturpädagogik* seit den 1980er Jahren. Während sich die Geisteswissenschaftliche Kulturpädagogik sehr stark an der in der zweiten Hälfte des 19. Jahrhunderts entwickelten Kulturphilosophie orientiert, zu der die Philosophen und Pädagogen, die wesentlich von Wilhelm Dilthey inspiriert waren, wichtige Beiträge leisteten, ist der Leitbegriff der zweiten Phase, der emanzipatorischen Kulturpädagogik, der von Hilmar Hoffmann eingeführte Zielbegriff einer „Kultur für alle". Es ging um ein erweitertes Verständnis von Kultur, aber auch um eine Demokratisierung der bislang nur einer kleinen gesellschaftlichen Schicht vorbehaltenen „Hochkultur". Pädagogische Ansätze spielten in diesem kulturpolitischen Konzept eine wichtige Rolle. Die reflexive Kulturpädagogik seit den 1980er Jahren

> „erweitert die Perspektiven der Kulturpädagogik noch einmal, insofern sie die praktischen sozial- und kulturwissenschaftlichen Weichenstellungen der emanzipatorischen Perspektive aufgreift, diese aber im hermeneutischen

> Rahmen der älteren Variante der Kulturpädagogik reflektiert und zugleich mit neueren Forschungsansätzen aus den Sozial- und Kulturwissenschaften ergänzt und kritisiert." (32)

Zirfas zitiert die förderpolitisch wichtige Definition kultureller Bildung aus dem Kinder- und Jugendplan des Bundes (KJP). Sein Fazit:

> „Zusammenfassend zeigt sich, dass die Ästhetische Bildung mittlerweile als Sammelbegriff für pädagogische Bestrebungen erscheint, kulturelle und ästhetische Lebensformen zu vermitteln und anzueignen; kulturelle Bildung wird hierbei als Teil der Allgemeinbildung im Kontext von Kunst und Kultur verstanden. Die Kulturpädagogik findet sich in einem heterogenen und durchaus widersprüchlichen Feld wieder: Sie reagiert einerseits auf die neoliberalen Tendenzen mit einer zunehmenden empirischen Forschung auf der einen und einer sich intensivierenden Legitimationsarbeit auf der anderen Seite, d.h. sie fokussiert die Transferforschung, eine Kompetenzorientierung und Qualitätssicherung und bedient somit den aktuellen Zeitgeist." (337)

Im Hinblick auf die Frage nach einem möglichen Paradigmenwechsel ist diese Gliederung in der Entwicklung des 20. Jahrhunderts (die Zeit des Nationalsozialismus ist ausgeklammert) aufschlussreich. Zum einen zeigt sich, dass der Kulturdiskurs (und damit auch der kulturpädagogische Diskurs) wie oben erwähnt ein Krisendiskurs ist: Die erste Kulturpädagogik entstand nach der Krise des verlorenen Ersten Weltkrieges mit dem Versuch, über einen konservativen und wertorientieren Kulturbegriff eine neue Sinnhaftigkeit vor allem bei den angehenden Gymnasiallehrern herzustellen (dies war die explizite Aufgabe der Leipziger Professur, die Theodor Litt von Spranger übernahm). Auf die entscheidende Rolle einer speziellen Kulturphilosophie wurde oben hingewiesen. In wissenschaftssoziologischer Hinsicht kann man von einer „Schule" sprechen. Man achtete auf die „Reinheit der Lehre", wie etwa Sprangers an Kerschensteiner gerichtete Warnung zeigt, sich nicht auf die pädagogischen und philosophischen Ansätze des amerikanischen Mitbegründers des philosophischen Pragmatismus John Dewey einzulassen. Dieser Ansatz wirkte auch nach dem Zweiten Weltkrieg fort, da die Vertreter der Geisteswissenschaftlichen Pädagogik zunächst weiterhin die pädagogischen Diskurse (und Lehrstühle) dominierten.

Die emanzipatorische Kulturpädagogik fügt sich in die Entwicklung der Allgemeinen Pädagogik ein, in der ebenfalls Emanzipation aufgrund der Rezeption der Kritischen Theorie der Frankfurter Schule ein zentrales Erziehungs- und Bildungsziel wurde. Ein politisches (und auch pädagogisches) Leitmotiv wurde die Aufforderung der ersten sozial-liberalen Koalition: „Mehr Demokratie wagen!".

Die dritte Phase geht mit einer zunehmenden Verwissenschaftlichung und Akademisierung der Kulturpädagogik einher. Nach der Rezeption der Kritischen Theorie erfolgte eine zunehmende Rezeption poststrukturalistisch orientierter, französischer Philosophen, deren Arbeiten mit einer Verzögerung von einigen Jahrzehnten in den letzten Jahren auch in der deutschsprachigen Erziehungswissenschaft an Einfluss gewonnen haben. Hinzu kam eine deutlich verstärkte Forschungsförderung, was zu Zusammenschlüssen interessierter Forscher*innen geführt hat (Netzwerk Forschung Kulturelle Bildung).

Neben dieser Entwicklung, die zu einem abgrenzbaren Arbeitsfeld und zu einer deutlichen Entwicklung und Ausdifferenzierung im Bereich der zugehörigen Wissenschaften geführt hat, gibt es eine weitere traditionsreiche Strömung, die mit ähnlichen Begrifflichkeiten (‚ästhetische Bildung', Ästhetik und Bildung, kulturwissenschaftliche Erziehungswissenschaft) arbeitet wie die sich auf ein bestimmtes Feld begrenzende Kulturpädagogik. Diese Strömung hat aber ein anderes Anliegen und grenzt sich zum Teil von den beiden letztgenannten Entwicklungsetappen der emanzipatorischen und reflexiven Kulturpädagogik deutlich ab (siehe etwa den Beitrag „Kulturwissenschaftliche Pädagogik" von Käthe Meyer-Drawe in Jäger/Straub 2004, 602 ff.). So gibt es unterscheidbare, allerdings eng miteinander verbundene Entwicklungslinien in der Allgemeinen Pädagogik, bei denen es gerade nicht um die Konstituierung eines eigenständigen pädagogischen Arbeitsfeldes geht, sondern um eine Grundlegung der Pädagogik schlechthin, so wie sie auch in der erstgenannten Phase der Kulturpädagogik in den 1920er Jahren angestrebt wurde. Aus diesem Grund scheint die Linearität der Entwicklungsgeschichte von Zirfas, bei der diese erstgenannte Kulturpädagogik als Vorläufer der Entwicklung nach dem Zweiten Weltkrieg zu sehen ist, nur begrenzt akzeptabel zu sein. Auch Käte Meyer-Drawe (a.a.O., 602) weist auf die Notwendigkeit einer Unterscheidung hin:

> „Sowohl unter dem Titel ‚kulturwissenschaftliche Pädagogik' als auch unter der Bezeichnung ‚Kulturpädagogik' wird man unter den einschlägigen Autoren und Autorinnen kein einvernehmliches Verständnis von ihrem Gegenstand finden. Es ist strittig, ob mit Kulturpädagogik eine Teildisziplin der Pädagogik bezeichnet ist oder ob hier eine eigenständige Ausbildung im praktisch-künstlerischen Tun in Verbindung mit der sich darauf beziehenden wissenschaftlichen Reflexion gemeint ist. Es gibt Überschneidungen mit anderen Subdisziplinen der Erziehungswissenschaft wie der Erwachsenenbildung und der Schulpädagogik. Der unklaren Lage in der Theorie korrespondiert die Heterogenität der entsprechenden Praxisbereiche und die Unbestimmtheit des Berufsfeldes."

Ihr Fazit:

> „Es bleibt schwierig für eine noch ausstehende konsistente kulturwissenschaftliche Pädagogik, an kulturpädagogische Traditionen anzuknüpfen. Vielleicht sollte man diese Schwierigkeit begrüßen, wenn man bedenkt, welche fatale Harmlosigkeit dieses Adjektiv birgt.“ (612)

Noch deutlicher distanziert sich Karl Helmer (in seinem Beitrag „Kultur“ in Benner/Oelkers 2004, 527 ff.) von einer Kulturpädagogik, die sich bloß als erziehungswissenschaftliches Teilgebiet versteht:

> „Nur selten schließt die Diskussion (in dieser neuen Kulturpädagogik; M. F.) an die pädagogisch-theoretische Tradition an. Zumeist wird Kultur denominativ als das Feld von Kunst, Musik und Literatur, Tanz, Gymnastik, Film und Theater, Medien und Computer verstanden, Kulturpädagogik entsprechend auf eine politische, praktische, organisatorische, methodisch-didaktische Pragmatik beschränkt, die weithin in den Spuren kreativer und kommunikativer Orientierung verbleibt. Die Kulturtheorie, wie sie seit etlichen Jahren leitend in der Philosophie diskutiert wird, findet derzeit in der Pädagogik kaum Beachtung; eine dezidiert theoretische kulturpädagogische Reflexion, die sich an der eigenen Tradition messen ließe, steht noch aus.“ (546f.)

Eine vergleichbare Distanz zur aktuellen kulturpädagogischen Praxis findet man auch dort, wo man im Bereich der Allgemeinen Erziehungswissenschaft und Pädagogik die Rolle des Ästhetischen als wesentliches Konstitutionsprinzip betont (ein Beispiel unter vielen: B. Fuchs/Koch 2010). Klaus Mollenhauer sprach von „Vergessenen Zusammenhängen“ und leitete damit einen Paradigmenwechsel gegenüber seinem eigenen früher verfolgten emanzipatorischen Ansatz ein. Allerdings war das Ästhetische und insbesondere die sinnliche Dimension des Menschen keineswegs vergessen, vielmehr spielte sie als Kritik an einer kognitivistisch verengten Praxis insbesondere im Bereich der Schule immer schon eine wichtige Rolle. Dietrich/Krinninger/Schubert (2012) beziehen sich in ihrem Einführungsbuch, das auf eine aktuelle ästhetische Praxis in der Pädagogik zielt, auf entsprechende anthropologisch-philosophische Überlegungen von Schiller und Dewey.

Wie erwähnt befasst sich ein Großteil der Texte in den fünf Bänden der „Geschichte der ästhetischen Bildung“ mit der Entwicklung des ästhetischen Denkens und weniger mit einer Pädagogik des Ästhetischen. Es handelt sich also um verschiedene Diskurse, nämlich einmal um Konstitutionsprobleme einer allgemeinen pädagogischen Theorie, zum anderen um die Entwicklung des ästhetischen Denkens im Bereich der Philosophie und zum dritten um eine Überlegung, auf die Günther

Buck (1984) hingewiesen hat. Buck zeigt nämlich am Beispiel von Jean-Jacques Rousseau, der in keiner Darstellung der Geschichte des pädagogischen Denkens fehlt, dass „Bildung“ für Rousseau (und für andere, die ihm nachfolgen) nicht als *pädagogischer* Begriff verstanden werden darf, sondern als *philosophische* Kategorie, die er im Rahmen der Architektur seines philosophischen Theoriegebäudes benötigt, um eine Vermittlung des Einzelnen mit der Gesellschaft kategorial zu leisten.

In seinem Handbuchbeitrag „Ästhetische Bildung“ weist Eckhard Liebau (in Braune-Krickau u. a. 2013, 253ff.) auf zu berücksichtigende, aber deutlich von der deutschen Entwicklung zu unterscheidende Ansätze in anderen Ländern hin:

> „Während in der deutschen Debatte der gesamte soziokulturelle Bereich – nicht nur künstlerisch-ästhetische Bildung, sondern auch politische, soziale, historische Bildung – im Oberbegriff mitgemeint wird, bezieht sich die internationale Debatte unter dem Begriff der ‚arts education‘ in der Regel eindeutig und ausschließlich auf – allerdings weitgefasste – ästhetische Ausdrucks- und Erscheinungsformen im engeren Sinne. Dabei finden sich fünf unterschiedlich fokussierte Ansätze und Begründungsmuster in verschiedenen Weltregionen:
>
> - der ökonomische Ansatz
> - der Erbschafts- und Vielfaltsansatz
> - der gesellschaftspolitisch-therapeutische Ansatz
> - der Erziehungs- und Bildungsansatz
> - der kunstorientierte Ansatz
>
> Einer der international einflussreichsten Ansätze ist der ökonomische. Er argumentiert mit den in der Zukunft zu erwartenden ökonomischen Resultaten von Investitionen in die ‚arts education‘. Da gibt es nicht nur einen starken Glauben an Kreativität als zentrales Ergebnis von ‚arts education‘, sondern auch einen starken Glauben an andere Schlüsselkompetenzen wie Kommunikations- und Kooperationsfähigkeit. Und es findet sich ein – mehr oder minder – starker Glaube an die Transferwirkungen von ‚arts education‘ auf kognitive Fähigkeiten in der Mathematik, in den Sprachen, in den wissenschaftlichen Fächern überhaupt. Häufig stehen diese ‚Nebenwirkungen‘ im Mittelpunkt der Argumentation“ (ebd., 258 f.).

Entwicklungstendenzen

Jörg Zirfas beendet seinen Blick in die Zukunft mit den folgenden Feststellungen:

> „Aktuelle Forschungen machen insgesamt deutlich, dass die ästhetische Bildung als eine eigenständige, grundlegende Form der Bildung zu verstehen ist. Denn nur so kann man auch der enormen Bedeutung der Ästhetik und der ästhetischen Bildung im menschlichen Leben gerecht werden. Alle öffentlichen und privaten Handlungsfelder, alle sozialen Gruppen und soziokulturellen Milieus, die Entwicklung und Darstellung von Identität, die Erfahrung des Eigenen und Fremden, die Artikulation und kulturelle Ausgestaltung existenzieller Lebenserfahrungen, der Lebensalltag und dessen Transzendenz werden auf grundlegende Weisen durch ästhetische Prozesse bestimmt. Ästhetische Bildung ist enorm bedeutsam für die Selbst- und Weltwahrnehmung, für Gestaltungs- und Partizipationspraxen und für Motivations- und Sinnstiftungsprozesse. Nach allem, was wir wissen, trägt sie in entscheidender Weise zur Persönlichkeitsbildung und zur Weiterentwicklung der Gesellschaft bei, ohne dass ihre Voraussetzungen, Prozesse und Effekte immer eindeutig zu bestimmen und zu klären sind." (Zirfas u. a. 2021, 339 f.)

Allerdings weist Zirfas auf bestimmte Stolpersteine bzw. Problemlagen hin, die eine kulturpädagogische Arbeit der Gegenwart und Zukunft zu berücksichtigen hat. Als erstes nennt er den Punkt, dass eine ästhetische Bildung, die sich „einer nicht enden wollenden kreativen Verbesserung und Entfaltung des Individuums oder einer funktionalen Selbstoptimierungslogik" (338) verschreibt, durchaus den Prinzipien einer neoliberalen Deregulierung, Globalisierung und Privatisierung des Marktes und des Sozialen entspricht (siehe hierzu auch Fuchs 2014). Er weist auf die Notwendigkeit der Zusammenarbeit von Bildungs- und Kultureinrichtungen hin, auf die Berücksichtigung der Globalisierung, der Öffnung für neue Medien, die Berücksichtigung des demographischen und sozialen Wandels. Zu der Debatte über einen notwendigen Paradigmenwechsels gehört auch die aktuelle Konjunktur des Transformationsbegriffs in den unterschiedlichsten Bereichen. Insbesondere geht es um die Transformation von einer „imperialen" zu einer „solidarischen Lebensweise" (im Anschluss an Ulrich Brand und Markus Wissen), also um ein anderes Verständnis von einem „guten Leben", bei dem Menschen des Globalen Nordens nicht mehr auf Kosten von Menschen des Globalen Südens leben (siehe hierzu Fuchs 2019; 2022; Schneidewind 2018).

Inwieweit eine Kulturpädagogik, die diese kritischen Aspekte berücksichtigt, einen Paradigmenwechsel vollziehen muss, bleibt zunächst einmal offen. Immerhin hat Wolfgang Klafki (1994) bereits vor Jahrzehnten mit seinem Konzept „epochaltypischer Schlüsselprobleme" eine entsprechende Liste gesellschaftlicher (und damit auch pädagogischer) Herausforderungen publiziert. Vermutlich muss man in dieser Hinsicht die Naturwissenschaften von den Geistes-, Kultur- und Sozialwissenschaften unterscheiden. Auch wenn es in den Naturwissenschaften gelegentlich eine (akzeptierte) Komplementarität von einander widersprechenden Theorien gibt (etwa bei der Akzeptanz der Wellen- und Korpuskeltheorie des Lichtes), werden dort Paradigmenwechsel eindeutiger vollzogen. So wird kein ernstzunehmender Wissenschaftler heute die Schöpfungsgeschichte der Evolutionstheorie vorziehen, die Phlogistontheorie oder das ptolomäische Weltbild vertreten. In der Philosophie und in den Sozial-, Kultur- und Geisteswissenschaften dagegen kann man sich leicht anhand bewährter Handbücher davon überzeugen, dass es auch heute noch ein akzeptiertes Nebeneinander unterschiedlichster und meist inkommensurabler Konzeptionen und Theorien gibt, sodass der dem Philosophen Fichte zugeschriebene Spruch „Was für eine Philosophie man wähle, hängt davon ab, was für ein Mensch man ist", plausibel und auf die genannten Wissenschaften übertragbar erscheint.

Es lassen sich allerdings auch in der Erziehungswissenschaft erwünschte und auch realisierte Paradigmenwechsel identifizieren, und dies beginnt bereits bei der Entscheidung, ob man den Begriff „Pädagogik" oder „Erziehungswissenschaft" zur Beschreibung des Feldes verwendet. Nicht unplausibel ist zudem der Vorschlag, dass eine etwas freche Übersetzung des Begriffs des Paradigmas in dem Wort „Mode" zu finden ist. Gelegentlich findet man in der Wissenschaftsgeschichte auch Situationen, auf die die Redewendung vom alten Wein in neuen Schläuchen passt. Auch die aktuelle (zunehmend neoliberal imprägnierte) Wissenschafts- und Universitätslandschaft ermutigt gerade jüngere Wissenschaftler*innen dazu, vermeintlich Neues zu publizieren. Auch hier ist an eine Erkenntnis von Thomas Kuhn zu erinnern, dass Paradigmenwechsel nicht notwendigerweise zu Erkenntnisfortschritten führen müssen. Zu berücksichtigen ist zudem der oben angesprochene Hinweis darauf, dass es zwar durchaus wissenschaftsimmanente Entwicklungsimpulse zur Veränderung von Sichtweisen und Begriffen gibt, dass aber auch Fragen der Macht und des Deutungsanspruchs, der Mittelakquisition und der Stellenbesetzung bei der Durchsetzung erziehungswissenschaftlicher Paradigmen eine Rolle spielen. Untersuchenswert ist zudem die Frage, inwieweit sich Paradigmenwechsel in den verschiedenen Bereichen der kulturellen Bildung (Sparten, Praxisfeldern, Theorie- und Forschungsarbeiten, Professionalitäten, Institutionen etc.) wechselseitig beeinflussen. Es kann dabei sehr gut möglich sein, dass die aufgrund der Ausdifferenzierung des Feldes und der damit (im Sinne Luhmanns) verbundenen gesteigerten Selbstreferentialität mögliche Veränderungen bloß sektorial stattfinden. Diese Frage hat offensichtlich auch mit dem Problem zu tun, inwieweit sich Praxis und Wissenschaft überhaupt gegenseitig zur Kenntnis nehmen. Möglicherweise gilt auch für die Kulturpädagogik, was der Bildungshistoriker Heinz-Elmar Tenorth (1997) im Hinblick auf die unterschiedlichen Bildungsbegriffe festgestellt hat:

> „Die Beteiligten haben sich (…) in dieser Situation aber sehr beschaulich eingerichtet, theoretische Differenzen zu Revieren ausgebaut und verstetigt, sich gegen Kritik durch relative Blindheit nach außen abgeschottet, Dynamik gewinnt anscheinend nur der jeweilige Binnendiskurs.“ (970)

14. Epochaltypische Schlüsselprobleme und die Transformation von Welt- und Selbstverhältnissen

Der Geograph Jared Diamond setzt sich seit vielen Jahren und in vieldiskutierten Publikationen (2000, 2005) mit dem „Schicksal menschlicher Gesellschaften" (so der Untertitel in Diamond 2000) und insbesondere mit der Frage auseinander, „warum Gesellschaften überleben oder untergehen" (so der Untertitel in Diamond 2005). Auf diese Frage gibt er anhand umfassender historischer Untersuchungen und Fallbeispiele eine einsichtige Antwort: Gesellschaften scheitern, weil sie katastrophale Entscheidungen treffen. Er erklärt dies mit mangelnder Voraussicht, mangelnder Wahrnehmung, mit katastrophalen Wertvorstellungen und mit gescheiterten Lösungsansätzen (517 ff.). Angesichts der oben beschriebenen gesellschaftlichen Herausforderungen befinden wir uns sowohl national als auch international in einer Situation, in der wegweisende Entscheidungen getroffen werden müssen. Stimmt die These von Jared Diamond, dann bedeutet dies, dass es eine Vielzahl an Gelegenheiten gibt, falsche Entscheidungen zu treffen, sodass ein Kollaps (so der Titel von Diamond 2005) geradezu vorprogrammiert ist.

„Gesellschaftliche Herausforderungen" sind Herausforderungen, vor denen die Gesellschaft steht und auf die sie eine Antwort finden muss. Es sind aber auch Herausforderungen, die die Gesellschaft an den Einzelnen stellt. Man kann daher fragen, ob die Analyse von Jared Diamond, die sich auf Gesellschaften bezieht, auch für den Einzelnen gilt: Kann der Einzelne scheitern, wenn er angesichts einer Herausforderung die falschen Entscheidungen trifft? Eine weitergehende Frage besteht dann darin, ob die Ursachen, die Diamond für falsche Entscheidungen von Gesellschaften hält, auch im Hinblick auf den Einzelnen zutreffen. Ist es also eine mangelnde Voraussicht, eine mangelnde Wahrnehmung, sind es katastrophale Wertvorstellungen oder falsche Lösungsansätze, die zu einem Scheitern individueller Lebensgestaltung führen können? Und wenn dies so ist, kann die Pädagogik einen Beitrag dazu leisten, die Fähigkeit zu individueller Voraussicht und die Wahrnehmungsfähigkeit zu verbessern sowie problematische Wertorientierungen zu verändern?

Es sind genau diese Fragen, denen sich die Bildungstheorie stellen muss, und dies insbesondere dann, wenn man Bildung als Lebensführungskompetenz verstehen will. Letztlich haben sich Überlegungen zum Bildungsbegriff explizit oder zumindest implizit immer darum gedreht, wie der betroffene Mensch einen Weg findet, sein eigenes „Projekt des guten Lebens" zu realisieren. Dies bedeutet auch – wie oben dargestellt –, dass er mit gesellschaftlichen Herausforderungen sowie mit individuellen Widerfahrnissen angemessen umgehen kann.

Gesellschaftliche Herausforderungen sind im vorliegenden Text mehrfach thematisiert worden. So ist an die Denkschrift der Bildungskommission NRW (1995) zu erinnern, die eine Reihe von „Zeitsignaturen" benennt (Pluralisierung der Lebensformen, neue Technologien und Medien, die ökologische Frage, Bevölkerungsentwicklung und Migration, Globalisierung und Wertewandel). Andere analoge Aufzählungen sprechen von der Herausforderung durch Digitalität, Inklusion, Nachhaltigkeit, Diversität und Probleme mit der Akzeptanz der Demokratie anzuerkennen. Es ist unstrittig, dass zur Bewältigung dieser Herausforderungen, die sich nicht nur einzelnen Gesellschaften und Staaten stellen, sondern globale Trends darstellen, radikale gesellschaftliche Umwandlungsprozesse notwendig sind. Schneidewind (2018) spricht von einem massiven Umbruch, einem Epochenumbruch, der im 21. Jahrhundert ansteht (9).

Es hat sich eingebürgert, in diesem Zusammenhang von einer „Transformation" zu sprechen, also von weitreichenden Veränderungen, die nicht nur in einem Einzelbereich der Gesellschaft, sondern in verschiedenen, wenn nicht gar allen Gesellschaftsbereichen stattfinden müssen. Der wissenschaftliche Beirat der Bundesregierung Globale Umweltveränderungen (WBGU) hat in diesem Zusammenhang eine Formulierung des Wirtschaftshistorikers Karl Polanyi aufgegriffen, der seinerzeit die „Große Transformation" beschrieben hat, nämlich die gesellschaftlichen Veränderungen, die die Entwicklung des modernen Kapitalismus mit sich gebracht hat. Es geht um eine „Welt im Wandel". Uwe Schneidewind (2018), selbst lange Jahre Mitglied in diesem wissenschaftlichen Beirat und Präsident des in Umweltfragen renommierten Wuppertal-Instituts, greift dies auf und fordert sieben große Transformationen: eine Wohlstands- und Konsumwende, eine Energiewende, eine Mobilitätswende, eine Änderung in der Ernährungsweise, eine urbane Wende und eine industrielle Wende. Schneidewind identifiziert in der sich dynamisch entwickelnden Transformationsforschung drei Schulen, nämlich

- Idealisten, die von der Überzeugung ausgehen, dass Ideen die Welt verändern,
- Institutionalisten, die davon ausgehen, dass man zur Realisierung neuer Ideen die gesellschaftlichen Institutionen verändern müsse,
- die Inventionalisten, die davon überzeugt sind, dass neue Technologien und Infrastrukturen aus der Krise helfen. (44 ff.)

Schneidewinds einsichtiger Vorschlag besteht darin, alle drei Wege zusammenzuführen. Dabei sieht er deutlich, dass eine so verstandene Transformation sowohl eine gesellschaftliche (vor allem politische) als auch eine individuelle (bildungsbezogene) Dimension hat. Im Hinblick auf die gesellschaftlich-politische Dimension mahnt er eine vom WBGU vernachlässigte kritische Diskussion des kapitalistischen Wirtschaftssystems an. Hinsichtlich der individuellen Dimension spricht er von einer „transformative literacy“ in einer Welt des Umbruchs (51). Ein wichtiger Aspekt besteht hierbei darin, unsere derzeitigen Lebensstile und Wohlstandsmodelle kritisch zu hinterfragen und zu einem neuen Verständnis von Wohlstand jenseits der üblichen Kennziffer (Bruttosozialprodukt pro Kopf) zu kommen. Das Wuppertal-Institut hat hierzu bereits vor Jahren zusammen mit BUND und Misereor (1997) in der Studie „Zukunftsfähiges Deutschland“ das Motto formuliert: „Gut leben statt viel haben“.

Erziehungswissenschaftler*innen und vor allem Bildungstheoretiker*innen haben ihre Überlegungen immer schon auf vorhandene (und oft kritische) Gesellschaftsdiagnosen bezogen. Gerade im Hinblick auf die oben angeführten Entwicklungstendenzen und Problemlagen hat bereits in den 1990er Jahren Wolfgang Klafki (1998) eine Liste „epochaltypischer Schlüsselprobleme“ vorgelegt:

> „Es geht in diesem Abschnitt um Konsequenzen aus der Bestimmung, dass gegenwarts- und zukunftsorientierte Bildung heute als geschichtlich vermitteltes Bewusstsein von zentralen Problemen der Gegenwart und – soweit voraussehbar – der Zukunft verstanden werden muss, verbunden mit der Einsicht in die Mitverantwortlichkeit aller angesichts solcher Probleme und mit der Bereitschaft, an ihrer Bewältigung mitzuwirken. Abkürzend kann man von der Konzentration auf epochaltypische Schlüsselprobleme sprechen.“ (Klafki 1999, 21 ff.)

Klafki nennt sieben Schlüsselprobleme, deren Anzahl er keineswegs für beliebig erweiterbar hält, da solche Probleme meist übernational sind und jeden Einzelnen betreffen. Auf der Seite des Individuums hält er vier grundlegende Einstellungen und Fähigkeiten für notwendig, damit sich dieses qualifiziert mit den Schlüsselprobleme befassen kann, nämlich Kritikbereitschaft und -fähigkeit einschließlich der Bereitschaft und Fähigkeit zur Selbstkritik, Argumentationsbereitschaft und -fähigkeit, Empathie und die Fähigkeit zu vernetztem Denken (ich komme später darauf zurück).

Welches sind nun die klassischen Schlüsselprobleme:

- Krieg und Frieden
- Nationalitätsprinzip/Kulturspezifik und Interkulturalität
- Ökologie
- Wachstum der Weltbevölkerung

- gesellschaftlich produzierte Ungleichheit
- Gefahren und Möglichkeiten der neuen technischen Steuerungs-, Informations- und Kommunikationsmedien
- das Verhältnis zwischen den Geschlechtern bzw. gleichgeschlechtliche Beziehungen.

Man könnte nun versuchen, diese Schlüsselprobleme bestimmten gesellschaftlichen Subsystemen zuzuordnen. So ist die gesellschaftlich produzierte Ungleichheit wesentlich ein Problem unseres ökonomischen Systems, die Frage von Krieg und Frieden ist ein politisches Problem (obwohl immer wieder religiöse Differenzen als Ursache für Kriege angegeben werden, also der Kulturbereich dort tangiert ist). Die Frage der Weltbevölkerung und das Verhältnis zwischen den Geschlechtern gehören zu dem Bereich des Sozialen. Auch wenn man für eine solche Zuordnung durchaus Gründe finden kann, so ist es einsichtig, dass bei allen genannten Problemen politische, ökonomische, soziale und kulturelle Aspekte zusammen eine entscheidende Rolle spielen.

Ein weiteres ist zu bedenken. So plädiert Wolfgang Klafki zwar für eine Begrenzung der Anzahl solcher Schlüsselprobleme, doch muss man – auch angesichts von Diskussionen in den vergangenen 30 Jahren – erkennen, dass es weitere Probleme gibt, die zum Teil weltumspannend sind oder zumindest große Teile der Welt berühren. So muss man bei dem Thema der Demokratisierung ein dramatisches Wiederaufleben autoritärer und rechter Gedanken einbeziehen. Man muss anerkennen, dass die Corona-Pandemie gezeigt hat, wie stark die Gesundheit der Menschen von ihrem Umgang mit der Umwelt abhängt. Man muss die generelle Frage nach dem Lebensstil nunmehr genauer im Hinblick darauf diskutieren, dass die „imperiale Lebensweise" der Menschen des „Globalen Nordens" zulasten der Menschen des „Globalen Südens" geht, sodass eine „solidarische Lebensweise" notwendig wird, und dies hat sehr viel mit dem Verständnis von Bildung zu tun. Zu diesem Kontext gehört auch die Auseinandersetzung mit den Folgen des Kolonialismus (oft verbunden mit dem Problem des Rassismus).

Es wird also zu klären sein, was unter diesen Umständen „Lebensführung" bedeutet, welche Kompetenzen notwendig sind, um sein Projekt des guten Lebens zu gestalten, kurz: was unter Bildung als Lebensführungskompetenz verstanden werden kann.

15. Lebensführungs- und Daseinskompetenzen

Erziehungswissenschaftliche Diskurse über Lebenskompetenzen

Im Jahr 2002 veröffentlichte das Bundesjugendkuratorium, das oberste jugendpolitische Beratungsorgan der Bundesregierung gemäß Kinder- und Jugendhilfegesetz (KJHG, § 83), nicht nur die Streitschrift „Zukunftsfähigkeit sichern! Für ein neues Verhältnis von Bildung und Jugendhilfe", das Beratungsgremium veröffentlichte auch eine Publikation unter dem Titel „Bildung und Lebenskompetenz" (Münchmeier u. a. 2002). Offenbar hielt man eine Streitschrift für notwendig, um daran zu erinnern, dass die in Deutschland gut ausgebaute Infrastruktur der Jugendhilfe etwas mit Bildung zu tun hat, denn anscheinend war in diesem pädagogischen Feld „Bildung" bis dahin kein gebräuchlicher Begriff.

Die Streitschrift wendete sich gegen eine stärker werdende Orientierung von Bildungsprozessen an dem Ziel der Zweckmäßigkeit und Verwertbarkeit; sie kritisierte, dass Bildungsprozesse nahezu ausschließlich im Hinblick auf Schule, Hochschule und berufliche Ausbildung diskutiert werden und sie wies darauf hin, dass „Bildung und Bildungsleistungen erweiterte Optionen und verbesserte Chancen versprechen" (160), aber auch wachsende Herausforderungen, Verunsicherung und Leistungsdruck thematisierten. Das formulierte Bildungsverständnis nahm Bezug auf Gesellschaftsdiagnosen, die von einer Wissensgesellschaft, einer Risikogesellschaft, einer Arbeitsgesellschaft, einer demokratischen Gesellschaft, einer Zivilgesellschaft und einer Einwanderungsgesellschaft ausgingen. Vor diesem Hintergrund wurde formuliert:

> „In einer Gesellschaft, in der die institutionellen ‚Geländer der Lebensführung' immer weniger verlässliche biografische Planungen stützen können und Verläufe in mögliche Zukünfte tendenziell unkalkulierbar werden, wird Bildung auch für die *alltägliche Lebensbewältigung* der Kinder und Jugendlichen zur entscheidenden und unverzichtbaren Ressource." (162 f.)

Vor diesem Hintergrund plädierte das Bundesjugendkuratorium für ein erweitertes Verständnis von Bildung, das Bildung als Lebenskompetenz versteht und das die Familie sowie Organisationen und Orte der Jugendhilfe als Bildungsorte reklamiert. Es geht um „Daseinsbewältigung" (167), zu der Bildung einen Beitrag leisten müsse.

Eine gelingende Lebensführung und die Bewältigung von alltäglichen Herausforderungen werden bei diesem Verständnis von Bildung, dem ich mich als seinerzeitiges Mitglied des Bundesjugendkuratoriums und auch in dem vorliegenden Text anschließe, als wichtige Aufgabe gelingender Bildungsprozesse dargestellt. Doch wieso musste es eine „Kampfschrift“ sein, um „Bildung“ in diesem Sinne zu verstehen?

Ein exemplarischer Blick in das „BELTZ-Lexikon Pädagogik“ (Tenorth/Tippelt 2012) zeigt, dass es eine recht umfangreiche Begriffsfamilie um den Begriff des Lebens in der Pädagogik gibt. Es gibt u. a. die Begriffe des Lebenslaufs, der Lebenswelt, der Lebenshilfe, der Lebensalter und der Lebensphasen sowie – näher an dem Begriff der Lebensführungskompetenz, der selbst nicht auftaucht – die Begriffe der Lebenschancen, der Lebensbewältigung und des Lebensstils. Unter dem Begriff der Lebensbewältigung heißt es:

> „Der Zwang zur Bewältigung des alltäglichen Lebens erfordert oft pragmatisches und rasches Handeln ohne Zeit für Planungen. Alltagswissen ermöglicht erst diese schnelle Entscheidungsfindung. Praktische Kompetenzen zur Lebensbewältigung können auch gezielt trainiert werden (z. B. kognitives oder motorisches Training im Alter).“ (448)

Da der Begriff der Lebensführungskompetenz im vorliegenden Text in eine enge Verbindung mit dem „Projekt des guten Lebens in einer wohlgeordneten Gesellschaft“ (Fuchs 2019) gebracht wird, also etwas mit dem Konzept der Lebensqualität zu tun hat, sei die entsprechende Definition hier angeführt:

> „Lebensqualität: beschreibt die Qualität der allgemeinen Lebensbedingungen. Im Unterschied zum Begriff des Lebensstandards, der stärker auf die ökonomischen Bedingungen abzielt, meint L. auch den Zustand der natürlichen Umwelt, der Infrastruktur, der sozialen Sicherheit oder der Demokratisierung bzw. (auf das Individuum bezogen) den Grad an Selbstbestimmung/der aktiven Gestaltungsmöglichkeiten der eigenen Lebensbedingungen.“ (450 f.)

Offenbar ist das damalige Anliegen des Bundesjugendkuratoriums, Bildung in Verbindung mit Lebensführung und Lebenskompetenz zu bringen, inzwischen in der Allgemeinen Pädagogik angekommen. Doch zeigt ein neu erschienenes Buch über „Schlüsselbegriffe der allgemeinen Erziehungswissenschaft“ (Feldmann u. a. 2022), das versucht, „die Bewegung des pädagogischen Vokabulars einzufangen“ (11), dass dieser Aspekt zumindest in dem Kreis von Erziehungswissenschaftler*innen, die in diesem Buch vertreten sind, keine Rolle spielt. Der Artikel über „Bildung“ (von Hans-Christoph Koller) erläutert kurz das humboldtsche Verständnis von Bildung, befasst sich dann aber überwiegend mit der Kritik an dem Begriff der Bildung mit der Begründung,

> „dass viele Fassungen des Bildungsbegriffs von Humboldt bis heute stärker in Machtzusammenhänge und Prozeduren der Subjektivierung verstrickt sind, als von ihnen selbst reflektiert wird, und zwar insbesondere dann, wenn sie Bildung mehr oder weniger explizit als Gegentendenz zu Macht oder Machtverhältnissen begreifen – etwa als Emanzipation, Befreiung, Autonomisierung." (61)

Immerhin schließt der Artikel metakritisch mit dem Hinweis darauf, dass „die Maßstäbe solcher Kritik zu begründen" seien, was wiederum notwendig mache,

> „dafür Begriffe zu verwenden, die ihrerseits zu einer Orientierung pädagogischen Handelns beitragen können – also genau die Funktion erfüllen, die traditionell dem Bildungsbegriff zugesprochen wurde. In diesem Sinne ist der Bildungsbegriff auch unter aktuellen gesellschaftlichen Bedingungen systematisch unverzichtbar für erziehungswissenschaftliche Reflexionen." (ebd.)

Während also zumindest der Bereich der Erziehungswissenschaft, auf den sich das genannte Handbuch bezieht, den Aspekt der Relevanz von Bildungsprozessen für die Bewältigung des Alltags kaum thematisiert und sich eher für metatheoretische Diskurse interessiert, wird man im „Handbuch Soziale Arbeit" (Otto u. a. 2018) fündig. So werden zahlreiche Begriffe aus der Begriffsfamilie „Leben" explizit angesprochen. In dem Artikel „Bildung" von Hans Thiersch heißt es – durchaus in einer grundsätzlich anderen Akzentuierung als in dem oben zitierten Handbuchartikel zu Bildung:

> „Im Zuge der Herausforderungen der Moderne, der Demokratieansprüche gerade für Benachteiligte und der Ansprüche an Orientierung in entgrenzten Lebensverhältnissen werden die Aufgaben der Unterstützung in allen Lebenskompetenzen im Horizont des reformierten Bildungsprojektes zunehmend als Auftrag an pädagogisch inszenierte Bildung brisant. Soziale Arbeit versteht sich heute im Doppelauftrag der Unterstützung in den besonderen Schwierigkeiten randständiger, ausgegrenzter und benachteiligter Lebensverhältnisse und der allgemeinen Unterstützung in heutigen, brüchigen und anstrengenden Lebensverhältnissen." (172)

Und an anderer Stelle heißt es:

> „Unter den gegebenen neuen Bedingungen obliegt der Sozialen Arbeit weiterhin im Kern die Aufgabe, über die professionelle Initiierung, Etablierung

> und Stabilisierung von Lebensbewältigungs- und Lebensgestaltungskompetenzen die Herstellung von sozialer und kultureller Zugehörigkeit, von stabilen, verlässlichen Anerkennungsverhältnissen (…) und gesellschaftlichen Beteiligungen zu ermöglichen und zu sichern." (Werner Thole/Martin Hunold, a. a. O., 562)

Ein Grund für diese unterschiedlichen Akzentsetzungen in den beiden Handbüchern liegt sicherlich darin, dass Sozialpädagogik und Soziale Arbeit es sich nicht leisten können, bloß auf der Ebene theoretischer und begrifflicher Erörterungen zu bleiben, da sie im Hinblick auf ihre Praxis die von Heinz-Elmer Tenorth häufiger geforderte „Bodenhaftigkeit" in der pädagogischen Theorienbildung realisieren müssen.

Nun ist es nicht der Fall, dass die Erziehungswissenschaft ein primäres Deutungsrecht für viele der oben genannten Begriffe rund um das Thema „Leben" hat. Es sind etwa die Lebenswissenschaften zu erwähnen, die in den letzten beiden Jahrzehnten einen enormen Aufschwung erlebt haben. Humanwissenschaften haben sich ohnehin immer schon mit Fragen rund um das „Leben" beschäftigt. Insbesondere ist es die Soziologie, für die Fragen der Lebensführung, der Lebensweise, des Lebensstils und des Alltags wichtige Themen sind.

Soziologische Diskurse der Lebensführung

In den Sozialwissenschaften entstand in der zweiten Hälfte des 20. Jahrhunderts ein vermehrtes Interesse am Alltag der Menschen, wobei eine Rolle spielte, dass man es gegen Ende 1970er Jahre mit einer anwachsenden Krise in der bislang erfolgsgewohnten bundesdeutschen Gesellschaft (sowie in anderen westlichen Gesellschaften) zu tun bekam. Diese Krise war mit einem gesellschaftlichen Strukturwandel verbunden, der dazu führte, dass viele Menschen ihre Lebensweise verändern mussten, weil sie aufgrund der Schließung von Betrieben ihre bisherigen beruflichen Qualifikationen nicht mehr nutzen konnten. Dieser Strukturwandel betraf – wie oben erwähnt – solche Regionen in Deutschland besonders stark, in denen bislang Bergbau und Stahlindustrie dominierten.

Es ist also kein Zufall, dass nicht bloß der Begriff des Alltags in unterschiedlichsten Disziplinen (in der Soziologie, in der Philosophie, aber auch in den Kulturwissenschaften und Künsten) in den Mittelpunkt rückte. Der gebürtige Wuppertaler und Altmeister der Sozialgeschichtsschreibung der DDR, Jürgen Kuczynski, veröffentlichte seine „Geschichte des Alltags des deutschen Volkes" (in der Tradition des jungen Barmers Friedrich Engels und seiner Darstellung der „Lage der arbeitenden Klasse in England" aus dem Jahr 1845), in der Soziologie griff man das Konzept des Lebensstils aus den 1930er Jahren wieder auf, die Ausführungen von Max

Weber zu einer „methodischen Lebensführung“ wurden wieder entdeckt. Man beschäftigte sich mit Arbeiterkulturen und insgesamt mit der populären Kultur. „Lebensführung“, etwa im Rahmen der Projektgruppe Alltägliche Lebensführung (1995), wurde verstanden als Arbeit am Alltag:

> „Sein Leben führen heißt zunächst und ganz praktisch den Alltag bewältigen, Tag für Tag, das Aufstehen am Morgen, das Essen, sich kleiden, arbeiten, gesellig sein und so fort. Doch zur Lebensführung gehören auch Pläne, Perspektiven, Hoffnungen und Wünsche, gehören Verantwortung, Verpflichtung, Werte – im weitesten Sinne des Wortes alles das, was dem Leben Sinn gibt, es orientiert und was als solches der Lebensführung eine Richtung gibt, das Leben zu etwas Wertvollem, etwas Bedeutsamem macht. Lebensführung spannt damit den weiten Rahmen vom Alltag zur Lebenskunst, vom ‚Überleben‘ bis hin zum ‚guten‘ und ‚gelungenen‘ Leben und darüber hinaus auch zum Sterben, denn wie es bei Montaigne (…) heißt, gehört zum ‚savoir vivre‘, dem zu leben wissen, auch das ‚savoir mourir‘, das zu sterben wissen.“ (Alleweldt 2016, 9).

Der Mensch wird dabei als eigenverantwortlich handelndes, sich selbst motivierendes und an individueller Berufung orientiertes Individuum betrachtet (13), also als autonomes Subjekt seiner Lebensgestaltung.

Die auf dieser Basis durchgeführte Sozialforschung war eine empirische Forschung, die sich unter anderem auf die Lebensführung bestimmter Berufsgruppen (Journalist*innen, Studierende, Schichtarbeiter*innen etc.) konzentrierte (siehe den Überblick von Karin Jurczik und anderen in Alleweldt 2016, 53 ff., siehe auch Bremer/Lange-Vester 2006). Eine gewisse Bekanntheit erlangten die sogenannten Sinus-Studien aus Heidelberg, die versuchten, ganze Gesellschaften in Lebensstilgruppen und Milieus anhand einer Kombination von zur Verfügung stehenden ökonomischen Ressourcen und Werthaltungen zu gruppieren. Als wichtiger Impulsgeber dieses Ansatzes gelten die Arbeiten des französischen Kultursoziologen Pierre Bourdieu.

Im Rahmen des vorliegenden Textes, in dem immer wieder auf eine anthropologische Grundlegung zurückgegriffen wird, sind die Ausführungen von Hans-Peter Müller (Alleweldt a. a. O., 23 ff., siehe auch seine historische Rekonstruktion in Vetter 1991, 89-130) von Interesse. Müller stellt eine Verbindung des aktuellen Lebensstil-Konzeptes zu den Überlegungen zu einer methodischen Lebensführung von Max Weber und den Ausführungen zur Genese von Individualität von Georg Simmel zu Beginn des 20. Jahrhunderts her:

> „Die moderne Lebenskunst besteht also vor allem darin, seine Individualität auszubilden, um sein Leben autonom führen zu können. In diesem Wert- und Idealkomplex bündelt der Individualismus Lebenskunst, Lebensführung und Individualität zu einem Handlungs- und Erlebniskomplex. Das gute Leben realisiert sich in dem Maße, wie es gelingt, die eigene, autonome Lebensführung an diesem Ich-Ideal gelungener Individualität auszurichten."

Müller weist auf eine Traditionslinie hin, die bis zu den Überlegungen griechischer und römischer Philosophen zur Lebenskunst als „Sorge um sich selbst" reicht und die Michel Foucault in der letzten Etappe seines Arbeitslebens aufgegriffen hat.

Er findet eine philosophisch-theoretische Grundlage für den Ansatz der Lebensführung in der in den 1920er Jahren veröffentlichten Anthropologie von Helmuth Plessner:

> „Die Existenzform des Lebewesens ‚Mensch' besteht also darin, sein Leben zu führen. Die Nullhypothese der philosophischen Anthropologie, Mensch sein heißt Lebensführung, versucht Plessner über drei Grundgesetze zu verdeutlichen: 1. das Gesetz der natürlichen Künstlichkeit (…) 2. das Gesetz der vermittelten Unmittelbarkeit (…) 3. das Gesetz des utopischen Standortes des Menschen." (ebd., 29 f.)

Auf dieser Grundlage ordnet Müller die je individuelle Lebensführung in vier Einflusssphären ein: Sozialstruktur (Lebenschancen), Kultur (Lebensstil), die Makroebene (Wertsphären und Lebensordnungen) und die Mikroebene (Persönlichkeit des Einzelnen).

Müller beklagt allerdings, dass in Teilen der aktuell praktizierten Lebensstilsoziologie die Perspektive des Lebenssinns, die bei Max Weber noch eine wichtige Rolle spielte, nicht mehr aufgegriffen wird, sondern dass „Lebensführung" zunehmend als „management of living" (so auch die Philosophin Cornelia Klinger, a. a. O., 49) verstanden wird.

Lebenskompetenzen und Daseinskompetenzen

Mit der Thematisierung der Lebenskunst griff Michel Foucault auf Ansätze aus der Frühzeit der westlichen Philosophie zurück. Es geht um Fragen der Lebensgestaltung und des „guten Lebens", was viele Foucault-Anhänger überraschte, denn Foucault galt ihnen als harter Kritiker des modernen Subjektbegriffs, bei dem der Einzelne als (relativ) autonomer Gestalter seines eigenen Lebens verstanden wird. Dagegen hat man Foucaults Ansatz so verstanden, dass sich jegliche Rede von Autonomie angesichts gesellschaftlicher Unterwerfungsstrategien, die er in seinen

Analysen zur Gouvernementalität vorgelegt hat, verbiete. Inzwischen hat man zur Kenntnis genommen, dass – wie Foucault es in einem seiner letzten Interviews sagte – die Analyse des Subjekts der rote Faden all seiner wissenschaftlichen Bemühungen war. Mit dem Konzept der Subjektivierung rückt die Frage nach der Konstitution von Subjektivität wieder mehr in den Mittelpunkt der entsprechenden Forschungen (siehe den Artikel „Subjektivierung" von Markus Rieger-Ladich in Feldmann u. a. 2022 sowie Ricken u. a. 2019)

Im Bereich der kulturellen Bildungsarbeit wurde das Konzept der Lebenskunst – zunächst ohne Berücksichtigung der Arbeiten von Foucault – zur Konkretisierung des theoretischen Konzepts der „kulturellen Bildung" aufgegriffen (BKJ 1998). Im Feld der Jugendhilfe und Jugendarbeit wiederum erprobte man wie oben ausgeführt das Konzept der Lebenskompetenzen (Münchmeier 2002).

Zwei weitere Ansätze sind in diesem Zusammenhang von Interesse. So greift der 5. Familienbericht das Konzept der „Daseinskompetenzen" auf, das die Gießener Haushaltswissenschaftlerin Rosemarie von Schweitzer entwickelt hat:

> „Das Konzept der Daseinskompetenzen erweitert auf der Grundlage zahlreicher humanwissenschaftlicher Erkenntnisse den Bildungsansatz, und zwar vor allem um die Kompetenz zum menschlichen Umgang mit Menschen. ‚Menschliche Kompetenzen' sind zum Beispiel unverzichtbar: für partnerschaftliches Leben, für das Erfüllen von Erziehungsaufgaben, für die Pflege bei Krankheit und Behinderung, für die Ernährung und die Haushaltsführung, für die Pflege menschlicher Beziehungen, für den Umgang mit Fremden, für Zusammenarbeit in Beruf und Gesellschaft." (Deutscher Bundestag 1995, 244)

Die im Familienbericht aufgeführten zwölf Daseinskompetenzen sollen den Menschen „befähigen, die Spannung, die zwischen Anpassung an die Verhältnisse und Gestaltung der Verhältnisse besteht, produktiv in Lebenserfüllung umzusetzen." (ebd.)

Es wird u. a. der Umgang mit der Vulnerabilität des Menschen angesprochen, „die Kompetenz, mit Krankheit, Schmerzen und Sterben, mit Gebrechen, chronischen Krankheiten und Behinderungen in Würde umzugehen" (ebd.). Weitere Themen sind die Kontingenz des Lebens (als Fähigkeit, Planbares von Unplanbarem im Leben zu unterscheiden) und nicht zuletzt auch der Umgang mit der Umwelt. Im Mittelpunkt steht hier „die Kompetenz der Integration von ökonomischem, ökologischem und anthropologischem Wissen, damit das Leben und die Lebensgrundlagen in ihrer Ganzheit gesehen, gepflegt und geschützt werden (Pflege der Gesundheit und der Netzwerke, Leben in ethnischer, religiöser und kultureller Vielfalt)."

Eine interessante Anwendung des Konzeptes der Lebenskompetenzen, verbunden mit ausführlichen Überlegungen zu einer theoretischen Fundierung, findet sich im Kontext der Gesundheitspolitik, etwa bei der Bundeszentrale für gesundheitliche Aufklärung (BZgA). Die Arbeiten der BZgA orientieren sich an konzeptionellen Überlegungen der Weltgesundheitsorganisation WHO und deren Basisüberzeugung, dass Gesundheit mehr ist als die Abwesenheit von Krankheit. Der Ansatz einer Salutogenese im Sinne des israelischen Soziologen Aaron Antonovsky spielt hierbei eine große Rolle.

Die Weltgesundheitsorganisation WHO formuliert in diesem Zusammenhang zehn zentrale Kernkompetenzen (core life skills), nämlich Selbstwahrnehmung, Empathie, kreatives Denken, kritisches Denken, Problemlösefertigkeit, kommunikative Kompetenz, interpersonale Beziehung, Gefühlsbewältigung, Stressbewältigung. Eine so beschriebene „health literacy" hat eine kognitive, eine Wert- und eine Handlungsdimension.

Bei der Entstehung von Krankheiten spielt insbesondere eine Lebensführung eine Rolle, die der Gesundheit nicht dienlich ist. Es geht um Suchtverhalten (Rauchen, Alkohol, Drogen etc.), es geht um falsche Ernährungsgewohnheiten und um Bewegungsmangel. Auf der Basis der oben genannten konzeptionellen Grundlagen werden unter Nutzung unterschiedlicher Lerntheorien verschiedene praktische Ansätze entwickelt, die dabei helfen sollen, eine offensichtlich problematische Lebensführung zu verändern.

An dieser Stelle überschneidet sich der gesundheitspolitische und -pädagogische Ansatz der BZgA mit dem Konzept der Daseinskompetenzen und einer haushaltsbezogenen Bildung. So forscht die Paderborner Haushaltswissenschaftlerin Kirsten Schlegel-Matthies (langjähriges Mitglied des Sachverständigenrates Verbraucherfragen) über „Verbraucherbildung als Bildung für Lebensführung" (2019) oder über haushaltsbezogene Bildung unter dem Stichwort „Daseinsvorsorge und Lebensführung im Wandel" (2019 a).

Es geht wiederum um die Realisierung eines guten und gelingenden Lebens, und dies in einer Konsumgesellschaft, die eine entsprechende Lebensführung erschwert. Man spricht von einer Überflussgesellschaft, einer Wohlstandsgesellschaft, einer Wegwerfgesellschaft, was etwa an der enormen Zahl von etwa 10.000 Gegenständen abzulesen ist, die im Durchschnitt in Haushalten vorhanden sind (von denen allerdings nur ein geringer Teil genutzt wird). Um die Nachfrage hochzuhalten, sind die Produkte so konstruiert, dass sie nach einer bestimmten (kurzen) Zeit unbrauchbar werden („Obsoleszenz").

Die ökologische Dimension der vorgeschlagenen haushaltsbezogenen Bildung bezieht explizit das Wissen über den enormen ökologischen Fußabdruck aufgrund globaler Lieferketten der konsumierten Waren ein. Thematisiert wird die oben angesprochene Frage einer verfehlten Wohlstandsmessung, wobei sich Schlegel-Matthies auf die Enquetekommission des Deutschen Bundestages „Wachstum, Wohlstand, Lebensqualität" und den anschließenden Bürger-Dialog der Bundesregierung zum Thema „Gut leben in Deutschland" im Jahre 2015 bezieht. Eine anthropologische Grundlage findet die Haushaltswissenschaftlerin in der „schwachen Anthropologie" (so eine Selbstbezeichnung) des *Capability Approaches* (Martha Nussbaum, Amartya Sen). Ein wichtiges Bildungsziel sei die Fähigkeit, mit Ambiguität umgehen zu können, da der Einzelne mit unübersichtlichen, widersprüchlichen und uneindeutigen Konzepten, Angeboten oder Modellen für die Gestaltung des Alltags und der privaten Lebensführung konfrontiert werde. Gefordert ist daher eine Ernährungs- und Verbraucherbildung, bei der die Fähigkeit zur Reflexion im Mittelpunkt steht:

> „Erst die Reflexion der Zusammenhänge von gesellschaftlicher Lebensweise, privater Lebensführung und individuellen Lebensstilen ermöglicht das Ausloten von Handlungsspielräumen für die Gestaltung des Alltags und macht zugleich die Grenzen von Selbstbestimmung und Verantwortungsübernahme sichtbar. Die Reflexion von gesellschaftlichen und individuellen Vorstellungen von einem ‚guten' und ‚gelingenden' Leben sowie der damit jeweils verbundene Werte kann dazu beitragen, im Sinne eines ‚citizen consumers' auch im Bereich des alltäglichen Konsums so wie ein/e Bürger/in zu agieren" (Schlegel-Matthies 2019a, 100).

In diesen unterschiedlichen Ansätzen einer Beschäftigung mit der Lebensführung und den dazu notwendigen Kompetenzen kann man unterschiedliche Dimensionen und Aspekte unterscheiden. In normativer Hinsicht sind Selbstbestimmung, Freiheit und Mündigkeit zentrale Themen, es geht um den Anspruch auf jene Teilhabe, die Gegenstand zahlreicher Menschenrechtskonventionen ist. Man thematisiert die Notwendigkeit der Bereitstellung und Nutzungsmöglichkeiten unterschiedlichster Ressourcen, etwa ökonomischer oder sozialer Ressourcen, wie sie Pierre Bourdieu in seinem Kapitalkonzept vorschlägt, wo er von ökonomischem, kulturellem und symbolischem Kapital spricht. Es geht um Lebenschancen, so wie sie bereits vor Jahren von dem Soziologen Ralf Dahrendorf diskutiert wurden.

Der Hinweis auf Pierre Bourdieu ist auch deshalb interessant, weil dieser in seinen Studien und Forschungen einen engen Zusammenhang zwischen der Entwicklung und Festigung sozialer Strukturen und Machtverhältnisse auf der einen Seite und der Frage der Bildung und insbesondere der Art und Weise eines Umgangs mit Kulturangeboten auf der anderen Seite herstellt. Dieser Zusammenhang hat gerade in Deutschland bei der Konstituierung des Bürgertums und insbesondere des Bildungsbürgertums eine wichtige Rolle gespielt. Jürgen Kocka (in Schlüter/Strohschneider 2009, 132 ff.) fasst die entsprechenden Studien in der Geschichtswissenschaft zur Entwicklung des Bürgertums in Deutschland zusammen, indem er die folgende, auch im Kontext der vorliegenden Arbeit relevanten These begründet:

> „Bildung kann als Schlüssel zum Aufstieg, als Mittel der Emanzipation und als Beitrag zu sozialer Integration dienen. Sie kann aber auch wie eine „gläserne Mauer" (Rathenau) wirken, die soziale Gruppen voneinander trennt und soziale Unterschiede befestigt. Welche ihrer Funktionen dominant werden, entscheidet sich nicht zuletzt in der Politik." (ebd., 132)

Kocka zeigt, dass es sich bei dem Bildungsbürgertum zwar um eine Minderheit in der Gesellschaft handelt, doch

> „diese Minderheit prägte das 19. Jahrhundert, das eben deshalb bisweilen als das ‚bürgerliche' bezeichnet wird. Kapitalismus und Industrialisierung, der Aufstieg der Wissenschaften und ihrer Institutionen für Forschung und Lehre, der Auswahl der Verwaltungen, große politische Bewegungen wie der Liberalismus und Nationalismus wurden zwar nicht ausschließlich, aber doch vornehmlich von Bürgern getragen, entwickelt, vorangebracht." (134)

Als den gemeinsamen Nenner dieser unterschiedlichen Sozialgruppen identifiziert Kocka die „Kultur" in einem weiten Sinne (Orientierung an bestimmten Werten, Lebensführung, symbolische Praxis; 134) und führt dann aus:

> „Zur bürgerlichen Lebensführung gehörten Sauberkeit, Hygiene und spezifische Kleidung, wohldefinierte Tischsitten und andere Konventionen, auch der Sinn für symbolische Formen und die ästhetische Aneignung von Kunst. Um sich zu entfalten, brauchten bürgerliche Kultur und Lebensführung hinreichend Raum und Zeit, d.h. differenzierten Wohnraum und Muße, in der Regel auch Zuarbeit durch ‚dienstbare Geister'. Um an ihr teilnehmen zu können, benötigte man einigermaßen gesichertes Einkommen oberhalb des Existenzminimums.
>
> Hochschätzung für bzw. Prägung durch Bildung war ein zentrales, alles durchdringendes Moment dieser Kultur, und zwar allgemeine, stark historisch, altsprachlich und literarisch geprägte Bildung, häufig ergänzt durch Fachbildung besonderer Art." (135)

Heinz-ElmarTenorth (in Alleweldt u. a. 2016, 122 ff.) bezieht sich auf diese Ausführungen von Jürgen Kocka und kritisiert dieses bis heute auffindbare Verständnis von

Bildung als Engführung, für die man sich gerade nicht auf Wilhelm von Humboldt berufen könne. Denn dieser habe für die Demokratisierung eines anspruchsvollen Verständnisses von Bildung plädiert, dass nämlich gerade im Alltag der von ihm beschriebene reflektierte Umgang mit der Welt eine Rolle spielt,

> „beginnend im Kampf gegen Schicksalsergebenheit und Fatalismus und im Vertrauen auf die kulturellen Basiskompetenzen, die verständige Teilhabe an Kultur und Gesellschaft ermöglichen, d.h. Teilhabe nicht nur am kulturellen Gedächtnis (…), sondern primär Teilhabe als Sicherung der eigenen materiellen Reproduktion und der kulturellen Identität. Das zeigt Bildung in ihrer allgemeinen, alltäglichen und schon hier notwendigen und unentbehrlichen Form; sie lebt zuerst in den Praktiken des Alltags, oder gar nicht." (137; siehe auch Fuchs 2018 und Maedler 2008)

Zur Ontogenese

Einen enzyklopädischen Überblick über die „Entwicklungspsychologie des Jugendalters" (auf die ich mich hier konzentriere; natürlich setzt sich die Entwicklung auch in späteren Jahren mit je eigenen Entwicklungsaufgaben fort) gibt Fend (2000). Er stellt dar, wie in dem Maße, wie sich (in der Moderne) die Jugend als eigenständige und eigenwertige Phase etabliert, die wissenschaftliche Neugierde an der Entwicklungsgesetzlichkeit entsteht. Dies ist einzuordnen in die oben skizzierte politisch-kulturelle Entwicklung in den Industrieländern, bei denen ein Misstrauen gegenüber der nachwachsenden Generation quasi das Leitmotiv im Umgang mit der Jugend wird („Fürsorge"; vgl. Reyer 2002). Nach spekulativen Ansätzen (Spranger) werden nach und nach empirische Methoden eingesetzt. Frühe Phasenaufteilungen kennen:

- die Latenzzeit
- die Präadoleszenz (10 – 12 Jahre)
- die Frühadoleszenz (12 – 15 Jahre)
- die mittlere (und eigentliche) Adoleszenz (15 – 17 Jahre)
- die späte Adoleszenz (18 – 20 Jahre)
- die Postadoleszenz (21 – 25 Jahre).

Diese Phaseneinteilung und insbesondere die Alterszuordnung wurden mit der Zeit obsolet, so dass die Funktionsreifung an ihre Stelle trat (ebd., 90ff.). Fend stellt zum einen die Jugend als „Werk der Gesellschaft" dar, verursacht durch die

Veränderung der Lebenswelten und -weisen, zum anderen ist Jugend ein „Werk seiner selbst“ (205ff.).

In diesem Kontext greift er das Konzept der Entwicklungsaufgaben auf und gelangt so zu der folgenden Einteilung:

- den Körper bewohnen lernen
- Umgang mit Sexualität lernen
- Umbau der sozialen Beziehungen
- Umgang mit Schule
- Berufswahl
- Bildung
- Identitätsarbeit.

Natürlich kann der Prozess der Entwicklung scheitern oder problematisch werden (Depression und Selbstzerstörung; Verhaltensstörungen, Delinquenz, Drogen; vgl. Teil 4 in Fend a.a.O.). Aus seiner Darstellung zieht Fend die folgenden Konsequenzen, u.a. die Notwendigkeit einer Zielperspektive (natürlich kulturell gebunden):

- „Die abendländische Tradition des mündigen und sozial verantwortlichen Menschen sowie
- des tüchtigen Bürgers gibt die Perspektive vor: immer größere Sachkompetenzen,
- Belastbarkeit, Selbstverantwortung, Eigenständigkeit im Urteil und soziale Verantwortung,
- sowie soziale Rücksichtnahme im Leben mit anderen.“ (468)

Insbesondere gilt: Jugendliche sind *Subjekte* ihrer Entwicklung;

> „Pädagogik bedeutet daher die Bereitstellung von Erfahrungsmöglichkeiten. Politisch bedeutet dies die Bereitstellung von Programmen zur Ermächtigung (‚Empowerment‘)“. (Ebd., 468 ff.)

Die Ausführungen im 13. Kinder- und Jugendbericht (siehe die folgenden Abb.; Leitung: Heiner Keupp; Deutscher Bundestag 2009) liegen auf dieser Linie:

Die „5C" der positiven Entwicklung

„Die Förderung von Kompetenz, dem ersten C, zielt u.a. auf die Verbesserung der sozialen, schulischen, kognitiven und beruflichen Kompetenzen der Teilnehmer. Soziale Kompetenz umfasst interpersonale Fähigkeiten wie Kommunikationsfähigkeit, Durchsetzungsvermögen, Ablehnung und Widerstand und die Fähigkeit zur Lösung von Konflikten. Kognitive Kompetenz beschreibt kognitive Fähigkeiten, einschließlich logisches und analytisches Denken, Problemlösungsfähigkeit, Entscheidungsfähigkeit, planvolles Handeln und die Fähigkeit, Ziele zu setzen. Schulnoten, Anwesenheit, Prüfungsergebnisse und Schulabschlussquoten fallen unter die schulische (akademische) Kompetenz. Berufliche Kompetenz meint Arbeitseinstellungen und Berufswahlorientierungen.

Die Förderung des Vertrauens von jungen Menschen, das zweite C, beinhaltet Ziele in Bezug auf die Erhöhung des Selbstwertgefühls, der Selbsteinschätzung, des Selbstvertrauens, der Identität und des Glaubens an die Zukunft der Jugendlichen. Die Anregung und Unterstützung von sozialen Bindungen, das dritte C, umfasst den Aufbau und die Stärkung von Beziehungen eines Jugendlichen zu anderen Menschen und Institutionen wie der Schule. Das vierte C – Charakter – lässt sich am schwierigsten definieren. Programmatische Ziele wie die Erhöhung der Selbstkontrolle und Selbstbeherrschung, die Verminderung von gesundheitsschädigendem (Problem-)Verhalten, die Achtung von kulturellen und gesellschaftlichen Regeln und Normen sowie Gerechtigkeitssinn (Moral) und Spiritualität beschreiben die Charakterkomponente. Die Entwicklung von Fürsorge und Mitgefühl, das fünfte C, zielt auf die Erhöhung der Empathiefähigkeit von Jugendlichen und ihrer Fähigkeit, sich in andere hineinzuversetzen."

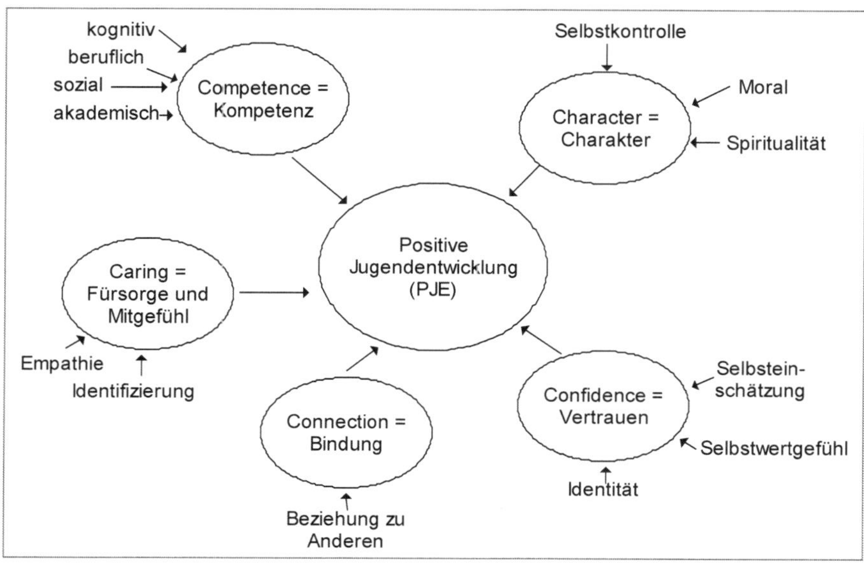

Externale Entwicklungsressourcen

- Unterstützung: Alle Heranwachsenden brauchen die Erfahrung der Unterstützung, Sorge und Liebe durch ihre Familien und viele andere. Sie brauchen Organisationen und Institutionen, die positive, unterstützende Umwelten schaffen.
- Empowerment: Alle Heranwachsenden brauchen die Wertschätzung der Gesellschaft und Gelegenheiten, sinnvolle Rollen einzunehmen und andere Personen zu unterstützen. Dafür müssen sie sich zu Hause, in der Schule und der Nachbarschaft sicher fühlen.
- Grenzen und Erwartungen: Alle Heranwachsenden müssen wissen, was von ihnen in der Familie, der Schule, der Nachbarschaft und von Erwachsenen erwartet wird und ob sich ihre Handlungen in den gesellschaftlich akzeptierten Grenzen bewegen.
- Konstruktive Nutzung der Zeit: Alle Heranwachsenden brauchen konstruktive und bereichernde Gelegenheiten für ihr persönliches Wachstum durch kreatives Handeln, Programme für jugendliche Engagements.

Internale Entwicklungsressourcen

- Lernbereitschaft: Alle Heranwachsenden sollten eine Bereitschaft zu lebenslanger Bildung entwickeln.
- Positive Werte: Alle Heranwachsenden sollten starke Werte wie Hilfsbereitschaft, Gleichheit und Gerechtigkeit, Verantwortlichkeit, Ehrlichkeit entwickeln, die ihr Handeln bestimmen.
- Soziale Kompetenzen: Alle Heranwachsenden brauchen Fähigkeiten, für sich Entscheidungen zu treffen, Beziehungen aufzunehmen, Konflikte auszutragen, widerstandsfähig gegen Gruppenzwänge zu sein und mit kultureller Differenz umgehen zu können.
- Positive Identität: Alle Heranwachsenden brauchen ein Gefühl der Selbstwirksamkeit, des Selbstwertes, der Sinnhaftigkeit und einer positiven Zukunft. (Ich stütze mich bei diesem Abschnitt auf Ausführungen in Fuchs 2017, 140 ff.).

16. Bildung als Lebensführungskompetenz – Teil 1

Überblick

In diesem Kapitel sollen Befunde und Überlegungen zusammengetragen werden, die in den vorangegangenen Kapiteln erarbeitet wurden. Dabei habe ich mich an dem Gedanken orientiert, den bereits Pestalozzi vorgegeben hat, dass der Mensch ein Produkt der Natur, der Gesellschaft und seiner selbst ist. In diesem Sinne beziehe ich mich auf natur- und kulturgeschichtliche Befunde zur Entwicklung der Persönlichkeit.

Bei der Erfassung der gesellschaftlichen Rahmenbedingungen wurden Forschungsergebnisse aus den Sozialwissenschaften hinzugezogen, wobei sich das Problem ergibt, dass es eine Fülle unterschiedlicher theoretischer Ansätze gibt, Gesellschaften zu erforschen (vgl. Kneer/Schroer 2009). Es ist also eine Frage der Auswahl, welche soziologische Theorie man zurate zieht, da unterschiedliche Theorien zu zum Teil unterschiedlichen „Zeitsignaturen“ (Bildungskommission 1995), pädagogischen Zielen, Problemkonstellationen und Handlungsstrategien gelangen können. Diese Pluralität unterschiedlicher Ansätze – und damit die Notwendigkeit, eine Auswahl zu treffen – zeigt sich auch bei den anderen vorgestellten Zugriffsweisen.

Man sieht bei einem Durchgang durch die verschiedene Disziplinen, dass man „Bildung“ sehr unterschiedlich verstehen kann, nämlich als Besitz, als Statussymbol, als Summe von Erfahrungen, als Perspektive und Sinn des Lebens, als Entwicklungsprozess, als Reaktion auf gesellschaftliche Herausforderungen und Widerfahrnisse, als Ergebnis von Lern-, Umlern- und Verlernprozessen. Man kann Bildung in einer historischen Perspektive betrachten, man muss Bildung im Hinblick auf unterschiedliche Persönlichkeitsdimensionen (Kognition, Emotion, Urteilskraft, Einbildungskraft etc.) verstehen, man kann Bildung stärker im Bereich des Wissens verorten oder auf das Handeln beziehen. Sinnvoll ist in jedem Fall, Bildung in der Komplexität all dieser Funktionen zu sehen, was insbesondere dann gilt, wenn man Bildung als Lebensführungskompetenz betrachtet. Gerade angesichts sich wandelnder gesellschaftlicher Herausforderungen, auf die der Einzelne reagieren muss, gilt es zu beachten, dass es sich bei dem Bildungsprozess nicht um einen linearen und kumulativen Entwicklungsprozess handelt, sondern dass man mit Brüchen rechnen muss, wobei oft vorhandene Kompetenzen, Fähigkeiten und Gewohnheiten aufgegeben werden müssen. Man kann Bildung im Hinblick darauf befragen, was für das Subjekt an Fähigkeiten notwendig ist, wenn es sein Projekt des guten Lebens realisieren will, man kann „Bildungsgüter“ identifizieren (vgl. Koselleck 1990), oder man kann danach fragen, wodurch sich ein gebildeter Mensch auszeichnet.

Auch wenn man den Bildungsbegriff nicht verwendet, kann man den Prozess, der mit ihm erfasst werden soll, beschreiben: Es handelt sich um einen Prozess und einen Zustand, der damit zu tun hat, wie der Mensch mit sich und der sozialen, gegenständlichen und geistigen Welt umgeht, wie er sein Leben führt und welche Möglichkeiten er hat und nutzt. Bildung hat damit zu tun, welche Widerstände sich ihm bei seiner Lebensführung entgegenstellen und wie wir mit diesen Widerständen und Herausforderungen umgehen, wie wir sie bewältigen oder wie man auch daran scheitern kann. Man kann danach fragen, welche Ziele man in seinem Leben verfolgt, welche Haltung man gegenüber sich selbst, den anderen Menschen und gegenüber der Natur und Kultur einnimmt. Es geht also um das Selbst- und Weltverhältnis, wobei alle Dimensionen der eigenen Persönlichkeit einbezogen sind.

Bildungstheorie hat dann die Aufgabe zu analysieren, mit welchen Kategorien man diesen Prozess begründen, beschreiben, kritisieren und auch anleiten kann. Bildung, so heißt es, bedeutet allerdings mehr, nämlich ein Versprechen auf die Bewältigung der alltäglichen Lebensprobleme. Bildung hat etwas mit der Hoffnung und mit der Zukunft zu tun, hat also eine zeitliche Dimension. Von Heinrich Roth stammt die kurze und aufschlussreiche Formulierung, dass Bildung damit zu tun habe, *wie Menschen sich besser entwickeln und entfalten können.*

Aspekte einer Theorie der Bildung als Lebensführungskompetenz

Anthropologische Grundlagen – zur Naturgeschichte

Der Mensch ist zugleich ein Natur- und Kulturwesen. Dass er zu einem Kulturwesen wurde, was heißt, dass er zunehmend die Bedingungen seiner Existenz mitgestalten kann, ist in seiner Naturgeschichte angelegt. Günter Dux, der eine „historisch-genetische Theorie der Kultur“ (2000) entwickelt hat, schreibt dazu:

> „In der biologischen Verfassung des Menschen liegt nur die Grundlage, um die geistigen Lebensformen konstruktiv auszubilden, nicht aber liegen in ihr die Lebensformen selbst. In ihr liegen weder die operationalen Formen des Denkens, in denen wir schließlich das Leben führen, noch die Kategorien, noch die Logik.“ (Dux 2013, 38; Sperrungen entfernt)

Dux sieht – wie andere auch – die Basis einer kumulativen Entwicklung des Gattungswesens Mensch in der Ontogenese des Einzelnen, dass sich nämlich nachkommende Gattungsmitglieder den Wissensstand der vorangegangenen Gattungsmitglieder in ihrer Entwicklung aneignen und darauf aufbauen können (Dux 2000, 60 ff.). Entscheidend ist also die Fähigkeit des Menschen zu lernen. Man kann drei „anthropologische Grundgesetze" identifizieren:

- der Mensch ist lernbedürftig
- der Mensch ist lernfähig
- der Mensch lernt ständig.

Die kulturelle Evolution des Menschen

Auf der Basis der naturgeschichtlich entstandenen Voraussetzungen entwickelt sich die menschliche Daseinsform als selbstbestimmte Lebensform (so Dux):

> „Wenn die menschliche Daseinsform als Anschlussorganisation an eine evolutive Naturgeschichte verstanden werden muss, so die Geschichte als Fortsetzung der Naturgeschichte, aber in einem anderen Medium, dem geistigen, soziokulturellen." (Dux 2000, 26; Sperrungen entfernt)

So erscheint es plausibel, „Bildung" als Fortführung und „Kultivierung" der naturgeschichtlichen Mitgift des Menschen zu verstehen.

Studien, die seit Jahren im Bereich der evolutionären Anthropologie betrieben werden, zeigen, wie sich die einzelnen Dimensionen menschlichen Daseins, sowohl die geistigen als auch die körperlichen, in diesem Prozess entwickelt haben. Hinsichtlich der Möglichkeit, die Selbst- und Weltverhältnisse genauer zu beschreiben, bietet sich die Kulturphilosophie von Ernst Cassirer an. Sein Tableau der symbolischen Formen, von denen sich jede einzelne im Rahmen der kulturellen Evolution auf der Basis naturgeschichtlicher Entwicklungsergebnisse weiterentwickelt hat (vgl. Fuchs 2017), unterscheidet Sprache, Wissenschaft und Technik, Religion und Mythos, Kunst, Ökonomie und Politik. Ich komme später darauf zurück, denn die zu bewältigenden epochaltypischen Schlüsselprobleme (Klafki) lassen sich – ebenso wie entsprechende Krisen – weitgehend den einzelnen symbolischen Formen zuordnen.

Das (starke) Subjekt

Das „Subjekt"-Konzept schreibt dem Menschen einen hohen Grad an Selbstbestimmung zu (vgl. Gerhardt 1999). Es geht um Autonomie, Freiheit und um eine gewisse Souveränität, mit den Widerfahrnissen des Lebens umzugehen. Ein Wandel im Verständnis von Subjektivität, nämlich von dem Gedanken des Unterworfenseins (so die wörtliche Bedeutung) hin zu der Vorstellung, Träger zu sein, charakterisiert die „kopernikanische Wende“ von Kant in der zweiten Hälfte des 18. Jahrhunderts. Diesen Gedanken, dass das Subjekt einen Doppelcharakter hat, nämlich gleichzeitig unterworfen und gestaltungsmächtig ist, hat später Michel Foucault in seinen Schriften weiter ausgearbeitet.

Auf Kant geht auch der Gedanke der Selbstzweckhaftigkeit des Menschen und seiner Unverfügbarkeit zurück. Das Attribut, „stark“ zu sein, wird gelegentlich so missverstanden, als ob dem Subjekt eine universelle Autarkie und Herrschaft über seine Lebensbedingungen zugeschrieben wird. Dagegen wird oft eingewandt, dass Vulnerabilität ebenfalls ein charakteristisches Merkmal menschlicher Existenz ist. Meine These ist, dass gerade wegen dieser Vulnerabilität Stärke notwendig ist. Man denke etwa an Menschen mit Behinderung, die bewusst erleben, dass viele Möglichkeiten eines nicht-behinderten Lebens von ihnen nicht realisiert werden können – und die trotzdem ständig versuchen, ihren Anspruch auf ein gutes Leben und Formen von Selbstbestimmung zu realisieren. Auch angesichts der Herausforderungen und Widerfahrnisse, die jeder Einzelne bewältigen muss, ist Stärke gefordert, wobei es in den meisten Fällen unsicher ist, welche Handlungsmöglichkeiten es gibt und welche man auswählen muss. Albert Scherr (in Taube u. a. 2017) grenzt sich von einem Verständnis von Subjektivität ab, das in neoliberalen Diskursen unter dem Begriff der Individualisierung verstanden wird („Ich-AG“):

> „Demgegenüber ist vor dem Hintergrund der sozialwissenschaftlichen Diskussion zur Frage, was förderliche und hinderliche Bedingungen von Bildungsprozessen sind, in denen Individuen ihre Subjektivität – ihre Potenziale des Selbstbewusstseins, der Selbstachtung und des Selbstwertgefühls, der Selbstbestimmung sowie der informierten und kritischen Auseinandersetzung mit gesellschaftlichen Strukturen und Prozessen – entwickeln und entfalten können (…) zweifelsfrei festzustellen: 1. Subjektivität ist nicht schlicht gegeben, sondern ein Potenzial, das sozial ermöglicht und gefördert, aber auch beeinträchtigt und blockiert werden kann.“ (253)

Ein Subjekt in diesem Verständnis ist auch dadurch gekennzeichnet, dass auf der Basis des genannten kritischen Verhältnisses zur Gesellschaft und zu deren Anforderungen die Möglichkeit zur Widerständigkeit geschaffen und genutzt wird (vgl. Fuchs 2018). Zu berücksichtigen ist bei der Rede von einem Subjekt auch, dass seine Subjektivität nur in einem sozialen Kontext richtig entwickelt werden kann: Soziabilität ist ein wesentliches Kennzeichen menschlicher Existenz. Allerdings kann diese unterschiedlich realisiert werden. So gehören Meinungsunterschiede etwa im Hinblick auf die Rolle der Gemeinschaft (wie sie in dem kontroversen Diskurs zwischen dem politischen Liberalismus im Sinne von John Rawls und dem Kommunitarismus thematisiert wird) zu der Vielfalt an Ausprägungen menschlicher Lebensweisen.

Kontingenz und Unplanbarkeit

Weder die gesellschaftliche noch die individuelle Entwicklung können als lineare Entwicklung hin zu einem fest vorgegebenen Ziel verstanden werden. Vielmehr dürfte es einen Konsens darin geben, dass solch deterministische Vorstellungen falsch sind und man davon ausgehen muss, dass alles auch anders kommen kann, als man es sich vorgestellt hat (das bedeutet „Kontingenz“). Eine wesentliche Kompetenz des Menschen, insbesondere des Menschen in modernen Gesellschaften, besteht daher darin, mit einer solchen Unplanbarkeit und Kontingenz umgehen zu können. Dies ist auch ein wesentlicher Unterschied zwischen der Neuzeit und dem Mittelalter, wo man auf der Basis eines stabilen religiösen Bewusstseins (in Europa) klare Vorstellungen über Sinn und Zweck des Lebens und des Lebenszieles haben konnte.

Wandel, Transformation und Negativität

Gesellschaften und auch der Mensch in seiner Entwicklung waren immer schon einem ständigen Wandel unterworfen. Allerdings gab es immer wieder Versuche, zumindest den gesellschaftlichen Wandel zu verlangsamen oder sogar aufzuhalten. Das bislang erfolgreichste Beispiel in dieser Hinsicht dürfte das alte China sein, dem es gelungen ist, über viele Jahrhunderte hinweg eine gewisse Stabilität in der Gesellschaftsstruktur aufrecht zu erhalten. Dieser gesellschaftliche Wandel und – damit verbunden – der Wandel individueller Entwicklungen und des Verständnis Menschenbildes haben sich im Zuge der Neuzeit erheblich dynamisiert. Nicht umsonst ist in einigen soziologischen Theorien „Beschleunigung“ eine zentrale Signatur (Hartmut Rosa).

In der Ökonomie geht es dabei um ein Verständnis von Wandel, das diesen als Wachstum verstehen will. Zwar gibt es heute eine Reihe kritischer Diskussionen, die dieses geforderte und zum Teil auch realisierte Wachstum als Hauptursache für die Zerstörung der Umwelt sehen, doch dürfte der Mainstream der Wirtschaftswissenschaften immer noch dem Paradigma des notwendigen Wachstums folgen. Der angesprochene gesellschaftliche Wandel wird heute oft unter dem Begriff der „Transformation“ gefasst, womit gemeint ist, dass es nicht nur um einzelne Aspekte und Dimensionen der Gesellschaft geht, sondern dass größere Bereiche, wenn nicht sogar die gesamte Gesellschaft von solchen Wandlungsprozessen erfasst werden. Wandel bedeutet insbesondere, dass man Altes überwinden und sich mit Neuem auseinandersetzen muss. Altes überwinden bedeutet aber auch, es zu negieren: Negation ist ein wesentliches Charakteristikum von Wandlungsprozessen.

Dies wird auch in der Erziehungswissenschaft diskutiert. So bedeutet etwa Lernen die Aneignung von neuem Wissen oder neuen Fähigkeiten und Fertigkeiten. Damit ist aber verbunden, dass vorhandenes Wissen, vorhandene Fähigkeiten und Fertigkeiten als unzureichend betrachtet und überwunden werden. Der Umgang mit Negativität ist also keine Ausnahme, sondern praktisch ein Normalfall menschlichen Lebens. Auf den Philosophen und Erziehungswissenschaftler Günter Buck geht daher die These zurück, dass man Bildung und die Theorie der Bildung (auch) als Antworten auf Negativitätserfahrungen verstehen könne. Der Philosoph Christoph Menke (2022) verstärkt diesen Gedanken sogar noch, wenn er feststellt, dass Bildung gerade nicht durch eine bloße Kultivierung von schon vorhandenen Potenzialen entsteht (so wie man etwa die Bildungstheorie von Wilhelm von Humboldt verstehen könnte), sondern durch eine krasse Konfrontation mit Anderem. In der Anthropologie gibt es in diesem Sinne die These, dass ein wesentliches Charakteristikum des Menschen darin besteht, Nein sagen zu können.

Auch dies kann als anthropologische Begründung für die These verstanden werden, dass Widerständigkeit ein zentrales Bildungsprinzip des Menschen ist. Die Akzeptanz von Negativität als Grundprinzip menschlichen Lebens führt daher zu einer kritischen und skeptischen Erziehungswissenschaft, wobei sich die Skepsis heute gegen Vereinnahmung, gegen eine falsche Sicherheit, gegen Manipulationen, gegen die Vorstellung unbegrenzter Machbarkeit, gegen eine universelle Messbarkeit richtet. Vor diesem Hintergrund werden die negative Anthropologie und die kritische Zeitdiagnose des Philosophen Günther Anders (2002, zuerst 1956) wieder aktuell, der die Wissenschaften sogar dazu aufgefordert hat, bestimmte Bereiche, die der Menschheit schädlich werden könnten (ein zentrales Problem war für ihn die Atombombe), nicht zu erforschen.

Epochaltypische Schlüsselprobleme und andere gesellschaftliche Herausforderungen

Das auf Wolfgang Klafki zurückgehende Konzept epochaltypischer Schlüsselprobleme wurde bereits oben nicht bloß als gesellschaftliche, sondern auch als individuelle Aufgabe beschrieben. Dabei ist zu bedenken, dass solche Probleme in erster Linie politische Probleme sind, die daher auch politisch angegangen und gelöst werden müssen. Gerade die Schlüsselprobleme, die Wolfgang Klafki nennt, sind solche, die zu gesellschaftlichen (und persönlichen) Krisen führen können – es geht u. a. um die Frage von Krieg und Frieden, um den Umgang mit der Umwelt, um Fragen der Verteilungsgerechtigkeit, der Demokratisierung und der Gleichberechtigung. Dies gilt auch für Probleme, die Wolfgang Klafki zwar noch nicht genannt hat, die aber zurzeit in Deutschland auch in der Erziehungswissenschaft intensiv diskutiert werden, etwa Fragen von Diskriminierung, Kolonialismus und Rassismus oder die Unterscheidung zwischen authentischen und Falschinformationen („Alternative Fakten").

Man kann nun versuchen, die genannten Probleme dem Vier-Felder-Schema Ökonomie, Politik, Gemeinschaft und Kultur (Religion, Wissenschaften, Künste, Sprache) zuzuordnen. Offensichtlich gehört das Problem der massiver werdenden *Ungleichverteilung von Reichtum* in den Bereich der *Ökonomie*, wobei aber sofort daran zu erinnern ist, dass die Politik Rahmenbedingungen – etwa über Steuer- und Erbschaftsgesetze – schafft, die wesentlichen Einfluss auf die Verteilung von Einkommen und Vermögen haben. Auch die Gemeinschaft und das Zusammenleben sind davon betroffen, wenn etwa der Unmut in weiten Teilen der Bevölkerung, die von Abstieg bedroht sind oder sich ausgegrenzt fühlen bzw. sind, immer größer wird. Auch der Kulturbereich ist, etwa im Hinblick auf die Frage nach einer philosophischen Legitimation bestimmter gesellschaftlicher Verhältnisse, in diese Frage involviert. Nicht zuletzt geht es um bestimmte Werthaltungen und Dispositionen des Subjekts, wie sich etwa zurzeit am Streit darüber zeigt, an welchen Kriterien sich ein Schulfach Ökonomie und Wirtschaft orientieren soll. Während die eine Seite eine Einübung in die kapitalistische Marktwirtschaft favorisiert, möchte die andere Seite eine kritische Haltung – auch im Hinblick auf mögliche Veränderungen des Wirtschaftssystems – fördern. Der Gedanke, dass diese Subsysteme gerade nicht hermetisch voneinander abgeschlossen (Stichwort Selbstreferentialität von Niklas Luhmann), sondern vielfältig miteinander verflochten sind, geht auf die Arbeiten des Soziologen Richard Münch zurück, der auf diese Weise die Sozialtheorie von Talcott Parsons weiterentwickelt hat (er selbst spricht von „Interpenetration").

Auch dem Subsystem *Politik* lassen sich Schlüsselprobleme zuordnen. So ist es insbesondere die Frage von Krieg und Frieden, die im Bereich der Politik entschieden wird. Aber auch bei dieser Frage muss man Zusammenhänge mit den anderen Subsystemen berücksichtigen. So ist die Rüstungsindustrie gerade im Hinblick auf Gewinne ein attraktiver Wirtschaftsbereich, sodass es entsprechende Lobbyaktivitäten gibt. Krieg und Frieden ist natürlich auch ein Kulturproblem, wenn etwa Theolog*innen, Wissenschaftler*innen unterschiedlicher Fachrichtungen, Philosoph*innen sowie Künstler*innen und Kultureinrichtungen die Frage nach der Legitimität bestimmter kriegerischer Handlungen – etwa die seit vielen Jahrhunderten diskutierte Frage nach einem „gerechten Krieg" – diskutieren. Selbstverständlich ist dies auch ein wichtiges Thema dort, wo Menschen zusammentreffen. Im Hinblick auf die Wissenschaften und die Universitäten gibt es etwa starke Bemühungen, bei Forschungsaktivitäten und der Drittmittelakquisition eine Zusammenarbeit mit Betrieben der Rüstungsindustrie zu vermeiden. Das

Problem hierbei besteht darin, dass die Positionierung bei dieser Frage sehr stark von weltanschaulichen Grundüberzeugungen und von Vorstellungen über eine „wohlgeordnete Gesellschaft" abhängt.

Eine Zuordnung zu dem Subsystem *Gemeinschaft* liegt insbesondere bei der Frage nahe, wie man mit der Vielfalt der gesellschaftlichen Lebensstile und Lebensweisen umgeht. Dies ist insbesondere für eine Einwanderungsgesellschaft relevant, wenn aus unterschiedlichsten Gründen (Flucht vor Kriegshandlungen und Umweltkatastrophen, Verfolgung durch das politische System im Heimatland, die Sehnsucht nach einem besseren Leben oder auch aufgrund von Verträgen über die Gewinnung von Fachkräften) Menschen aus unterschiedlichen Regionen der Welt mit sehr verschiedenen fachlichen Kompetenzen einwandern.

Mit dieser Problematik, die in der politischen und öffentlichen Debatte unter dem Stichwort „Integration" diskutiert wird, sind etwa die oben genannten Probleme des Rassismus und der Diskriminierung verbunden (siehe Fuchs 2021). Auch hier gibt es enge Bezüge zu den drei anderen Subsystemen der Gesellschaft. Die Politik kann durch Verträge und gesetzliche Regelungen die Rahmenbedingungen für Einwanderung und Integration schaffen. Im Bereich der Wirtschaft geht es darum, Arbeitsplätze zur Verfügung zu stellen, damit die zugewanderten Menschen selbst ihren Lebensunterhalt verdienen können. Und im Bereich der Kultur stellt sich die Frage, wie mit der Vielfalt von Kulturen, Weltanschauungen und Werthaltungen umgegangen wird.

Das Problem der „Integration" betrifft allerdings nicht nur zugewanderte Menschen, sondern auch andere Gruppen der Gesellschaft. Interessant ist, dass es für nahezu jeden dieser problematischen Aspekte auf internationaler Ebene wie bei den Vereinten Nationen oder der UNESCO Konventionen und Vereinbarungen gibt wie etwa die Behindertenrechtskonvention oder Konventionen zur Regelung der Gleichberechtigung oder der kulturellen Vielfalt. Der Kernbegriff in all diesen Regelungen ist der Begriff der Teilhabe, also einer Teilhabe am Wirtschaftssystem, an der politischen Gestaltung, an den Angeboten im Kulturbereich und am Bildungssystem, wobei diese internationalen Konventionen durch nationalstaatliche Gesetze präzisiert und in geltendes Recht überführt wurden.

Im Hinblick auf die „Formung des Subjekts" sind hierbei Fragen der sozialen, der politischen, der ökonomischen und der kulturellen Bildung angesprochen. Dieser Hinweis ist deshalb relevant, weil sich für all die genannten Schlüsselprobleme spezialisierte Teildisziplinen – in der Erziehungswissenschaft, aber auch in zivilgesellschaftlichen Organisationen – spezialisierte Diskursforen, Professionalitäten, Institutionen und Theoriedebatten entwickelt haben. So kann man Fragen der theoretischen Begründung der sozialen, politischen, ökonomischen oder kulturellen

Bildung diskutieren, man kann sich aber auch in den unterschiedlichsten Praxisfeldern anschauen, welche Angebote es mit welcher Zielstellung und in welchen Organisationen und Institutionen gibt.

Für den Bereich der kulturellen Bildung habe ich den Vorschlag Ende der 1980er Jahre gemacht, dass diese zunächst einmal als Allgemeinbildung verstanden werden kann, also all die Ziele versucht zu verfolgen, die auch in anderen Bildungsangeboten und in der allgemeinen Bildungstheorie im Hinblick auf Persönlichkeitsentwicklung und die Realisierung des Projektes des guten Lebens angestrebt werden (vgl. Fuchs 2008). Eingrenzen kann man den „universalistischen" Anspruch allgemeiner Bildung in den bereichsspezifischen Bildungskonzeptionen dadurch, dass in der kulturellen (ebenso wie in der politischen, ökologischen etc.) Bildungsarbeit spezifische Methoden – etwa der Umgang mit Künsten, mit Fragen der ästhetischen Gestaltung im Alltag, mit Spiel oder mit Medien – angewandt werden, für die spezifische Kenntnisse und Fähigkeiten bei der Anleitung notwendig sind. So diskutiert der Naturwissenschaftler und Naturwissenschaftsdidaktiker Werner Kutschmann (1999) den Zusammenhang von Bildung, Mathematik und Naturwissenschaften und zeigt auf, dass es einen unseligen Streit zwischen den „zwei Kulturen" (den Geistes- und den Naturwissenschaften) gibt, was er gerade heute angesichts der komplexen Umweltprobleme, an deren Lösung alle Disziplinen arbeiten müssen, für völlig unangemessen hält.

Allerdings ist bei den genannten Fragen, bei denen zunächst die Rolle des Subjekts und seiner Bildung angesprochen worden ist, stets zu berücksichtigen, dass viele Probleme gesellschaftliche Probleme sind, die durch falsche politische Entscheidungen hervorgerufen wurden und die daher auch nur politisch gelöst werden können. Es gibt also ein Wechselspiel von Pädagogik und Politik: Beide sind zwei Seiten derselben Medaille (vgl. Fuchs 2017). Dies zeigt sich gerade bei der Frage der Umweltzerstörung, wo man grob zwei Fraktionen unterscheiden kann: Während die eine sich darauf fokussiert, die Lebensweise der Menschen ändern zu wollen, etwa durch die Idee eines Übergangs von einer „imperialen" zu einer „solidarischen Lebensweise", betont die andere die Position, dass zunächst die Politik richtige Rahmenbedingungen schaffen müsse (etwa den Ausstieg aus fossilen Energien), bevor man an die Menschen den Anspruch heranträgt, ihr Leben zu ändern.

Allerdings ist in jedem Fall die Erziehungswissenschaft, wenn sie geeignete Bildungskonzepte entwickeln will, mit denen man auf Schlüssel- und andere Probleme reagiert, darauf angewiesen, die jeweiligen Problemlagen in ihrer Genese und in ihren Auswirkungen präzise zu erfassen. Oft genug stützt man sich hierbei auf „falsche Gegensätze", so wie es am Beispiel des angeblichen Gegensatzes von Natur- und Geisteswissenschaften gezeigt wurde (vgl. Fuchs 2020). Ebenso wie die

Geisteswissenschaften sich bemühen müssen, die Errungenschaften der Naturwissenschaften im Hinblick auf die Vorstellungen von Mensch, Welt und Gesellschaft zur Kenntnis zu nehmen (wie etwa Ergebnisse der evolutionären Anthropologie als Naturwissenschaft eine wichtige Rolle bei Reflexionen im Bereich der philosophischen Anthropologie spielen sollten), ebenso müssen die Naturwissenschaften die Reflexionen aus den Geisteswissenschaften beachten, wenn es etwa darum geht, mögliche Folgen von Forschungen zu berücksichtigen.

Dies ist keineswegs ein neuer Gedanke, denn viele bedeutende Naturwissenschaftler, etwa Newton oder Kepler, Einstein oder Heisenberg haben diesen Aspekt in zum Teil tiefgründigen Schriften reflektiert. Auch bei der Entstehung der modernen Naturwissenschaften zu Beginn der Neuzeit kann man zeigen, dass eine solche Trennung die Entwicklungsdynamik in den Wissenschaften nicht gerade verständlich macht. So kann man zeigen, dass bei vielen Errungenschaften im Bereich der Naturwissenschaften oder der Mathematik Anregungen aus dem Bereich der Künste wichtig waren, ebenso wie berühmte Künstler*innen sehr genau die Entwicklung der Mathematik und der Naturwissenschaften verfolgten und in ihre Arbeiten einbezogen. Konkret wurden solche Überlegungen bei der Entwicklung des Konzeptes einer Kulturschule berücksichtigt, bei der es unter anderem auch darum ging, kreativ-künstlerische Verfahren des Lernens auch in nicht-künstlerischen Schulfächern zu praktizieren. Dieser Ansatz ist in einigen tausend Schulen in Deutschland und in anderen Ländern erfolgreich praktiziert worden (vgl. Fuchs 2017).

Von Bedeutung für die Zusammenarbeit von Kultur-, Geistes-Naturwissenschaften ist aber auch die Frage nach der Art und Gültigkeit des jeweiligen Wissens. In den letzten Jahren kann man dabei eine Ausweitung des Verständnisses feststellen, was „Wissen" eigentlich bedeutet. In negativer Hinsicht geht es – wie am Beispiel des früheren amerikanischen Präsidenten zu zeigen ist – darum, belastbares und anerkanntes Wissen infrage zu stellen und daraus politisches Kapital zu schlagen. In positiver Hinsicht erkennt man zunehmend, dass man vorhandene Kenntnisse nicht hinreichend nutzt, wenn man sich auf ein positivistisch verengtes Verständnis von Wissen bezieht (siehe Fuchs 2020). Daher diskutiert man inzwischen bei dem Problem einer gefährdeten Biodiversität, inwieweit das reichhaltige Wissen indigener Völker im Hinblick auf das Verhalten von Tieren oder die Wirksamkeit von Pflanzen etwa bei der Behandlung von Krankheiten für die Erhaltung der Biodiversität genutzt werden kann.

Befasst man sich näher mit der Genese heute aktueller Schlüsselprobleme, so kann dies zudem dabei helfen, falsche Orientierungen in der Pädagogik und in der Politik aufzugeben. So ist im Bereich der Umwelt immer wieder von einem „harmonischen Verhältnis zwischen Mensch und Natur" die Rede, was man insbesondere bei den oben erwähnten indigenen Völkern oder bei früheren Menschengruppen zu erkennen glaubt. Hiergegen gibt es zahlreiche Einsprüche, etwa dahingehend, dass es keineswegs jemals eine solche Harmonie gegeben habe und dies auch nicht der Prozess sei, in dem sich die Natur bzw. das Verhältnis von Mensch und Natur entwickelt (siehe Fuchs 2023). Das oben beschriebene Entwicklungsverständnis, das Brüche und Rückschläge als „normalen" Bestandteil von Entwicklungen (in der Natur, in der Gesellschaft, aber auch im Bildungsprozess des Menschen) sieht, gilt auch für die Beziehung zwischen Mensch und Natur. Zwar sind in den letzten 200 Jahren die Möglichkeiten des Menschen, zerstörerisch in die Natur einzugreifen, erheblich gewachsen, doch hat der Mensch immer schon zerstörerisch auf die Natur gewirkt, etwa durch Brandrodungen oder ungeschickten Umgang mit natürlichen Ressourcen. Neu ist dies also nicht, allerdings sind die Folgen aufgrund des deutlichen Wachstums der Bevölkerung und der Ausdehnung technischer Möglichkeiten nunmehr bedrohlich für die Weiterexistenz der Menschheit selbst geworden.

17. Bildung und Lebensführungskompetenz – Teil 2

Pädagogik und die Gestaltung des Lebens

Man kann hinsichtlich der Rolle der Pädagogik bei der Gestaltung des Lebens grob zwei Positionen unterscheiden: Eine erste Position geht davon aus, dass man mithilfe der Pädagogik und insbesondere der Bildungseinrichtungen wie der Schule Menschen nach Bedarf formen kann. Auch Ernst Cassirer sprach einmal davon, dass jeder Staat versucht, seine Bürger*innen so zu formen, dass sie ihn als legitim anerkennen. Eine zweite Position negiert völlig die Möglichkeiten pädagogischer Interventionen hinsichtlich der Veränderung der Lebensführung von Menschen.

Man muss sehen, dass Staaten immer wieder versucht haben, durch entsprechende bildungspolitische Maßnahmen die Cassirersche These umzusetzen. Eine drastische Maßnahme besteht etwa darin, dass man ganze Bevölkerungsgruppen von dem Besuch von Bildungseinrichtungen ausschließt. Beispiele hierfür sind etwa die Regime im Irak, Iran oder in Afghanistan, die Frauen den Besuch höherer Bildungseinrichtungen und Universitäten untersagen. Auch in westlichen Ländern musste das Recht von Frauen und Mädchen auf einen Besuch höherer Bildungsanstalten und Universitäten erkämpft werden. Es gab zudem auch in Deutschland mehrere Versuche einer weltanschaulichen Erziehung im Interesse des jeweiligen Staates. Ein Beispiel ist die Erziehung zum Untertan im Wilhelminischen Kaiserreich, wie sie der Roman „Der Untertan" von Heinrich Mann sehr treffend darstellt. Die nationalsozialistische Bildungspolitik versuchte später, über das Bildungssystem (Schule und außerschulischer Bereich, Universitäten) alle Staatsbürger*innen im Sinne der eigenen Weltanschauung zu erziehen. Auch die DDR war ein solches Beispiel. Was den Erfolg dieser Versuche betrifft, so kann man lapidar feststellen, dass alle derartigen Initiativen letztlich gescheitert sind. Das „Tausendjährige Reich" hatte letztlich nur eine Lebensdauer von zwölf Jahren, wohingegen das Kaiserreich und die DDR immerhin einige Jahrzehnte bestanden.

Die Geschichte der Bildungspolitik belegt die Richtigkeit der schon im 17. Jahrhundert von Francis Bacon formulierten These: Wissen ist Macht. Diese Verbindung dürfte auch der Grund dafür sein, dass Bildungspolitik in besonderer Weise in Machtprozesse verstrickt ist, sodass die Übernahme entsprechender Ministerämter eine ausgesprochen undankbare Aufgabe ist (siehe Kap. 4). Während heute – zumindest in demokratisch organisierten Staaten – eine Bildungspolitik wie in den genannten Beispielen nicht mehr möglich ist, gibt es auch außerhalb staatlicher Organe intensive Debatten über die Notwendigkeit der Veränderung unserer Lebensweise. Ein aktuelles Thema in diesem Zusammenhang betrifft die Durchsetzung einer ökologisch sensiblen Lebensweise, was etwa bedeutet, den Individualverkehr, den Energieverbrauch und den Fleischkonsum einzuschränken, sodass Gegner dieser Position schon von einer „Ökodiktatur" sprechen. Das Problem hierbei ist, dass derartige Appelle zu einer vernünftigeren Lebensweise bislang noch nicht den gewünschten Erfolg hatten. Dies trifft insgesamt auch für Konzeptionen wie die UN-Initiative „Bildung für eine nachhaltige Entwicklung" zu. An dieser Stelle gibt der Sozialpsychologe Harald Welzer wichtige Hinweise. Er spricht von einer Veränderung der „mentalen Infrastruktur" und auch davon, dass eine solche Veränderung nur dann gelingen kann, wenn die mit ihr einhergehenden Lebensumstände auch Spaß machen.

Das gute Leben in einer wohlgeordneten Gesellschaft

Dass Bildungsprozesse keine rein individuelle Angelegenheit sind, sondern in vielfacher Weise auf Ressourcen zurückgreifen müssen, die die Gesellschaft bereitstellen muss, ist ein roter Faden des vorliegenden Textes. Dies betrifft den in der Überschrift genannten Gedanken einer „wohlgeordneten Gesellschaft" (siehe Fuchs 2019, Teil 1). Eine solche „Wohlordnung" bedeutet etwa im Bereich des Subsystems Wirtschaft, dass die in den letzten Jahrzehnten extrem gewachsene Ungleichheit auch in demokratisch strukturierten Staaten abgebaut werden muss. Dies bedeutet gerade nicht die Durchsetzung einer Gleichmacherei. Ungleichheit ist durchaus in gewissem Rahmen akzeptabel, doch hat sie inzwischen ein Maß erreicht, das jeder Vorstellung von Gerechtigkeit widerspricht. Im Bereich der Politik kann man feststellen, dass auf der Ebene der rechtlichen Ordnung, die ein parlamentarisch-demokratisches System fordert und absichert, die Rahmenbedingungen einer Wohlordnung im Grundsatz vorhanden sind. Das Problem besteht darin, dass es immer wieder Disparitäten gibt, dass also eine Umsetzung der rechtlichen Regelungen oft genug zu wünschen übriglässt. Die Bedingungen im Bereich der Wirtschaft und der Politik dürften auch eine wesentliche Ursache dafür sein, dass die Diskurse über moderne Gesellschaften oft Krisendiskurse sind. Man spricht von Heimatlosigkeit und davon, dass die Seele nicht mehr Herr im eigenen Hause sei, man spricht von einem nervösen Zeitalter und aktuell von Depression als Volkskrankheit und thematisiert Abstiegs- und Zukunftsängste. Ein wesentliches Versprechen der Moderne, dass sich der Wohlstand ständig vermehrt, kann schon längere Zeit nicht mehr ernsthaft gehalten werden. Man spricht in der Sozialwissenschaft inzwischen von einer Abstiegsgesellschaft. Auch die verschiedenen Teilbereiche des Subsystems Kultur haben schon einmal bessere Zeiten erlebt. Menschen verlassen in größerer Anzahl die katholische Kirche, weil sie unzufrieden damit sind, wie die Kirche mit dem sexuellen Missbrauch in den eigenen Reihen umgeht. Es gibt einen Glaubwürdigkeitsverlust gerade im Kernbereich dessen, was Religionen versprechen: nämlich moralischer Kompass für den Einzelnen und die Gesellschaft zu sein.

Auch die Frage nach einem „guten Leben" ist nicht leicht zu beantworten. Immerhin wird über diese Frage schon seit einigen tausend Jahren diskutiert (siehe etwa Fuchs 2019)

Der Philosoph Martin Seel schlägt die folgenden Begriffsbestimmungen vor:

- „Ein gelingendes Leben hat, wem es gelingt, ein auf ungezwungene Weise selbstbestimmtes Leben zu führen.
- Ein glückliches Leben hat, wer sich in einem selbstbestimmten Leben die wichtigsten eigenen Wünsche erfüllen.
- Ein gutes Leben hat, wer ein mehr oder weniger glückliches und gelungenes Leben führt." (Seel 1995, 127)

Bildung als Lebensführungskompetenz – Bildung als Humanressource

Hier ist er wieder, der Begriff der Selbstbestimmung als spezifische Charakterisierung des Gattungswesens Mensch. Günter Dux (2013) gibt auf der Basis umfassender historischer und anthropologischer Studien die folgende Begriffsbestimmung:

> „Die Entwicklung einer reflexiven Lebensführung, die mit der Ausbildung eines ‚subjektiven Selbst' eingeleitet wurde, erfährt jetzt ihre strukturelle Vollendung. Das Kind erwirbt die Fähigkeit, das Praxisfeld seiner Lebensführung in symbolischer Form nicht nur vor sein geistiges Auge zu bringen und sich selbst inmitten des Praxisfeldes als handelnder Teilnehmer an der Interaktion und Kommunikation mit anderen wahrzunehmen, es vermag sich darüber hinaus auch mit den anderen über dieses Handlungsfeld zu verständigen. (...) Exzentrische Positionalität hat Helmuth Plessner sie genannt." (51)

Eine übliche Verwechslung – gerade bei Kritiker*innen des Subjektbegriffs – besteht hierbei darin, Selbstbestimmung und Autonomie als uneingeschränkte Willkür im Wünschen und Handeln zu verstehen. Demgegenüber schlägt der Philosoph

Volker Heidbrink die folgende Beschreibung einer gelingenden Autonomie vor: Die Fähigkeit zur Autonomie besteht darin,

- „dass es Individuen gelingt, ihre Entscheidungen in einem qualifizierten Sinn auf sich selbst zurückzuführen,
- dass Individuen sich durch kritische Selbstreflexion und effektive Selbstmodifikation selbst beurteilen und bilden,
- mit den Folgen der selbstverantwortlichen Urteilsbildung und selbstständigen Daseinsgestaltung umgehen zu können, dass hieraus keine substantielle Beeinträchtigung des eigenen Lebens entsteht,
- dass Individuen mit den Folgen ihres Handelns innerhalb eines bestimmten sozialen Kontextes leben können." (Heidbrink in Kersting/ Langbehn 2007, 280 f.)

Vor dem Hintergrund der oben vorgestellten Gefahr, Pädagogik im Hinblick auf die Vermittlung von Lebensführungskompetenzen zu überfordern, scheint mir der bescheidenere Vorschlag von Lothar Krappmann (in Münchmeier u. a. 2002, 33 ff.) sinnvoll zu sein, der *Bildung als Humanvermögen* (nicht zu verwechseln mit dem neoliberalen Begriff des Humankapitals) und als *Ressource der Lebensbewältigung* beschreibt. Im Kontext der Nachhaltigkeits- und Transformationsforschung spricht man im Hinblick auf Veränderungsnotwendigkeiten von einer Transformationskompetenz (*transformative literacy*, Schneidewind 2018, 37 ff.), bei der drei Dimensionen unterschieden werden:

- Haltung: Dazu gehören eine Vision und die Lust auf Veränderung, es gehört dazu die Fähigkeit und die Bereitschaft, Widerstand zu leisten und selbst zu denken.
- Fähigkeiten: Es geht um soziale und kommunikative Fähigkeiten, Frustrationstoleranz und Ausdauer und um die Fähigkeit, andere Menschen zu überzeugen.
- Wissen: Dazu gehören unter anderem umweltspezifisches Fachwissen und Reflexionsfähigkeit.

Ein Vergleich mit den oben vorgestellten Konzepten von Daseinskompetenzen (5. Familienbericht) oder Lebenskompetenzen (*life skills* im Sinne der Weltgesundheitsorganisation WHO) zeigt eine weitgehende Übereinstimmung all dieser Vorschläge zur Veränderung von Lebensweisen. Ohne Pädagogik und insbesondere Bildung zu überfordern, scheint auch der Vorschlag von Krappmann sinnvoll zu sein, Bildung als eine der notwendigen Ressourcen der Lebensführung zu betrachten. Es handelt sich um eine Ressource unter mehreren, denn es müssen etwa noch sozialökonomische Ressourcen bei der Gestaltung des eigenen Lebens berücksichtigt werden.

Diskurse über Themen, Inhalte und Gegenstände von Bildung

Diskussionen über Bildung konzentrieren sich häufig darauf, Bildungsziele – verstanden als zu entwickelnde Dispositionen und Haltungen des Menschen – zu formulieren und zu begründen. Auch im vorliegenden Text ist häufig von „Selbstbestimmung“ und „Mündigkeit“ die Rede. Bei der oben thematisierten Frage danach, wie man das Bürgertum charakterisieren und welche typischen Eigenschaften man ihm zuschreiben kann, war ebenfalls von spezifischen Tugenden wie Ordnung, Fleiß oder Sparsamkeit die Rede (siehe Münch 1984). Auf der Ebene der Europäischen Union werden als zentrale Bildungsziele Employability, Flexibilität und Kreativität genannt.

Diese Frage nach obersten Zielen, die Bildungsprozesse und vielleicht das gesamte Bildungswesen orientieren können, ist natürlich wichtig und aufschlussreich. Die Analyse solcher Begriffe gilt als eine legitime Aufgabe bildungsphilosophischer Reflexionen (siehe etwa Rieger-Ladich 2002). Doch wird nicht immer gleichermaßen reflektiert, dass sich solche Dispositionen in Auseinandersetzung mit bestimmten Themen, Gegenständen und Inhalten entwickeln müssen. So hat der Hamburger Anglist Dietrich Schwanitz im Jahre 1999 ein Buch mit dem Titel „Bildung“ vorgelegt, das den anspruchsvollen Untertitel hat: „Alles, was man wissen muss.“ In seinem Vorwort schreibt der Autor, dass er mit dem Buch eine Hilfestellung geben wolle für „diejenigen unter uns, die das Bedürfnis haben, ihr Leben durch den Zugang zu unserem kulturellen Wissen zu bereichern und ins Gespräch der Zivilisation einzutreten, wenn man sie nur ließe.“ (7) Im ersten Teil des Buches („Wissen“) wird knapp und durchaus unterhaltsam über die Geschichte Europas, der Literatur, der Kunst, der Musik und der Philosophie berichtet. Ein zweiter Teil befasst sich mit „Können“, nämlich mit Sprache und Schrift, mit Intelligenz, Begabung und Kreativität und auch in einem Abschnitt damit, „was man nicht wissen sollte“ (476 ff.).

Von dieser Inhaltsbeschreibung her könnte man das Buch durchaus mit Ergebnissen eines Forschungsprojektes vergleichen, das sich mit dem Bildungsbürgertum im 19. Jahrhundert und speziell mit „Bildungsgütern und Bildungswissen“ befasst hat (Koselleck 1990). Auch in diesem Buch werden Philosophie, Musik oder Künste in historischer Perspektive als wichtige Bildungsgüter für das entstehende Bildungsbürgertum diskutiert. Es wird aber auch gezeigt, dass dieses Bildungsverständnis eine soziale Funktion hatte, nämlich einen Beitrag zur Konstitutierung der sozialen Gruppe des Bildungsbürgertums – und damit auch eine Abgrenzung von anderen gesellschaftlichen Gruppen – zu leisten. Man kannte sich in bestimmten Bereichen aus und dies war quasi die Eintrittskarte für die spezifische gesellschaftliche Gruppe.

Der Naturwissenschaftler und Naturwissenschaftshistoriker Ernst Peter Fischer (2003) zeigt sich von der Lektüre des Schwanitz-Buches durchaus angetan: „Was da zu lesen ist, wirkt über viele hundert Seiten clever und witzig, und ich habe mich lange Lesestunden hindurch amüsiert." Seine Freude hört allerdings dort auf, wo Schwanitz kursorisch und – wie Fischer meint – ohne tiefere Kenntnisse auf die Naturwissenschaften eingeht, mit dem Fazit: „Naturwissenschaftliche Kenntnisse müssen zwar nicht versteckt werden, aber zur Bildung gehören sie nicht." Der zitierte Satz stammt aus Schwanitz' Auseinandersetzung mit der Debatte über „Die zwei Kulturen" (C. P. Snow). Fischer ist mit dieser negativen Bewertung naturwissenschaftlicher Kenntnisse nicht einverstanden und legt daher im Gegenzug seine eigene Vorstellung darüber vor, „was man von den Naturwissenschaften wissen sollte" (Fischer 2003).

Diese Kontroverse zweier prominenter Autoren zeigt, dass die Auseinandersetzung mit der Frage nach Bildungsinhalten notwendig ist, wenn man über Bildung spricht. Man kann zeigen, dass sich an der Frage, welches Wissen wem, wie und in welchen Institutionen vermittelt werden soll, immer wieder Kontroversen entzünden, weil es eben nicht bloß um Fragen einer bestmöglichen Persönlichkeitsentwicklung geht, sondern weil mit dieser Frage entschieden Fragen der Macht und des politischen Einflusses verbunden sind. An Veränderungen des „Lehrplans des Abendlandes" (Dolch 1971) lassen sich daher nicht bloß Veränderungen im Menschenbild, sondern auch Entwicklungsprozesse im Bereich gesellschaftlicher Ordnungsvorstellungen ablesen. Dies gilt insbesondere für die Lehrpläne, so wie sie für das sich entwickelnde Schulsystem verbindlich wurden:

> „Lehrpläne bestimmen seit der hellenistisch-römischen Zeit die Sorge um die Lebenstüchtigkeit und allseitige Bildung der jungen Generation; die damals gelehrten ‚freien Künste' (artes liberales), die sich aus dem Trivium (Grammatik, Rhetorik und Dialektik) und dem Quadrivium (Arithmetik, Geometrie, Musik und Astronomie) zusammensetzten, galten über die Spätantike bis in die Neuzeit hinein als Fundament der allgemeinen höheren Bildung. Lehrpläne im modernen Sinne gibt es aber erst seit der Entwicklung nationalstaatlicher Einheiten; diese Entwicklung nimmt ihren Ausgang am Ende des 18. Jahrhunderts, forciert sich in Deutschland insbesondere zwischen 1830 und 1840 und bestimmt dann die folgenden Jahrzehnte zunehmend bis in die Gegenwart hinein." (Winfried Plöger in Hellekamps u. a. 2011, 292)

Der Kampf um die Lehrpläne hat eine politische Dimension, weil man damit die Weltanschauung und politische Haltung der Schülerinnen und Schüler (und der Lehrerinnen und Lehrer) beeinflussen will. So spielten über viele Jahrhunderte insbesondere in der Elementarbildung religiöse Texte eine zentrale Rolle, mit deren Hilfe die Kinder und Jugendlichen die Kulturtechniken des Lesens und Schreibens erwerben sollten (siehe Hellekamps u. a. 2012). Die Relevanz dieser beiden Kulturtechniken ist bis heute unstrittig:

> „Lesen zu können ist nicht nur eine wesentliche Voraussetzung für den Erwerb von Kenntnissen in nahezu allen Schulfächern sowie für Ausbildung und Studium, sondern für die Teilhabe am gesellschaftlichen Leben in der Moderne überhaupt. In den PISA-Untersuchungen kommt der Lesekompetenz daher eine Schlüsselstellung unter den getesteten Kompetenzen zu. Sie gilt als ‚universelles Kulturwerkzeug', da ohne Lesekompetenz eine selbstbestimmte und damit befriedigende Lebensführung in der Moderne nicht möglich ist (…). PISA geht bei der Erfassung von Leseleistungen von einem weiten Kompetenzbegriff aus: Da das Lesen für die kulturelle Teilhabe während des gesamten Lebenslaufs von entscheidender Bedeutung bleibt, intendiert schulischer Unterricht nicht nur die Befähigung der Heranwachsenden dazu, Texte unterschiedlicher Schwierigkeitsgrade zu verstehen und zu beurteilen. Vielmehr geht es auch um die Ausbildung einer Haltung, die das Lesen als kulturelle Praktik und die ‚die aktive Teilhabe an der Gemeinschaft der Lesenden' schätzt" (a.a.O., 1).

Neben der Streitfrage nach der politischen Orientierung der im Bildungssystem präsentierten und vermittelten Inhalte gibt es eine Reihe komplizierter fachlicher Probleme. So fragt man etwa danach, ob man sich bei der Gestaltung von Bildungsprozessen eher an dem Subjekt, seinen individuellen mentalen und psychischen Dispositionen und seiner Lebenswelt oder an einem festzulegenden Kanon gesellschaftlich relevanter Inhalte orientieren solle. Man fragt danach, welche Rolle wissenschaftliches bzw. Alltagswissen spielen soll. Es stellen sich Fragen der Legitimation und Begründung der vorgeschlagenen Bildungsinhalte. Ein dauerhaftes Problem wird in dem dynamischen Wachstum des zur Verfügung stehenden Wissens gesehen, bei dem es schon seit Jahrhunderten nicht mehr möglich ist, einen enzyklopädischen Anspruch in der Schule zu realisieren. Es geht also um die Frage der Auswahl, wobei auch hierbei unterschiedliche Vorschläge unterbreitet wurden, nämlich etwa eine Konzentration auf das Exemplarische oder Elementare, wobei jeweils zu klären ist, inwieweit die ausgewählten Inhalte „exemplarisch" bzw. „elementar" sind.

Es wurden zu diesem Zweck „didaktische Modelle" entwickelt, die sich allerdings weniger auf übergeordnete Fragen der Lehrplanentwicklung, sondern praxisnäher auf Auswahl-, Begründungs- und Umsetzungsprobleme im Unterricht beziehen (siehe etwa Kron 2000). In der Zeit der Bildungsreform seit den späten 1960er

Jahren diskutierte man intensiv solche Fragen unter den Begriffen der Curriculumentwicklung und -revision (vgl. Frey 1975). Man geht davon aus, dass Lehrpläne unterschiedliche Zwecke erfüllen, nämlich die Rechtfertigung von Unterrichtsinhalten, ihrer Auswahl und Anordnung, die Koordinierung der Arbeiten der zahlreichen Schulen im Lande bzw. innerhalb derselben Schule. Es geht um Fragen der Vergleichbarkeit von Abschlüssen, um Zugangsberechtigungen und auch um eine Steuerung und Kontrolle der Arbeit von Bildungseinrichtungen oder einzelner Lehrer*innen. Lehrpläne werden von Autor*innen daher oft eher als administratives Mittel der Kontrolle und Steuerung und weniger in ihrer pädagogischen Funktion gesehen (vgl. Künzli u. a. 2013, siehe auch die aufschlussreiche Studie zur Entwicklung eines ersten verbindlichen Lehrplans des preußischen Staates durch Wilhelm von Humboldt, Friedrich Schleiermacher und andere in Lohmann 1984).

Wolfgang Klafki, der in seiner Dissertation mit seinem Konzept der „kategorialen Bildung“ zwischen formalen und materialen Ansätzen in der Bildungstheorie vermitteln wollte, hat in den 1990er Jahren mit der Liste der im vorliegenden Text häufiger zitierten „epochaltypischen Schlüsselprobleme“ einen Vorschlag für ein neues und zeitgemäßes Allgemeinbildungskonzept und die zu vermittelnden Themen und Inhalte formuliert:

> „Allgemeinbildung muß verstanden werden als Aneignung der für die Menschen gemeinsam angehenden Frage- und Problemstellungen ihrer geschichtlich gewordenen Gegenwart und der sich abzeichnenden Zukunft und als Auseinandersetzung mit diesen gemeinsamen Aufgaben, Problemen, Gefahren. Dabei geht es *auch* um die Auseinandersetzung mit in der Geschichte bereits entwickelten Denkergebnissen und Lösungsversuchen, schon formulierten Fragestellungen und erprobten Möglichkeiten, bereits erworbenen Erfahrungen des Menschen als Individuum und als gesellschaftliches Wesen, dies aber nicht, um die zu Bildenden bzw. sich Bildenden auf die bisherige Geschichte festzulegen, sondern um sie zum Begreifen und zur Gestaltung ihrer historisch vermittelten Gegenwart und ihrer jeweiligen Zukunft in Selbstbestimmung, Mitbestimmung und Solidarität freizusetzen.“ (Klafki 1994, 53)

Es geht Klafki dabei nicht bloß um die Erarbeitung spezifischer Erkenntnisse, „sondern auch um die Aneignung von Einstellungen und Fähigkeiten, deren Bedeutung über den Bereich des jeweiligen Schlüsselproblems hinausreicht.“ (63)

In diesem Zusammenhang nennt er als Ziele: Kritikbereitschaft und -fähigkeit, Argumentationsbereitschaft und -fähigkeit, Empathie und die Fähigkeit zu vernetzendem Denken (ebd.). Damit steht Klafki in der Traditionslinie von Wilhelm von Humboldt, der eine Schule wollte,

„in welcher die nur zu einer gewissen Stärke gediehenen sittlichen, intellektuellen und ästhetischen Kräfte an den einer jeden korrespondierenden bestimmten Gegenständen der Natur und der Menschenwelt zu dem Grade entwickelt und fortgebildet werden, auf welchem jeder zur Mündigkeit gelangte Mensch stehen muss, um seiner selbst und seiner Beziehung zu der Gottheit und zu der Welt inne, seiner Anlagen und ihres Maßes sich bewusst und ihrer mächtig zu sein und um nach dem Verhältnis derselben, seiner im Laufe ihrer Entwicklung notwendig gewonnenen Einsichten und Kenntnisse und seiner Neigung, welche immer unter dem Einfluss auch äußerer Beziehungen stehen wird, eine weitere Ausbildung, durch welche er als wirksames Glied in das gemeinsame Leben der Gesellschaft eingreift, suchen und mit Glück sich ihrer befleißigen zu können.“ (zitiert nach Lohmann 1984, 40)

Mit dem Vorschlag von Klafki, der inzwischen fast 30 Jahre alt ist, ist keineswegs die Debatte über geeignete Inhalte von Bildungsprozessen abgeschlossen, vielmehr wurde und wird noch immer auch dieser Vorschlag kontrovers diskutiert. Dies ist offenbar unvermeidbar, da jede Generation und Gesellschaft die für ihre Zeit relevanten Inhalte und Themen diskursiv ermitteln muss.

Dabei muss man sehen, dass in diesen Diskursen über geeignete Bildungsinhalte, die verbindlich im Bildungssystem vorgeschrieben werden, die Durchsetzungsmöglichkeiten unterschiedlicher Akteure sehr verschieden sind. Insbesondere ist zu sehen, dass in Deutschland seit Beginn des 19. Jahrhunderts der Staat die Verantwortung für das Bildungswesen an sich gezogen hat, sodass auch staatliche Organe, sowohl die politische als auch die administrative Ebene, den größten Einfluss auf die Gestaltung des Bildungswesens haben. Das gilt auch für Wilhelm von Humboldt, der zwar praktisch sein ganzes Leben lang über Fragen der Bildung nachgedacht hat, der aber nur in der kurzen Zeit – es waren letztlich nur eineinhalb Jahre –, in der er ein hohes Amt in der preußischen Ministerialbürokratie hatte, wirksam Einfluss auf die Gestaltung des preußischen Bildungswesens ausüben konnte.

Neben der Verwaltung und Ministerialbürokratie ist die politische Ebene zu berücksichtigen. In einer parlamentarischen Demokratie ist mit einem Wechsel der Regierungsmacht nach einigen Jahren der Regierungsverantwortung zu rechnen. Das Problem besteht hierbei darin, dass zum einen gerade das Bildungswesen auf Stabilität und Kontinuität angewiesen ist, da weder die Bildungsinstitutionen noch das Fachpersonal kurzfristig auf neue Ideen orientiert werden können. Versuche, gravierende Veränderungsprozesse rasch durchzusetzen – ein Beispiel in den letzten Jahren war der Versuch, die Zeit bis zum Abitur von 13 auf zwölf Jahre zu verkürzen –, führen zu erheblichen organisatorischen Schwierigkeiten in der Praxis, und dies vor allem dann, wenn nach einem Regierungswechsel die entsprechende „Reform“ wieder rückgängig gemacht werden soll.

Nun ist das System der Schule nicht der einzige Akteur im Bildungswesen und kann auch nicht die Verantwortung für die Vermittlung aller notwendigen Lebensführungskompetenzen übernehmen. So ist an die Familie, die Peer-Group oder die Medien zu denken, die alle solche Aufgaben übernehmen. Zudem hat sich gerade in Deutschland im außerschulischen Bereich nach dem Zweiten Weltkrieg eine von der Anzahl der Institutionen und Fachkräften her vergleichbare Infrastruktur an Organisationen, Institutionen und Angeboten entwickelt. Der Bereich dieser außerschulischen Jugendarbeit ist dabei ebenso gesetzlich geregelt wie die Schule (oder der Bereich der Weiterbildung) und somit den Prinzipien und Zielen des Grundgesetzes und der freiheitlich-demokratischen Grundordnung verpflichtet, hat aber nicht die Aufgabe, ein verbindliches Curriculum umzusetzen. Daher gibt es sowohl methodisch als auch inhaltlich erhebliche Freiheitsgrade, sodass auch solche Themen und Inhalte bearbeitet werden können, die in die Struktur der jeweiligen Schule schlecht oder gar nicht hineinpassen.

Gerade im Hinblick auf eine erfolgreiche Bildungsarbeit bietet also die in den letzten Jahren forcierte Zusammenarbeit von schulischen und außerschulischen Bildungseinrichtungen – und dies etwa in der sich entwickelnden Struktur kommunaler Bildungslandschaften – viele Chancen, zumal die Bildungsziele des Kinder- und Jugendhilfegesetzes und der verschiedenen Schulgesetze weitgehend übereinstimmen. Man kann also von einem gemeinsamen Ziel, aber von unterschiedlichen Wegen ausgehen, wie dieses Ziel erreicht werden kann. Bildungsprozesse können nämlich nicht nur in dafür vorgesehenen Bildungsorten und -institutionen stattfinden, es ist auch der Alltag und das alltägliche Leben, das zu Bildungsprozessen anregen kann. Die Studie von Christian Rittelmeyer (2012) geht von einem entsprechend weitgefassten Bildungsbegriff aus:

> „Ich möchte auch zeigen, dass es bei dem sogenannten Bildungsbegriff nicht eigentlich um einen Begriff geht, sondern um die Benennung eines komplexen kognitiven wie emotionalen, ethischen und auch leiblichen Orientierungsmusters, das aus Erzählungen, Episoden, biografischen Berichten, historischen Definitionen und bildungstheoretischen Reflexionen rekonstruierbar ist. Es bewahrt einen in der Geschichte entwickelten Kern von Bildungsmaximen (wie den Gedanken einer Gestaltwerdung der eigenen Ideen und Ideale, der „inneren Formierung“ bzw. Charakterbildung, der Toleranz und Konzilianz gegen andere Ansichten und Kulturen), ist aber ebenso in stetiger Entwicklung begriffen: Der „Bildungsbegriff“ ist zukunftsoffen und dynamisch, aber nicht beliebig auslesbar.“ (8)

in diesem Sinne rekonstruiert Rittelmeyer zwar auch Verständnisweisen von Bildung in bildungstheoretischen Reflexionen, er bezieht sich aber auch auf die Beschreibung von Bildungserlebnissen in der Literatur („Bildungsromane“), in (Auto-)Biographien oder bei besonderen Ereignissen (zur Rolle von Biographien in der Erziehungswissenschaft siehe auch Wiezorek 2017).

Schlussbemerkungen

Bildung und Lebensführung – Bildung als Lebensführungskompetenz

Es ist davon auszugehen, dass Menschen zu keiner Zeit und in keiner Region ein Leben in Unterdrückungsverhältnissen leben wollten. Man kann dies etwa dadurch zeigen, dass man die Geschichte der Widerständigkeit, der Aufstände und Revolutionen, des Aufbegehrens gegen inhumane Verhältnisse zur Kenntnis nimmt (siehe Fuchs 2018). Spätestens seit der Renaissance und dem in diesem Zusammenhang wichtigen Plädoyer für die Würde des Menschen durch Pico della Mirandola gehört der Anspruch auf ein selbstbestimmtes Leben zu den Grundversprechen einer zukünftigen Gesellschaft (siehe Gerhardt 1999 und Fuchs 2022). „Selbstbestimmung“ ist dabei kein bloß abstraktes Prinzip, sondern sie muss sich in der alltäglichen Lebensführung zeigen. Entscheidet man sich daher für Selbstbestimmung als Bildungsziel, so muss eine so verstandene „Bildung“ auch in der Lebenspraxis erkennbar sein, nämlich als Kompetenz für eine selbstbestimmte Lebensführung.

Heute ist „Selbstbestimmung“ zumindest auf der Ebene internationaler Konventionen und in vielen nationalen Rechtssystemen zu einem Leitbegriff der politischen und rechtlichen Ordnung geworden, auch wenn man feststellen muss, dass in vielen Regionen, vor allem in Regionen, in denen Kriege geführt werden, gegen diese rechtlichen Regelungen verstoßen wird. Internationale und nationale Menschenrechtsorganisationen dokumentieren solche Verstöße sorgfältig. Das gilt auch für die Bundesrepublik Deutschland, wo in regelmäßigen Abständen ein „Grundrechtereport“ erscheint, der solche Verstöße auf nationaler Ebene registriert. Dies bedeutet im Hinblick auf eine an Selbstbestimmung orientierte Bildung, dass man dies nicht widerspruchslos hinnehmen darf: Bildung bedeutet immer auch, eine widerständige Haltung gegen Versuche der Anpassung und Unterwerfung einzunehmen: Bildung ist immer auch politische Bildung.

Das Leitbild eines selbstbestimmten Lebens ist in modernen Gesellschaften zu einer alltäglichen Selbstverständlichkeit geworden, was unter anderem bedeutet, dass über die eigene Lebensweise und Lebensführung nur das Individuum selbst entscheiden kann. Es gibt zunächst einmal keine Instanz aus dem Bereich der Wirtschaft, der Politik, des Zusammenlebens oder der Kultur, die vorschreiben könnte, wie der Einzelne sein Leben führen soll. Allerdings ist dies zunächst einmal ein abstraktes Ideal. Auf der Ebene der Realität wird man einige Differenzierungen und Abstriche vornehmen müssen.

So gibt es intensive Diskussionen bis hin zu entsprechenden rechtlichen Regelungen darüber, was unter „Selbstbestimmung“ zu verstehen und wie diese Norm in solchen Situationen zu handhaben ist, in denen individuelle Voraussetzungen für die Realisierung einer umfassenderen Selbstbestimmung nicht mehr gegeben sind. Es geht etwa um Krankheitsbilder wie dem der Demenz, es geht um Behinderungen oder um die Frage, ab welchem Alter welche Form von Selbstbestimmung möglich ist. Diese möglichen Beeinträchtigungen weisen darauf hin, dass es eine Vielzahl an Gründen dafür gibt, dass das Ideal eines selbstbestimmten Lebens nicht in vollem Umfang realisiert werden kann. Ein aktuelles Thema, das zurzeit immer intensiver diskutiert wird (und zu dem sich sogar das Bundesverfassungsgericht-kürzlich geäußert hat), ist etwa die Frage, inwieweit die jetzt lebenden Generationen Verantwortung für die noch nicht geborenen Menschen der Zukunft übernehmen (und ihr Umweltverhalten daher an dem Prinzip der Nachhaltigkeit orientieren).

Es gibt also eine Vielzahl an Gründen und Ursachen, dass und wie Menschen ihr Leben gestalten und ggf. verändern sollen. So gibt es Veränderungsnotwendigkeiten des Lebens aufgrund gesundheitlicher Risiken wie Krankheiten, Unfällen und Alterungsprozessen, aber auch aufgrund gesellschaftlich produzierter Situationen wie etwa Arbeitslosigkeit. Es gibt Naturereignisse wie Unwetter, die zur Zerstörung der eigenen Wohnung oder des Hauses führen. All dies gehört zu den Widerfahrnissen, die zu bewältigen im Verständnis des vorliegenden Textes zur „Bildung“ gehört.

In vielen der genannten Situationen ist der Mensch nicht auf sich allein gestellt, sondern es gibt eine Reihe von Unterstützungsmaßnahmen bei den verschiedenen Problemlagen. So gibt es Selbsthilfegruppen bei bestimmten gravierenden Erkrankungen, es gibt ein sich ausweitendes Feld an professioneller Beratung, allerdings auch ein Geschäftsfeld, das nach kapitalistischen Prinzipien funktioniert, es gibt *weight watchers*, die dabei helfen, das Gewicht zu reduzieren und zu einer angemessenen Ernährung zurückzukommen. All dies sind Unterstützungsmaßnahmen, die in der Regel von dem Einzelnen aus freiem Entschluss genutzt werden können. Es sind Unterstützungssysteme, die nicht im Widerspruch zu dem Prinzip der Selbstbestimmung stehen.

Ein zweiter Bereich, den man im Hinblick auf Einflussnahme auf die individuelle Lebensführung betrachten kann, sind soziale Kontexte, in denen bestimmte Werte praktiziert werden und wo erwartet wird, dass der einzelne Angehörige dieser Kontexte entsprechend dieser Wertorientierung lebt. Zu denken ist etwa an Religionen, die Vorgaben über die Ernährung, über Arbeitszeiten, über Tagesabläufe oder über den Umgang zwischen den Geschlechtern machen. Aber auch bei einem Umzug von einer Großstadt auf das Land wird man feststellen, dass dort andere Formen von Gemeinschaftlichkeit, verbunden mit der Erwartung der Partizipation, praktiziert werden. Auf eine subtile Weise wird durch das kapitalistische Wirtschaftssystem, das eben nicht nur ein Wirtschaftssystem, sondern auch ein Gesellschaftssystem ist, ein bestimmtes alltägliches Verhalten nahegelegt. Mit gesellschaftlichen Veränderungsprozessen entstehen neue Sozialformen des Subjekts und es verlieren andere Subjekttypen ihre Relevanz. Zurzeit spricht man von einer „neoliberalen Formung des Subjekts", wenn etwa erwartet wird, dass sich Menschen im Interesse der Erhaltung ihrer flexiblen Arbeitskraft ständig Prozessen der Selbstoptimierung unterwerfen. Der Kulturwissenschaftler Richard Sennett schreibt seit Jahren Bücher, in denen er solche Veränderungsprozesse als Verfallsprozesse beschreibt

Ein dritter hier zu betrachtender Bereich betrifft Änderungen der Lebensführung, zu denen sich der einzelne Mensch selbst entschieden hat. Dies kann etwa dann stattfinden, wenn sich der Einzelne bewusst wird, dass die oben diskutierten „epochaltypischen Schlüsselprobleme" im Sinne von Wolfgang Klafki so relevant geworden sind, dass sie das eigene Leben, das Leben in einigen Regionen oder vielleicht sogar insgesamt auf der Erde bedrohen. Dies betrifft auch andere, von Klafki nicht genannte Probleme wie etwa Rassismus und Diskriminierung, Eurozentrismus in Verbindung mit Kolonialismus oder das Anwachsen des Rechtsextremismus.

All diese Themen werden zurzeit intensiv diskutiert, wobei es bei jedem Thema unterschiedliche Bewertungen und Lösungsvorschläge gibt. So spielt etwa bei dem Problem der Umweltzerstörung die Frage eine Rolle, ob es überhaupt eine Rettung innerhalb eines kapitalistischen Systems geben könne und ob möglicherweise ein „grüner Kapitalismus" funktionieren kann. Man diskutiert in diesem Zusammenhang alternative Wirtschaftsmodelle, wobei es allerdings das Problem gibt, dass es für keine einzige dieser Alternativen eine Mehrheit in der Bevölkerung gibt. Allerdings vergrößert sich der Wunsch nach Veränderung. So kritisiert etwa Uwe Schneidewind, lange Jahre Präsident des international renommierten Wuppertal-Instituts und zurzeit Oberbürgermeister von Wuppertal, die Analysen des Wissenschaftlichen Beirats der Bundesregierung Globale Umweltveränderungen WBGU, dem er viele Jahre selbst angehört hat, dass dieser die Fragen des Wirtschaftssystems vernachlässige. Der Soziologe Günter Dux, auf den ich mich in diesem Text mehrfach bezogen habe, geht sogar noch einen Schritt weiter, indem er zeigt, dass eine richtig verstandene Demokratie mit einem kapitalistischen Wirtschaftssystem nicht vereinbar ist. Ähnliche kontroverse Debatten gibt es in den anderen genannten Bereichen.

Interessant ist, dass es inzwischen zu jedem dieser Schlüsselprobleme und zu jeder Herausforderung eigenständige Bereiche innerhalb der Erziehungswissenschaft gibt. So gibt es schon lange das Feld der politischen Bildung, in dem versucht wird, Menschen für eine lebendige Demokratie zu gewinnen, es gibt die Umweltpädagogik und sogar die internationale Initiative „Bildung für eine nachhaltige Entwicklung“ (BNE), es gibt eine antirassistische, eine diversitätssensible Pädagogik, eine Pädagogik der Vielfalt und eine Migrationspädagogik.

Ein Streitfall ist zurzeit der Umgang mit den neuen Medien, da es auch hier starke Kräfte (bis hin zur Kultusministerkonferenz) gibt, die affirmativ und unkritisch die Durchsetzung einer weitgehenden Digitalisierung betreiben, und es gibt Initiativen wie „Bildung und digitaler Kapitalismus“, die klassische Standards der Medienpädagogik wie etwa Medienkritik (verbunden mit Gesellschaftskritik) nicht aufgeben wollen.

In all diesen Bereichen, bei denen es um eine Änderung der Lebensführung geht, kann man feststellen, dass verschiedene Dispositionen der Persönlichkeit angesprochen werden. So geht es um *Wissen*, nämlich um die Analyse dessen, worin die Problemlage besteht, und dieses Wissen ist verbunden mit der Fähigkeit zur Wahrnehmung. Es geht um Wissen darüber, welche Alternativen es gibt und wo man Menschen findet, die das eigene Anliegen der Veränderung teilen. Es geht als zweites um das *Wollen*, man braucht Motivation, eine Bereitschaft zur Veränderung und schließlich braucht man Durchhaltevermögen und Frustrationstoleranz, denn man muss damit rechnen, dass es auch hier um das – wie Max Weber es in Bezug auf Politik formuliert hat – „Bohren dicker Bretter“ geht. Des Weiteren geht es um ein *Können*: Auf welche Weise führt man eine Veränderung durch, wie schafft man es, bisher praktizierte Strategien zu verändern, also auch umzulernen. Man braucht Fantasie und Einbildungskraft, damit Visionen fassbar werden, die zur Veränderung motivieren. Hier ist an Harald Welzer zu erinnern, der davon gesprochen hat, dass die Ziele und Prozesse einer solchen Veränderung auch Spaß machen müssen.

Insgesamt kann man feststellen, dass die Gestaltung des Lebens und insbesondere notwendig werdende Veränderungen in der Lebensweise und Lebensführung ohne Bildung (in jenem weiten Verständnis, in dem der Begriff hier verwendet wird) nicht funktionieren können. Zudem gilt es festzuhalten, dass solche Veränderungsprozesse zugleich Bildungsprozesse sind, da sie unsere Welt- und Selbstverhältnisse transformieren. Die Kraft und die Motivation für solche Gestaltungs- und Veränderungsprozesse gewinnt man durch eine Vision, nämlich durch die Vision eines „guten Lebens in einer wohlgeordneten Gesellschaft“.

Literatur

Alkemeyer, Thomas/Buschmann, Nikolaus/Etzemüller, Thomas (Hrsg.)(2019): Gegenwartsdiagnosen. Bielefeld: transcript.

Alleweldt, Erika/Röcke, Anja/Steinbicker, Jochen (Hrsg*innen)(2016): Lebensführung heute. Weinheim/Basel: Beltz-Juventa.

Anders, Günther (2002): Die Antiquiertheit des Menschen. München: Beck.

Antweiler, Christoph (2009): Heimat Mensch. Hamburg: Murmann.

Autorengruppe Bildungsberichterstattung (2012): Bildung in Deutschland. Bielefeld: wbv.

Autorengruppe Bildungsberichterstattung (Hrsg*innen)(2020): Bildung in Deutschland. Bielefeld: wbv.

Bachmann-Medeck, Doris (2018): Cultural Turns. Reinbek: Rowohlt.

Bayertz, Kurt (2014): Der aufrechte Gang. München: Beck.

Becker, Rolf (Hrsg.)(2009): Lehrbuch der Bildungssoziologie. Wiesbaden: VS.

Benner, Dietrich (2008): Bildungstheorie und Bildungsforschung. Paderborn: Schöningh.

Benner, Dietrich (2012): Allgemeine Pädagogik. Weinheim/Basel: Beltz-Juventa.

Benner, Dietrich/Oelkers, Jürgen (Hrsg.)(2010): Historisches Wörterbuch der Pädagogik. Weinheim/Basel: Beltz.

Berg, Christa u. a. (Hrsg*innen)(1987ff.): Handbuch der deutschen Bildungsgeschichte. 7 Bde. München: Beck.

Berger, Wilhelm (2009): Macht. Wien: facultas.

Bernfeld, Siegfried (2006): Sisyphos – oder die Grenzen der Erziehung. Frankfurt/M.: Suhrkamp.

Bernhard, Armin (1988): Mythos Friedenserziehung. Gießen: focus.

Bernhard, Armin/Rothermel, Lutz (Hrsg.)(2001): Handbuch Kritische Pädagogik. Weinheim/Basel: Beltz.

Bildungskommission NRW (Hrsg.)(1995): Zukunft der Bildung – Schule der Zukunft. Neuwied: Luchterhand.

Binder, Ulrich/Meseth, Wolfgang (Hrsg.)(2020). Strukturwandel in der Erziehungswissenschaft. Bad Heilbrunn: Klinckhardt.

Böhme, Gernot u. a. (1977): Experimentelle Philosophie. Frankfurt/M.: Suhrkamp.

Boehnke, Petra/Dittmann, Jörg/Goebel, Jan (Hrsg*innen)(2018): Handbuch Armut. Opladen/Toronto: Barbara Budrich.

Bohlken, Eike/Thies, Christian (Hrsg.)(2009): Handbuch Anthropologie. Stuttgart: Metzler.

Bollenbeck, Georg (1994): Bildung und Kultur. Glanz und Elend eines deutschen Deutungsmusters. Frankfurt/M./Leipzig: Insel.

Bollenbeck, Georg (2007): Eine Geschichte der Kulturkritik. München: Beck.

Borst, Eva (2011): Theorie der Bildung. Hohengehren: Schneider.

Bourdieu, Pierre (Hrsg.)(1997): Das Elend der Welt. Konstanz: UVK.

Brand, Ulrich/Wissen, Markus (2017): Imperiale Lebensweise. München: oekom.

Braun, Tom/Fuchs, Max/Zacharias, Wolfgang (Hrsg.)(2013): Theorien der Kulturpädagogik. Weinheim/Basel: Beltz-Juventa.

Braune-Klickau, Tobias u. a. (Hrsg.)(2013): Handbuch Kulturpädagogik für benachteiligte Jugendliche. Weinheim/Basel: Beltz.

Bremer, Helmut/Lange-Vester, Andrea (Hrsg*innen)(2006): Soziale Milieus und Wandel der Sozialstruktur. Wiesbaden: VS.

Brunner, Otto u. a. (Hrsg.)(1982): Geschichtliche Grundbegriffe. Stuttgart: Klett-Cotta.

Buck, Günther (1984): Rückwege aus der Entfremdung. Paderborn usw.: Schöningh.

BUND/Miserior (Hrsg.)(1997): Zukunftsfähiges Deutschland. Basel etc.: Birkhäuser.

Büttemeyer, Wilhelm/Möller, Bernhard (Hrsg,)(1979): Der Positivismusstreit in der deutschen Erziehungswissenschaft. München: Fink.

Bundeszentrale für politische Bildung (Hrsg.)(2005): Menschenrechte. Bonn: BpB.

Butterwegge, Christoph (2021): Ungleichheit in der Klassengesellschaft. Köln: Papyrossa.

Casale, Rita (2022): Einführung in die Erziehungs- und Bildungsphilosophie. Paderborn: Brill-Schöningh.

Cassirer, Ernst (1990): Versuch über den Menschen. Frankfurt/M.: Fischer.

Cortina, Kai u. a. (Hrsg*innen)(2008): Das Bildungswesen in der Bundesrepublik Deutschland. Reinbek: Rowohlt.

Dahrendorf, Ralf (1979): Lebenschancen. Frankfurt/M.: Suhrkamp

Daniel, Ute (2002): Kompendium Kulturgeschichte. Frankfurt/M.: Suhrkamp.

Demirovic, Alex (Hrsg.)(2010): Das Subjekt – zwischen Krise und Emanzipation. Münster: Westfälisches Dampfboot.

Deutsche UNESCO-Kommission (Hrsg.)(2016): Bildung überdenken. Bonn: DUK.

Deutscher Kulturrat (Hrsg.)(2004): Kulturelle Bildung in der Bildungsreformdiskussion. Berlin: Selbstverlag.

Deutscher Bundestag (Hrsg.)(1995): Fünfter Familienbericht. Drucksache 12/7560.

Deutscher Bundestag (Hrsg.)(2007): Schlussbericht der Enquete-Kommission „Kultur in Deutschland“: Berlin. Drucksache 16/7000.

Deutscher Bundestag (2009): 13. Kinder- und Jugendbericht. Berlin.

Diamond, Jared (2000): Arm und Reich. Frankfurt/M.: Fischer.

Diamond, Jared (2005): Kollaps. Frankfurt/M. usw.: Büchergilde Gutenberg.

Diehl, Elke (Hrsg*in)(2017): Teilhabe für alle?! Bonn: BpB.

Dilthey, Wilhelm (1957): Weltanschauung und Analyse des Menschen seit Renaissance und Reformation. Göttingen: Vandenhoeck & Ruprecht.

Dissanayake, Ellen (2002): What is Art for? Seattle: Washington University Press.

Dörpinghaus, Andreas u. a. (2006): Einführung in die Theorie der Bildung. Darmstadt: WBG.

Dolch, Josef (1971): Lehrplan des Abendlandes. Düsseldorf: Renn.

Dreitzel, Hans Peter (1972): Das gesellschaftliche Leiden und das Leiden an der Gesellschaft. München: dtv.

Dux, Günter (2000): Historisch-genetische Theorie der Kultur. Weilerswist: Velbrück.

Dux, Günter (2013): Demokratie als Lebensform. Weilerswist: Velbrück.

Dzierzbicka, Agnieszka/Schirlbauer, Alfred (Hrsg*innen)(2006): Pädagogisches Glossar der Gegenwart. Wien: Löcker.

Eagleton, Terry (1994): Ästhetik. Stuttgart: Metzler.

Ehrenberg, Alain (2011): Das Unbehagen an der Gesellschaft. Berlin: Suhrkamp.

Ewers, Hans-Heino (1978): Die schöne Individualität. Stuttgart: Metzler.

Feige, Daniel Martin (2022): Die Natur des Menschen. Berlin: Suhrkamp.

Feldmann, Milena u. a. (Hrsg*innen)(2022): Schlüsselbegriffe der Allgemeinen Erziehungswissenschaft. Weinheim/Basel: Beltz-Juventa.

Fend, Helmut (2000): Entwicklungspsychologie des Jugendalters. Opladen: Leske+Budrich.

Fend, Helmut (2006): Neue Theorie der Schule. Weinheim/Basel: Beltz.

Fend, Helmut (2006a): Geschichte des Bildungswesens. Wiesbaden: VS.

Fickermann, Detlev/Fuchs, Hans-Werner (Hrsg.)(2016): Bildungsforschung – disziplinäre Zugänge. Münster: Waxmann.

Fischer, Ernst Peter (20039: Die andere Bildung. Berlin: Ullstein.

Fischer, Ernst Peter (2014): Das Große Buch vom Menschen. München: Droemer.

Foucault, Michel (2019): Die Ordnung der Dinge. Berlin: Suhrkamp.

Frevert, Ute/Haupt, Heinz-Gerhard (Hrsg*innen)(1999): Der Mensch des 19. Jahrhunderts. Frankfurt/M.-New York: Campus.

Frevert, Ute/Haupt, Heinz Gerhard (Hrsg*innen)(1999a): Der Mensch des 20. Jahrhunderts. Frankfurt/M.-New York: Campus.

Frey, Karl (Hrsg.)(1975). Curriculum-Handbuch. 3 Bde. München/Zürich: Piper.

Fromm, Erich (1960): Der moderne Mensch und seine Zukunft. Hamburg: EVA.

Fromm, Erich (1973): Anatomie der menschlichen Destruktivität. Stuttgart: DVA.

Fromm, Erich (1979): Haben und Sein. München: dtv

Fuchs, Brigitta (2019): Geschichte des pädagogischen Denkens. Opladen/Toronto: Barbara Budrich.

Fuchs, Brigitta/Koch, Lutz (Hrsg*innen)(2010): Ästhetik und Bildung. Würzburg: Ergon.

Fuchs, Max (1984): Das Scheitern des Philanthropen Ernst Christian Trapp. Weinheim/ Basel: Beltz.

Fuchs, Max (1998): Mensch und Kultur. Wiesbaden: Westdeutscher Verlag.

Fuchs, Max (2000): Bildung, Kunst, Gesellschaft. Remscheid: BKJ.

Fuchs, Max (2008): Kulturelle Bildung. München: kopaed.

Fuchs, Max (2011): Kunst als kulturelle Praxis. München: kopaed.

Fuchs, Max (2011a): Die Macht der Symbole. München: Utz.

Fuchs, Max (2012): Kultur und Subjekt. München: kopaed.

Fuchs, Max (2013): Pädagogik und Moderne. München: Utz.

Fuchs, Max (2014): Kulturelle Bildung als neoliberale Formung des Subjekts? Eine Nachfrage. In: kubi-online.de (letzter Zugriff: 18.1.2023)

Fuchs, Max (2017): Bildung und kulturelle Evolution des Menschen. Weinheim/Basel: Beltz-Juventa.

Fuchs, Max (2017a): Pädagogik und Politik. München: kopaed.

Fuchs, Max/Braun, Tom (Hrsg.)(2017): Kritische Kulturpädagogik. München: kopaed.

Fuchs, Max (2018): Widerständigkeit als Grundprinzip eines selbstbestimmten Lebens. München: kopaed.

Fuchs, Max (2019): Das gute Leben in einer wohlgeordneten Gesellschaft. Weinheim/ Basel: Beltz-Juventa.

Fuchs, Max (2020): Kunst als Erkenntnis – Ästhetik als Erkenntnistheorie? München: kopaed.

Fuchs, Max (2021): Eurozentrismus. München: kopaed.

Fuchs, Max (2021a): Pädagogik, Diskriminierung und kulturelle Bildung in der Einwanderungsgesellschaft. München: kopaed.

Fuchs, Max (2021b): Der Mensch und seine Medien. Weinheim/Basel: Beltz-Juventa.

Fuchs, Max (2022): Posthumanismus, Subjekt und Bildung. München: kopaed.

Fuchs, Max (2023): Umwelt, Bildung, Lebensführung. Weinheim/Basel: Beltz-Juventa.

Fuchs, Thomas (2020): Verteidigung des Menschen. Berlin: Suhrkamp.

Fuhrmann, Manfred (1999): Der europäische Bildungskanon des bürgerlichen Zeitalters. München/Leipzig: Insel.

Fuhrmann, Manfred (2002): Bildung. Europas kulturelle Identität. Stuttgart: Reclam.

Gabriel, Markus (2022): Der Mensch als Tier. Berlin: Ullstein.

Gadamer, Hans-Georg/Vogler, Paul (Hrsg.)(1974): Neue Anthropologie. München: dtv.

Geißler, Rainer (2014): Sozialer Wandel in Deutschland. Informationen zur politischen Bildung 4/2014. Bonn: BpB.

Gerhardt, Volker (1999): Selbstbestimmung. Stuttgart: Reclam

Gerhardt, Volker (2000): Individualität. Das Element der Welt. München: Beck.

Gerhardt, Volker (2019): Humanität. Über den Geist der Menschheit. München: Beck.

Grünberger, Nina (2016): Bildung reloaded. Diss. Universität Innsbruck.

Habermas, Jürgen (2019): Auch eine Geschichte der Philosophie. Zwei Bde. Berlin: Suhrkamp.

Hastedt, Heiner (1998): Der Wert des Einzelnen. Eine Verteidigung des Individualismus. Frankfurt/M.: Suhrkamp.

Heitger, Marian (2004): Bildung als Selbstbestimmung. Paderborn usw.: Schöningh.

Hellekamps, Stephanie u. a. (Hrsg*innen)(2012): Schulbücher und Lektüren in der vormodernen Unterrichtspraxis. Sonderheft 17/2012 der Zeitschrift für Erziehungswissenschaft.

Hellekamps, Stephanie u. a. (Hrsg*innen)(2011): Schule. Paderborn usw.: Schöningh.

Hellmuth, Thomas/Klepp, Cornelia (2010): Politische Bildung. Wien usw.: Böhlau.

Henke, Winfried/Rothe, Hartmut (2003): Menschwerdung. Frankfurt/M.: Fischer.

Herder, Johann Gottfried (1985): Humanität und Erziehung. Paderborn usw.: Schöningh.

Herrmann, Ulrich (Hrsg.)(1981): „Das pädagogische Jahrhundert“. Weinheim: Beltz.

Herrmann, Ulrich (Hrsg.)(1982): „Die Bildung des Bürgers“. Weinheim: Beltz.

Herzog, Lisa (2013): Freiheit gehört nicht den Reichen. München: Beck.

Heydorn, Heinz Joachim (1970): Über den Widerspruch von Bildung und Herrschaft. Hamburg: EVA.

Heitmeyer, Wilhelm (Hrsg.)(2012): Deutsche Zustände. Folge 10. Frankfurt/M.: Suhrkamp.

Hormel, Ulrike/Scherr, Albert (2005): Bildung für die Einwanderungsgesellschaft. Bonn: BpB.

Hradil, Stefan (Hrsg.)(2012): Deutsche Verhältnisse. Eine Sozialkunde. Bonn: BpB.

Huinink, Johannes/Schröder, Torsten (2019): Sozialstruktur Deutschlands. München: UVK.

Humboldt, Wilhelm von (1999): Sämtliche Werke in 6 Bänden. Essen: Mundus.

Hurrelmann, Klaus/Grundmann, Matthias/Walper, Sabine (Hrsg*innen)(2008): Handbuch Sozialisationsforschung. Weinheim/Basel: Beltz.

Im Hof, Ulrich (1982): Das gesellige Jahrhundert. München: Beck.

Jäger, Friedrich/Straub, Jürgen (Hrsg.)(2004): Handbuch Kulturwissenschaften. Stuttgart: Metzler.

Joas, Hans (Hrsg.)(2003): Lehrbuch der Soziologie. Frankfurt/M.-New York: Campus.

Jörissen, Benjamin/Zirfas, Jörg (Hrsg.)(2010): Schlüsselwerke der Identitätsforschung. Wiesbaden: VS.

Kant, Immanuel (1982): Schriften zur Anthropologie, Geschichtsphilosophie, Politik und Pädagogik 2. Frankfurt/M.: Suhrkamp.

Kaufmann, Hans Bernhards u. a. (Hrsg.)(1991): Kontinuität und Traditionsbrüche in der Pädagogik. Weinheim/Basel: Beltz.

Kersting, Wolfgang/Langbehn, Claus (Hrsg.)(2007): Kritik der Lebenskunst. Frankfurt/M.: Suhrkamp.

Keupp, Heiner u. a. (1999): Identitätskonstruktionen. Reinbek: Rowohlt.

Klafki, Wolfgang (1991/1994): Neue Studien zur Bildungstheorie und Didaktik. Weinheim/Basel: Beltz.

Klafki, Wolfgang (1999): Allgemeinbildung heute – Grundzüge internationaler Erziehung. In: Pädagogisches Forum, H. 1, 21-28.

Klioka, Dorie/Schubert, Volker (2013): Einführung in die Allgemeine Erziehungswissenschaft. Weinheim/Basel: Beltz-Juventa.

Kneer, Georg/Schroer, Markus (Hrsg.)(2009): Handbuch soziologische Theorien. Wiesbaden: SpringerVS.

Köller, Olaf u. a. (2019). Das Bildungswesen in Deutschland. Bestand und Potentiale. Bad Heilbrunn: Klinkhardt.

König, Eckard/Zedler, Peter (2008): Theorien der Erziehungswissenschaft. Weinheim: Beltz.

Koller, Hans-Christoph (2008): Grundbegriffe, Theorien und Methoden der Erziehungswissenschaft. Stuttgart: Kohlhammer.

Koller, Hans-Christoph (2018): Bildung anders denken. Stuttgart: Kohlhammer.

König, Helmut (2012): Strukturwandel in der Bildung. Opladen/Toronto: Barbara Budrich.

Koselleck, Reinhard (Hrsg.)(1990): Bildungsbürgertum im 19. Jahrhundert. Teil II: Bildungsgüter und Bildungswissen. Stuttgart: Klett-Cotta.

Kron, Friedrich (2000): Grundwissen Didaktik. München/Basel: Reinhardt.

Krüger, Heinz-Herrmann/Grunert, Cathleen (Hrsg*innen)(2006): Wörterbuch Erziehungswissenschaft. Opladen/Toronto: Barbara Budrich.

Künzli, Rudolf u. a. (2013): Der Lehrplan – Programm der Schule. Weinheim/Basel: Beltz-Juventa.

Kuhn, Thomas (1989): Die Struktur wissenschaftlicher Revolutionen. Frankfurt/M.: Suhrkamp.

Kutschmann, Werner (1999): Naturwissenschaft und Bildung. Stuttgart: Klett-Cotta.

Lerois-Gourhan, André (1980): Hand und Wort. Frankfurt/M.: Suhrkamp.

Liebau, Eckart (2013): Anthropologische Grundlagen. www.kubi-online.de (letzter Zugriff: 9.1.2023).

Liessmann, Konrad Paul (2017): Bildung als Provokation. Wien: Zsolnay.

Loh, Janina (2018): Trans- und Posthumanismus. Hamburg: Junius.

Lohmann, Ingrid (1984): Lehrplan und Allgemeinbildung in Preußen. Frankfurt/M. usw.: Peter Lang.

Maedler, Jens (Hrsg.)(2008): TeileHabeNichtse. München: kopaed.

Mann, Michael (1990): Geschichte der Macht. Frankfurt/M.-New York: Campus.

Martis, Steffen (2018): Aufklärung. Das deutsche 18. Jahrhundert. Reinbek: Rowohlt.

Menke, Christoph (2022): Theorie der Befreiung. Berlin: Suhrkamp.

Meyer, Kirsten (2011): Bildung. Berlin/Boston: de Gruyter.

Meyer-Drawe, Käte (1990): Illusion von Autonomie. München: Kirchheim.

Münch, Paul (Hrsg.)(1984): Ordnung, Fleiß und Sparsamkeit. München: dtv.

Münker, Stefan/Rösler, Alexander (2012): Poststrukturalismus. Stuttgart: Metzler.

Neumann, Eckart (1996): Funktionshistorische Anthropologie der ästhetischen Produktivität. Berlin: Reimer.

Nipperdey, Thomas (1998): Deutsche Geschichte 1800-1918. München: Beck.

Oelmüller, Willi/Oelmüller-Dölle, Ruth/Geyer, Carl-Friedrich (Hrsg*innen)(1990): Diskurs: Mensch. Paderborn usw.: Schöningh.

Otto, Hans-Uwe u.a. (Hrsg.)(2018): Handbuch Soziale Arbeit. München: Reinhardt.

Parzinger, Hermann (2015): Die Kinder des Prometheus. Darmstadt: WBG.

Pasuchin, Iwan (2012): Bankrott der Bildungsgesellschaft. Wiesbaden: SpringerVS.

Piaget, Jean/Garcia, Ronaldo (1989): Psychogenesis and the History of Science: New York: Columbia University Press.

Plessner, Helmuth (1976): Die Frage nach der conditio humana. Frankfurt/M.: Fischer.

Plöger, Wilfried (2003): Grundkurs Wissenschaftstheorie für Pädagogen. München: Fink.

Projektgruppe Alltägliche Lebensführung (Hrsg.)(1995): Alltägliche Lebensführung. München: DJI.

Radkau, Joachim (2012): Natur und Macht. München: Beck.

Reckwitz, Andreas (2006): Das hybride Subjekt. Weilerswist: Velbrück.

Reinhard, Wolfgang (1999): Geschichte der Staatsgewalt. München: Beck.

Reinhard, Wolfgang (2004): Lebensformen Europas. München: Beck.

Reybrouck, David van (2013): Kongo. Berlin: Suhrkamp.

Ricken, Norbert (2006): Die Ordnung der Bildung. Wiesbaden: VS.

Ricken, Norbert u. a. (Hrsg*innen)(2019): Subjektivierung. Weinheim/Basel: Beltz-Juventa.

Rieger-Ladich, Markus (2002): Mündigkeit als Pathosformel. Konstanz: UVK.

Rieger-Ladich, Markus (2020): Bildungstheorien: Hamburg: Junius.

Rippel, Klaus Peter/Schaber, Peter (Hrsg.)(1998): Tugendethik. Stuttgart: Reclam.

Rittelmeyer, Christian (2012): Bildung. Stuttgart: Kohlhammer.

Ritter, Joachim/Gründer, Karlfried (Hrsg.)(1989): Historisches Wörterbuch der Philosophie, Bd. 7. Darmstadt: WBG.

Schäfer, Alfred (2017): Einführung in die Erziehungsphilosophie. Weinheim/Basel: Beltz-Juventa.

Scheler, Max (1980): Die Wissensformen und die Gesellschaft. Bern/München: Francke.

Scherr, Albert/El-Mafaalani, Aladin/Yüksel, Gökcen (Hrsg*innen)(2017): Handbuch Diskriminierung. Wiesbaden: Springer.

Scheunpflug, Annette (2001): Biologische Grundlagen des Lernens. Berlin: Cornelsen.

Schirlbauer, Alfred u. a. (Hrsg*innen)(2018): Zeitgemäße Pädagogik. Wien: Löcker.

Schlegel-Matthies, Kirsten (2019): Verbraucherbildung als Bildung für Lebensführung. In: Bala, Christian u. a. (Hrsg*innen):Verbraucherbildung. In: Beiträge zur Verbraucherforschung 10, 41-60.

Schlegel-Matthies, Kirsten (2019a): Haushaltsbezogene Bildung – Quo Vadis? In: HiBiFo2, 88-106.

Schlüter, Andreas/Strohschneider, Peter (Hrsg.)(2009): Bildung? Bildung! Bonn: BpB.

Schneidewind, Uwe (2018): Die Große Transformation. Frankfurt/M.: Fischer.

Schultheis, Franz/Schulz, Kristina (Hrsg*innen)(2005): Gesellschaft mit begrenzter Haftung. Konstanz: UVK.

Schulz, Gerhard (2003): Die beste aller Welten. München/Wien: Hanser.

Schulz, Walter (1979): Ich und Welt. Pfullingen: Neske.

Schwanitz, Dietrich (1999): Bildung – Alles, was man wissen muss. Frankfurt/M.: Eichborn.

Seel, Martin (1995): Versuch über die Form des Glücks. Frankfurt/M.: Suhrkamp.

Spranger, Eduard (1965): Lebensformen. München/Hamburg: Siebenstern.

Stiftung Entwicklung und Frieden/Institut für Entwicklung und Frieden (Hrsg.)(2015): Globale Trends. Frankfurt/M.: Fischer.

Störtländer, Jan Christoph (2019): Bildung und Befähigung. Weinheim/Basel: Beltz-Juventa.

Tenorth, Heinz-Elmar (1997): „Bildung“ – Thematisierungsformen und Bedeutung in der Erziehungswissenschaft. Zeitschrift für Pädagogik, Jg. 43, Heft 6, 969-985.

Tenorth, Heinz-Elmar/Tippelt, Rudolf (Hrsg.)(2012): BELTZ Lexikon Pädagogik. Weinheim/Basel: Beltz.

Thompson, Christiane (2020): Allgemeine Erziehungswissenschaft. Stuttgart: Kohlhammer.

Thurn, Hans Peter (1990): Kulturbegründer und Weltzerstörer. Stuttgart: Metzler.

Tippelt, Rudolf (Hrsg.)(2002): Handbuch Bildungsforschung. Wiesbaden: VS.

Tomasello, Michael (2006): Die kulturelle Entwicklung des menschlichen Denkens. Frankfurt/M.: Suhrkamp.

Tomasello, Michael (2010): Warum wir kooperieren. Berlin: Suhrkamp.

Treml, Alfred K. (2004): Evolutionäre Pädagogik. Stuttgart: Kohlhammer.

Veith, Hermann (2001): Das Selbstverständnis des modernen Menschen. Frankfurt/M./ New York: Campus.

Veith, Hermann (2003): Kompetenzen und Lernkulturen. Münster: Waxmann.

Vetter, Hans-Rudolf ((Hrsg.)(191): Muster moderner Lebensführung. München: DJI.

Volkmann, Ute (2015): Soziologische Zeitdiagnostik. Soziologie, 44. Jahrgang, Heft 2, 2015, 139-152.

Wahl, Klaus (1989): Die Modernisierungsfalle. Frankfurt/M.: Suhrkamp.

Wagner, Ina (1984): Die neue Ordnung der Welt. Wien: Deutike.

WBGU (Hrsg.)(2011): Welt im Wandel. Berlin: Selbstverlag.

Weil, Hans (1967): Die Entstehung des deutschen Bildungsprinzips. Bonn: Bouvier.

Weiß, Gabriele/Zirfas, Jörg (Hrsg*innen)(2020): Handbuch der Bildungs- und Erziehungsphilosophie. Wiesbaden: SpringerVS.

Welsch, Wolfgang (2012): Homo Mundanus. Weilerswist: Velbrück.

Welsch, Wolfgang (2012a): Mensch und Welt. München: Beck.

Wendt, Herbert/Loacker, Norbert (Hrsg.)(1984): Kindlers Enzyklopädie Der Mensch. 10 Bände. Zürich: Kindler.

Wiezorek, Christine (2017): Biographieforschung und Bildungsforschung. ZFQ 18. Jg., Heft 1/2017, 21-40.

Wulf, Christoph (1994): Einführung in die pädagogische Anthropologie. Weinheim/ Basel: Beltz.

Wulf, Christoph (Hrsg.)(1997): Vom Menschen. Weinheim/Basel: Beltz.

Wulf, Christoph (2004): Anthropologie. Reinbek: Rowohlt.

Wulf, Christoph/Merkel, Christine (Hrsg*innen)(2002): Globalisierung als Herausforderung der Erziehung. Münster: Waxmann.

Wulf, Christoph/Zirfas, Jörg (Hrsg.)(2014): Handbuch pädagogische Anthropologie. Wiesbaden: SpringerVS.

Zirfas, Jörg u. a. (Hrsg.)(2009-2020): Geschichte der Ästhetischen Bildung. Paderborn: Schöningh.